U0686794

中国近代人物文集丛书

秦力山集

外二种

中华书局编辑部 编　刘泱泱 审订

中 华 书 局

图书在版编目(CIP)数据

秦力山集:外二种/中华书局编辑部编;刘泱泱审订. —北京:
中华书局,2015.1
（中国近代人物文集丛书）
ISBN 978 - 7 - 101 - 10484 - 4

Ⅰ.秦… Ⅱ.①中…②刘… Ⅲ.秦力山(1877～1906) - 文
集 Ⅳ.C52

中国版本图书馆 CIP 数据核字(2014)第 235301 号

书 名	秦力山集(外二种)
编 者	中华书局编辑部
审 订 者	刘泱泱
丛 书 名	中国近代人物文集丛书
责任编辑	张玉亮
出版发行	中华书局

(北京市丰台区太平桥西里 38 号 100073)
http://www.zhbc.com.cn
E-mail:zhbc@ zhbc.com.cn

印 刷	北京瑞古冠中印刷厂
版 次	2015 年 1 月北京第 1 版
	2015 年 1 月北京第 1 次印刷
规 格	开本/850×1168 毫米 1/32
	印张 12⅛ 插页 6 字数 320 千字
印 数	1 - 2000 册
国际书号	ISBN 978 - 7 - 101 - 10484 - 4
定 价	38.00 元

孙文与起义失败的自立军骨干人物合影（1900年冬摄于日本东京）
右二为秦力山

秦力山在东京创办的《国民报》

秦力山创办的《大陆》杂志封面

片紙起破裂積屋耙精血橫掃滄海虛
故态神鬼折乾坤曠寂寥往來倏消滅
中中學書子區區意不屑皇皇　太史
公咄咄奮此裂持幅尚書老筆分秀保
盡采修書因裡祀流風絕制眼窺瑤峯
盥手讀論列四羅夫如何晉欲有所雪
悼安石澡商軼很狠變新法變抑不及
晉朝此夢贏之辨辛六萬年卯立一泡

樊锥手迹（一）

椭圜圜六大州胎膜一片央五千载雄
岬八百兆鹅鸭梦幻纷多难儿女愿悲
吃鳌破新战场天部小魔刻黑水倜可
漂赤血何足歃丈夫固不测沸尘看青
毦浮万古惟书启一卫用富贵恭庭灾
免壹日夜累不肯屠膏如钦锁修书
幸置钦锁入卑置大用觥逶候策寡于
无人其骄于磊和喜以悦之有修曰怃

樊锥手迹（二）

之遊百鳥一鳳奮萬馬一驤宋寒當盧古所有食
由朝阿媫英雄見當詔而亡事童必暌寒上陰
一蒼晃愚秋樹罗插盡十萬青鹽涯一分百门
尤紅粉記徒有开宽容和日割守曉明月燭
幽夕旆店夏古歡驚卜挾新築鎖比阮子崖
不是楊子宅何曾似六朝未免儘一席安睹
四日月風月跨金戶攬山全球子振興　天子

樊锥手迹（三）

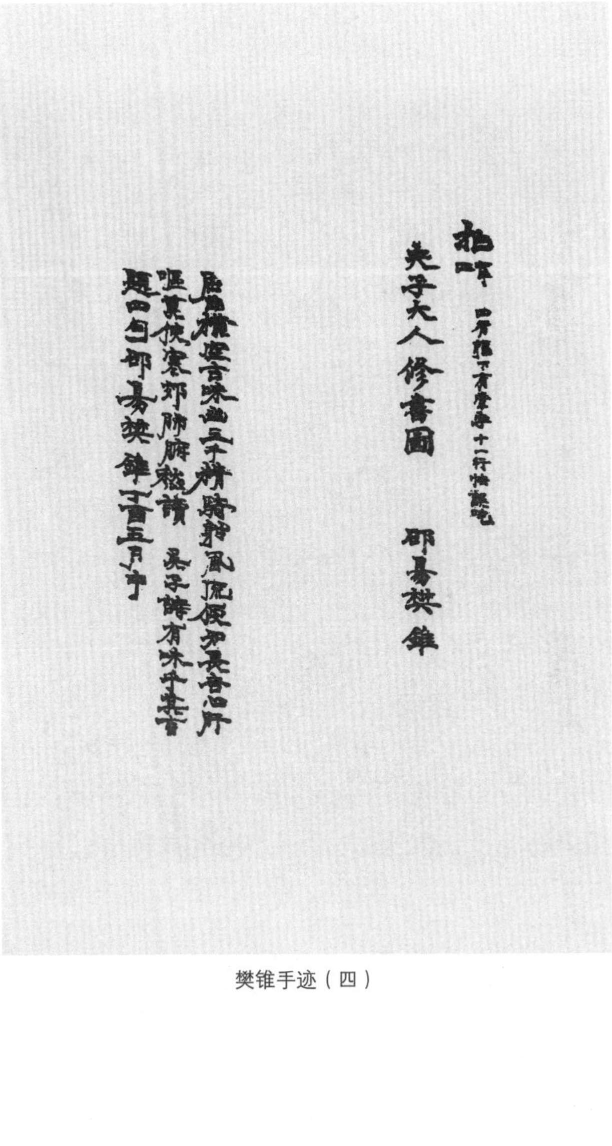

樊锥手迹（四）

毕永年像

目　　录

樊锥集

毕永年集

秦力山集(外二种)

前　言

　　本书共收录秦力山、樊锥、毕永年三人的文集。之所以将他们的文集合编为一册，不仅仅是因为合并后篇幅相宜，而且是鉴于他们生平活动时间大体相同，事迹和思想大体接近，在中国近代史上的地位和贡献也大体一致。他们都活动于戊戌维新运动前后至辛亥革命初期，都属于维新运动中的激进派，而在变法失败后又不同程度地走上了革命道路，都在中国近代史特别是湖南近代史上产生了重要影响。当然，这并不意味着否认他们各自的特点。

　　秦力山(1877—1906)，原名鼎彝，以字行，别号遁公、巩黄，湖南善化(今长沙)人。父文炳，曾在县署任刑名师爷。力山少时聪颖好学，长于文字；稍长，又好与会党游。1898 年中秀才。时值戊戌维新运动高潮，他加入南学会，常去南学会听讲，师事谭嗣同、唐才常等，对康有为、梁启超亦甚崇敬。维新运动失败后，他于次年秋应梁启超之召赴日本，留学东京高等大同学校，兼任《清议报》笔政。在校时，"日读法儒福禄特尔、卢骚等学说及法国大革命史，复结识孙总理(中山)、章炳麟、沈云翔(翔云)、戢元丞诸人，渐心醉革命真理，种族观念油然以生"。1900 年夏，义和团运动高涨，他曾赴天津联络，意图游说义和团，"使改扶清灭洋旗帜为革命排满"，未成。于是南下汉口、安徽，参加唐才常、林圭领导的自立军起义，被委为自立军前军统领,驻安徽大通。自立军以武汉为中心,鄂、湘、皖共组七军,原定8月9日(七月十五日)各路同时大举,因唐才常依赖康、梁自海外接济款项不到,屡屡延期。秦力山孤处安徽,未获延期信息,按原议于8月9日发动了大通起义,与清军激战达一星期。在所发布的《安民布告》中,提出了"保全善良,革除苛政,共进文明,而成一新政府"之主张。起义失败后,他曾潜至南京,谋焚毁马鞍山军装库,事亦不成。于是南逃新加坡,获悉起义之失败,罪在康有为拥资自肥,不予及时接济,遂毅然与康绝交;复至日本东京,邀同湘鄂志士陈犹龙、朱菱溪等,群向梁启超问罪算账,从此脱离清议报社。1901年5月,他在孙中山资助下,与戢翼翚(元丞)、沈翔云等在东京创办《国民报》月刊,"大倡革命仇满学说,措词激昂,开留学界革命新闻之先河"①。他担任《国民报》总编辑,曾与各记者编著《暴君政治》一书,已发广告,惜未见出版传世。与此同时,他还组织国民会,以"革除奴隶之积性,振起国民之精神,使中国四万万人同享天赋之权利"为宗旨②。1902年4月,他与章太炎等发起"支那亡国二百四十二周年纪念会",控诉清朝民族压迫,宣传反清革命思想。此数年间,他不仅与孙中山时相过从,还随处宣传孙中山,又为章士钊译述《孙逸仙》一书作序,影响较大。故章太炎后来称赞说:"孙公之在东国,羽翮未具,力山独先与游。自尔群士辐凑,岁入百人。同盟会之立,斯实为维首焉。"③同年冬,他离日本返国,先在上海参与《大陆报》编辑工作,又与同志创刊《中国少年报》;后往返于长江中下游及广东一带运动会党。

---

① 以上引文均引自冯自由《秦力山事略》,见本书《秦集》附录。
② 秦力山:《国民会章程》(1901年5月),见本书《秦集》。以下凡引秦文,不再加注。
③ 章炳麟:《秦力山传》,见本书《秦集》附录。

1904 年至香港，寓居中国日报社，因与陈少白等谋运动湘、粤防军起义，遭搜索。1905 年春，他经新加坡赴缅甸，以文字向海外华侨宣传反清革命，先后撰写《敬告缅甸同胞文》、《中华义学序文》、《说革命》、《中立条规》等文，并为张成清著《缅甸亡国史》作序。在长篇论说《说革命》（二十四章）中，他满怀激情、无所顾忌地写道："旧政府不去，而望新学术与新制度之有效力，诚南辕而北辙也"；"革命者，为保存今日各独立国诸民族于天演淘汰中之一灵宝，而吾中国今日大慈大悲、救苦救难观世音也。"1906 年夏，他经华侨徐赞周（市隐）介绍，离缅甸赴云南干崖，主持民族学堂，在边疆少数民族中宣传反清革命。以积劳成疾，同年冬病逝于干崖。时人称赞说："先生自十九岁离家，卒时二十九岁。此十年中，一以光复为任务，并未忆及家事。先生之志坚行单，洵足为革命党模范。"① 辛亥革命后，云南同志特为建墓表彰，国民政府专为发表褒扬令，称其"曩年参加革命，创立学会、报社，宣传倡导，劳瘁弗辞……追怀遗绩，轸悼实深"②。

　　樊锥（1872—1908），字春渠，又字一蔪，湖南邵阳人。出生于贫寒农家。少时入私塾，勤苦好学，立志高远。尝自署楹联云："顶天立地三间屋；绝后空前第一人。"里人目之为"狂生"。以受知于学政张嘉亨，入县学为诸生，"工为文，奥折自憙，师抑之，益奇恣，不受制科轨范"③。又曾在邵阳城乡设馆授徒，后来著名的蔡锷、唐蟒、岳森、刘型、李洞天、贺民范、石广权等，都出自他的门下。不

---

　　① 居正、陈仲赫：《祭秦力山先生文并序》，见本书《秦集》附录。
　　② 秦力山墓碑文与褒扬令，均见本书《秦集》附录。
　　③ 以上引文均见石广权：《樊锥传略》。又，以下凡引自集主之文者，则均见集中，不另加注。

久，就读于长沙城南书院。时值维新运动兴起，他涉猎诸子，旁及西学。在所作课艺中提出："揽子墨之流，证欧罗之续，总绝代之殊尤，辩章乎宏篆。"为学政江标所称赏。1897年，与唐才常、毕永年一道获选丁酉科拔贡。湖南时务学堂成立后，他又上书巡抚陈宝箴，建议"开拓用才之术"，"不忤狂言，其通者取之，不通者容之"，以"转移风化"。1898年春，南学会在长沙开讲，《湘报》创刊。他迅即返回邵阳，组织邵阳南学会分会，被举为分会长。手订分会章程，主张"一切拘迂狭隘之见，概宜屏除"，"力除一切浮华嚣张之习"，而提倡平等、民权之说。邵阳守旧士绅撰《驳南学分会章程条议》，攻击他倡"平等邪说"，"无君"、"无父"、"无尊卑亲疏"，呼吁予以"处治，以挽伦纪，以扶圣教"。他不为动摇，坚定地表示："生死不能夺其志，贵贱不能换其帜。"他连续在《湘报》上发表《开诚篇》、《发瘤》、《劝湘工》等政论文章，持论激越，传诵一时。在文中，他大声疾呼变法救亡，说："时势所迫，运会所趋，不穷则不变，不变则不通，不通则不久，不久则中国几乎绝也，则黄种几乎斩也，则孔教几乎灭也！""如有能力使中国不亡、圣教不危、神种不险者，不问其如何，吾愿举天下以从之。"他旗帜鲜明地倡导平等、民权和立宪学说，认为："非毅然破私天下之猥见，起四海之豪俊，行平等、平权之义，出万死以图一新，则不足以斡转星球，反旆日月，更革耳目，耸动万国矣。"主张"起民权，撰议院，开国会"；"使人人有自主之权，人人以救亡为是"；"人人平等，权权平等"；"一革从前，搜索无剩，唯泰西者是效"；"求智识于寰宇……一切用人行政，付之国会议院"。并主张废八股时文，说："时文不废，则孔教必亡无疑也！"他还提出"以工商立国"，发展近代工商业，认为"工者，劝商之本也"，而"农家者，抑工之流亚也"；"世界之文明愈进，工业之权力愈放,骎至万国一工国也";"惟通国人皆圣工,则天下事足成,西人不足畏也"。呼吁"大兴艺学,众建学堂,宏创工厂,富购机器,广选西法,多聘西师",以发展中国民族工商业。这些激越、深邃的思想言论,使他堪称维新运动的激进思想家、全盘西化论的早期鼓吹者、近代工业化的思想先驱。与此同时,他还同谭嗣同、熊希龄等发起组织湖南不缠足会,担任董事;还一度受聘为《东亚报》主笔。他的这些激越言行,遭到守旧士绅王先谦、叶德辉、曾廉、苏舆等的忌恨和猛烈攻击。他们除撰文污蔑、辩驳外,还盗用"邵阳士绅军民等"名义,发布《驱逐乱民樊锥告白》,视樊锥为"首倡邪说,背叛圣教,败灭伦常,惑世诬民"的"乱民",将其驱逐出境。不久,北京政变发生,谭嗣同等六君子死难,党人星散,维新运动失败,他再度受到牵连,因匿处深山,幸免于难。此后,他的思想逐渐倾向革命。1900年曾与闻唐才常领导的自立军起义。继赴上海,参与《苏报》编辑工作。1903年《苏报》案发生,他避祸走日本,改名时中。初入陆军成城学校,旋以身患肺病休学,寓居早稻田大学附近月印精舍,改习政法。1904年回国参与华兴会起义,事败后改名诚亮,入南京军校任教。次年,应蔡锷邀请入广西,任干部学堂暨陆军小学堂讲席。同年冬,因病况恶化,由蔡锷资送回邵阳,寓城内就医。至1908年春节后逝世①,终年36岁。

　　毕永年(1869—1902),字松琥,也作松甫,湖南善化(今长沙)人。少时随父、叔往来军中,富胆识。稍长,读《船山遗书》,受民族主义思想熏陶。甲午战败后,维新变法运动迅速在全国兴起,他在

---

　　①　樊锥卒年,一般多据石广权《樊锥传略》,指为1906年;陈新宪《邵阳樊锥》一文,则明确称其"生于前清同治十一年(1872)农历二月二十六日,卒于清光绪三十四年(1908)农历三月十四日"。后者似较准确。

所作课艺中写道："民不新,国不固;新不作,气不扬。"表明他已具有鲜明的变法图强思想。1897 年,他与唐才常同时考取丁酉科拔贡,自此与唐才常、谭嗣同结为好友,常共商救国大计,并注意联络会党。他亲自加入哥老会,往来于湘、鄂间,得到哥老会各龙头的信任。1898 年春,南学会成立,《湘报》创刊,他成为学会活跃分子,并在《湘报》上发表《存华篇》《南学会问答》等文。他说:"人皆承天地之气以为命,即人人皆有自主之权以立命。权也者,我与王侯卿相共之者也;国也者,非独王侯卿相之国,即我群士群民共有之国也。既为群士群民共有之国,则为之上者,必无私国于己、私权于国之心,而后可以绵绵延延,巩祚如磐石;下亦必无不在其位、不谋其政之心,而歧视其国为乘銮服冕者之国,然后可以同心合作,上下一心,保神明之胄于一线,救累卵之危于泰山。"与此同时,他与谭嗣同、熊希龄等发起组织湖南不缠足会,与唐才常等发起成立公法学会,并手订《公法学会章程》。他还曾与樊锥一道,受聘为《东亚报》主笔。同年 8 月,谭嗣同奉诏入京,参与新政事宜,毕永年随后也赶往北京。其时帝后两党斗争正趋白热化,康有为命他留京相助,试图让他往袁世凯军营任参谋,统率百人,乘袁氏兵围颐和园时捕杀西太后。他认为袁为李鸿章之党,靠不住,而自己是南方人,统领不相识的北兵,短期内难以得其死力,因而表示犹疑。不久政变发生,他急驰出京。行抵上海,获悉谭嗣同等殉难噩耗,愤而自断发辫,以示与清廷决绝。随后东渡日本,会见孙中山,加入兴中会。其时康有为、梁启超、唐才常等也流亡日本,组织保皇会,策划"勤王"活动。毕永年便介绍唐才常会见孙中山,促孙、康两会联合,共商湘、粤和长江流域起兵计划。康未采纳,唐则依违于两者之间。是年冬至 1899 年春,他奉孙中山令,两次回国调查湘、鄂哥老会情况。1899年秋,率领哥老会大头目杨鸿钧、李云彪、张尧卿等赴港,促成湘鄂哥老会、两广三合会与兴中会携手合作,共组中和堂兴汉会,推孙中山为会长。但不久各会党头目私下接受康、梁保皇会的馈赠,倒向了康、梁一边。他深受刺激,在湖南同乡紫林和尚影响下,愤然削发为僧,法名悟玄,并表示将云游普陀、五台、终南、峨眉等佛教名山,随遇而安。而实际上,他仍难舍国事与战友。1900年春夏间,唐才常等在上海组建自立会,开设富有山堂,他被推为副龙头。但在自立会起义宗旨上,他与唐发生了激烈分歧。他要求唐断绝与保皇会的关系,唐则依赖康、梁在经济上的支持,继续游移于保皇与革命之间,二人辩论一昼夜,不欢而散。6月,他易名安永松彦,南下福建、广东,继续联络会党。此时,孙中山正积极筹备惠州起义,同时通过粤绅刘学询运动粤督李鸿章踞两广独立。他赞成这一计划,被任命为民政部长。运动李鸿章事未成,而惠州起义于10月爆发,义军因饷弹殆尽解散。他回到广州,仍着僧装,和紫林和尚一道隐居于广州白云山。至1902年1月14日,逝世于惠州浮山寺,终年32岁。

本书各集原有中华书局本。《樊锥集》出版于1984年,毕永年著作仅以"外一种,毕永年文"形式附于该集之后;《秦力山集》则出版于1987年。迄今均已二十余年了。其开创之功,自当值得肯定。本书此次整理,充分利用了各集成果,包括原有注释。我主要做了如下五方面的工作:一、寻找原著,重作校订,尽量减少文字和点校中的错误;二、多方访寻佚文,予以增补,特别是对原甚单薄的毕永年文,增补较多,使之成集;三、统一各集体例,以求合编后全书前后一致,其中樊、毕各文原集均未系年,今加以考订补充系年;四、删除了原《秦力山集》中少量非秦氏的作品;五、相应地,对全书注释也作了些增删、修改和调整。此外，各集附录也有少量增删。

本书所删原《秦力山集》的作品有3篇，即：《何烈士来保传略》、《蔡烈士钟浩传略》和《陈烈士应轸传略》。此3篇均发表于《清议报》1901年7月（何传7月6日，蔡、陈传7月16日），署称"民史氏来稿"。原《秦集》将这3篇收入的理由，编者在其为秦力山《汉变烈士事略》一文所作题注中有如下说明：

> 本篇连载《清议报》第69册和第70册……据《清议报》第89册"来稿杂文"栏载《汉变湘南烈士小传汇志》中称：庚子汉变烈士，"前者遁公述林烈士等事略，已录报章，然所辑不过十人，缺者尚多"。可知秦力山已在《清议报》上发表十位庚子死事烈士传略。查本篇已辑林锡圭（即林圭）等七人传略，至《清议报》第89册止，尚有第84册和第85册"来稿杂文"栏，载何来保、蔡钟浩、陈应轸三烈士传略，已凡"十人"，则可知本篇为秦力山所作。

其实这是一种误解。《清议报》编者所称秦力山在该刊89册以前所发表的庚子汉变烈士事略确有"十人"，但此十人已尽在秦氏所作《汉变烈士事略》一篇之中。原《秦集》编者说："查此篇已辑林锡圭等七人传略。"按：此处"七人传略"不确，当为"七篇传略"，因为第七传并非单传而为合传。不同于其他各传皆以单名为题，第七传题为《汪尧丞合家死义事略》，所述死义者包括汪尧丞和其次兄、其母、其妻，凡四人，加上前六篇的林锡圭、田邦璇、李炳寰、王翼之、茶蓼子、李莲航，不正好为十人吗？这样，原注者以下的文字，将何、蔡、陈三传拉进来充数，并将此三传也断定为秦氏的作品，就是毫无根据的臆测了。

说何、蔡、陈三传略非秦力山作品，还可以举出以下几种理由：

其一，秦力山撰写诗文所署名，除径用字号力山、巩黄、遁庵外，查还有秦伯、屯庵、遁公、力山遁庵、力山遁公、遁力山大、公奴隶力山、湖南力山、民表等，从未见有署"民史氏"者，而此三传略皆署"民史氏"。其二，何、蔡、陈三传略作者在文中自述经历，与秦力山行踪不符。查秦氏行踪，约略依次为长沙、武汉、上海、日本、天津、安徽、南京、香港、广东、南洋、缅甸、云南，湖南境内除家乡长沙外，未见去过湘西、常德等地。而《何传》中有云："某君者，君之密友，合余三人，皆总角交。"何与某君皆常德人，生长于长沙的秦力山何能与之结总角交？《传》中又云：戊戌政变后，"君遂郁郁归里。是年九月，余自外归，不见君者五年矣，亟访君"。离乡五年，归至常德访何者，决非秦氏。又云："庚子七月，始知唐烈士勤王之举……君大喜，偕余共襄其事，以常德之事自任。"秦力山时已在安徽忙于筹备大通起义事，何暇与何共以常德事自任？再看《蔡传》，《传》中说："余己亥始识君……勤王事起，君再归常德，共事日久"；起义失败后，"常德武人之死者已二十馀人，城中不可居，始与何烈士来保及余谋，君遂归，潜伏于乡间别墅"。文中自称"余"者，显为常德人，与蔡在常德"共事日久"；起义失败后，又与蔡、何在常德共谋脱险事。则此"余"与在安徽活动的秦力山只能为风马牛不相及！又看《陈传》，《传》中称："余与君，既同志，又同里……"陈为龙阳（今汉寿，当时属常德府）人，长沙人秦力山何能称与之同里？其三，何、蔡、陈三传略，文末均有"民史氏曰"的赞论，而秦力山所作《传》或《事略》文末均无，其他文中间有"遁庵曰"、"巩黄曰"等文字，却非总结性的赞论语，二者文风显然不同。

那么，此三篇传略所署之"民史氏"，究为何人？从以上的叙述中，我们已知：他为常德人；他庚子前离家乡五年；他参加了自立军起义,且与何来保共同主持常德方面军事;他后来又为死难烈士写传略,做宣传。则此人是谁,已可基本作出判断了。他就是赵必振(1873—1956)。此人名气不小,各种自立会史料和地方志都有记载。他是常德人,又名震,字曰生。早年就读于长沙岳麓书院和校经书院。1900年参加自立军起义,与何来保同受命负责常德方面军事。事败逃亡日本,担任《清议报》编辑,撰文悼念亡友;同时刻苦学习日文,广泛阅读西方各种政治、历史书籍。1902年回国后,奋笔译述《二十世纪之怪物帝国主义》、《广长舌》、《近世社会主义》等多种著作,影响甚著。又历任香港《商报》编辑、奉天盐运使熊希龄幕僚。民国期间,初仍随熊在财政部任职,又曾任华洋义赈会董事,继之从事教育工作。新中国建立后,被聘为湖南省文史研究馆馆员。撰有《自立会纪实史料》等。上述何、蔡、陈三传略,是他的早期作品。今湖南省文史研究馆编《馆员传略·赵必振传略》写道:"赵必振先生到日后,初任《清议报》校对、编辑,尝以赵振、民史氏等笔名为该报及《新民丛报》撰写论文,追念自立军亡友,揭露清廷黑暗统治……"此传略系根据赵氏档案写成,亦可作"民史氏"确为赵必振的佐证。

本书的编排,不依生年或卒年的先后,而以主要活动的时间为序。秦力山最年轻,却活动时间较长,戊戌、庚子后,又经历了南洋、缅甸、云南的活动,且影响较大,故置于首;樊锥尽管逝世最晚,但他的主要事迹在戊戌维新运动时期,故置于次;毕永年尽管年岁最长,因其主要活动在庚子自立军起义前后,故置于后。三集中各篇著作的编排,皆以写作或出版发表的时间先后为顺序。原《樊集》及《毕文》未系时间,予以考订补充标明,统一按年月日依次编排。有年无月日者置于年后,有年月无日期者置于月后,年月日俱无从考明者置于各集末尾,按资料来源归并,同一资料来源者,依卷次先后为序。

　　本书各正文,尽可能根据底本(原书、原刊或原稿)校勘。凡底本上的文字,一律保留,以存原貌。底本上有明显错讹者,于错字加(　)号表示,后加〔　〕号注出正字。衍文亦加(　)括去。正文内的双行夹注或说明文字,不再用(　)号,而一律改用小号字单行排。脱文亦加〔　〕补出。

　　因编者年迈体衰,见闻有限,各集佚文虽有所增补,仍甚感不足;点校错误,亦在所难免。敬请读者批评补正。

刘泱泱

2010 年 12 月 30 日

秦力山集

东京高等大同学校课卷 *

（1899 年秋）

积圆颅方趾而成众生，积众生而成世界。世界之安危治乱，视乎文明人者之生与不生。然则文明人者，其大世界之大脑筋乎？

夫脑筋莫不自爱其身。寒，何以为衣；饥，何以为食；风雨，何以为上栋下宇。百体之安乐，在一脑之善自为之。百体靡有图报者，而脑之不倦自若，脑筋亦劳矣哉！吾闻之：孔席不暖，墨突不黔。孔、墨者，岂不知图逸乐者欤？而以爱天下之大身而瘁其一身。其诸孟子之所谓大而化之之谓圣者乎？何居吾辈之不以脑筋自责也。今者百体病矣。然则当此时，脑筋可曰我非脑筋也乎哉。

附：梁启超批语

> 百体不图报，而脑筋不倦，二语通极。孔子曰："学而不厌，诲人不倦，何有于我哉？"夫学与诲非难，不厌不倦为难。必如何然后能不厌不倦？必也视办一切事为己所必当尽之职。不宁惟是而已，大人之任天下事也，视之如纵欲然，何也？

＊ 本文发表于《清议报》"东京高等学校功课"栏，署名"秦伯"，并有梁启超批语。按秦力山于 1899 年秋间东渡日本，入东京大同学校，是年腊月返国参与自立会活动。则此课卷当为是年秋间所作。

彼其不忍之心,不可抑制,遇事之来,如有搔其痒者,然他人欲禁之且不可,而何有厌倦之有乎? 不过细人以声色为纵欲之具,大人以救众生为纵欲之具而已。如脑筋之为百体谋,正此类也。

据《清议报》第 31 册(1899 年 10 月 25 日)

论衡州向道隆勤王之事[*]

（1899 年 12 月）

遁庵旅东京，榜其楼曰"破亡败裂楼"，隐于楼以悲之。悲吾国民之不欲自立，悲其奴隶性、牛马质，越三千年俯首帖耳而曾不知自返，彼神明之胄，立见印度、非洲之一日。如是者数月。一旦晨起盥漱毕，心若有所祝。忽函告者曰："子之悲盍暂休矣，亦得闻衡州今日之事乎？向道隆者，衡之人，夙以八股食衡饩，其学行与家世吾不详。以事揣之，殆豪杰其行者。"遁庵读之，突如得三年之艾，霍然病已，又心怦怦然，窃自计不闻豪杰之日者久矣。微兹言，吾几忘之，抑又几痛之。忘之者何？不数数见也。痛之者何？求之不得也。今不暇论，请论其事。

往者政变，湘之人死者惨矣冤矣。有识者或谓一个不足恤，其奈五万万之殉何？然斯之时蒙窃谓前辍后起，日本维新之日有然

---

　　* 此篇原未署名。文中自称遁庵，结合其行踪，可知为秦力山所作。考衡山向道隆起事，时在 1899 年 11 月（光绪二十五年十月）。文中自称"遁庵旅东京""数月"，方得友人函告向道隆起事。按秦氏于 1899 年秋赴日本留学，本文又发表于 1900 年 1 月 31 日发行之《清议报》，故此篇约作于 1899 年 12 月间。

焉,彼洞庭衡岳之土,宁不生西乡①、月照②其人者?乃翘足待、引颈思。彼苍者葭,伊人宛在。孰意历晦明三百六十,而风流顿绝。吾乃吊吾国民,低首屏息,以待羁缚,独立之气,绝无存者。未几,向之事出。

　　然吾考湘中往岁之新政,有云南学会者也,而向不为会友。有云湘报馆者也,而向不列报章。抑吾闻之,蛰龙之起,待乎惊雷,爰居之初,或避风虐。藉使道隆去岁赞助新政,诣宫阙,上一书,呼同方,开一会,惟问今日大湖以南尚有一尺土容道隆乎?而况得大举义旗也。抑吾又疑之,政变以前,果为隐君子,则政变以后,亦决难为伟丈夫。乃告予者之言曰:向闻政变,慨然发愤,继而龙吐云、风随虎,有志之士集者数千。于是草宾王之檄③,以甦此假寐之天下,将以兵力劫彼尸位之大僚,责以君父大义,请归政复辟,重兴新政。於乎,道隆果伟也哉,何吾相知之晚也!

　　遁庵曰:伤哉吾支那也。自政变后一年至于今,唯闻此区区一向道隆,其他何所适乎?然犹有一向道隆,一贯注于亡人之耳,则吾黄帝之苗裔,其兴也正未有艾。彼北猛虎、西贪狼,磨牙吮血之状,或其暂息。抑道隆之起晚已,但使有千万道隆,树自由之的,扬独立之旗,吾又安用哓哓于吾国民乎哉!且彼向道隆者,遽尔解

---

①　即西乡隆盛(1827—1877),号南洲,日本萨摩藩士出身。明治维新时期的政治家。1877年,因征韩论不被采纳辞官归里,举兵叛乱,兵败自杀于鹿儿岛。

②　月照和尚(1813—1858),京都清水寺成就院住持。主张尊王攘夷。1858年"安政之狱"大兴,幕府捕杀维新志士,月照与西乡隆盛在萨摩的锦江湾投水。西乡遇救,月照身死。

③　向道隆起义曾颁布檄文,惜内容不详。康有为有"闻衡山向道隆以三千人勤王,传檄远近,海内震动,三日而败,天下惜之"之说,并赋诗云:"衡山云气郁纵横,首唱勤王第一声。三日大呼徐敬业,祝融峰顶有英名。"(见《康有为诗文选》,人民文学出版社1958年版,第228页。)

散,吾不知果为虎蛇若何,未敢瞢然责之。摩西逃沙漠数十年①,卒今犹太人守之。苍云蔽日,日为无光,尔一人起而扫之。前乎此者伟矣,观尔后此者之若何?虽然神州一隅卧而甦者寥寥也,尔其专责矣。吾为之又言曰:我国民哉,置道隆于西欧,于东海,庸何足奇,乃奋臂山隈,声震岩谷。抑今之犹太人,好自私利,性不爱国,至失其土,虽拥厚利,不见容于他国,而见之者亦鄙其为无国。而吾中国竟以倾国之人,让一人之独为豪杰,无怪友邦之以犹太人睨余也。吁可省矣。

据《清议报》第 34 册(1900 年 1 月 31 日)

---

① 摩西,《圣经》故事中犹太人的古代领袖。据《旧约全书》二卷《出埃及记》中载,摩西生于利未部族,曾带领在埃及做奴隶的犹太人逃出埃及,想返回伽南。但却在西奈半岛漂泊约四十年而未能进入伽南,摩西也卒于纳波山上。

送别梁启超夫子赴美洲[*]

(1899 年 12 月)

日丽旌旗色,仙槎泛斗牛。蛟龙齐起舞,虫鹤两无愁。为答云霓望,先环海国游。愿言珍重再,驰誉震全球。

飘泊同黄鸟,绵蛮入后车。出匡回独后,救宋翟成虚。身世何其累,年华苦不居。刘章多感愤,非种未能锄。

蛮触弹丸上,微生亦可哀。盛衰虽世幻,悲悯讵成灰。陟岵悲千里,封防缺一杯。巡禅今有志,连夜泣琼瑰。

据《清议报》第 37 册(1900 年 3 月 1 日)

---

* 本篇原题为《任父夫子美洲壮行歌以送别》,署名"遁庵"。按梁启超于 1899 年 12 月 19 日(光绪二十五年十一月十七日)离开东京,前往檀香山组织保皇会。秦力山赋诗送别,亦当于此时。

题邱菽园《风月琴尊图》*

(1900 年春初)

　　齐州凛凛生悲风，皓月夺日暖当空。有人克奏广陵散，一弹三叹招壶公。魂今昔滞海东头，拔剑仰欲砍苍穹。铜头铁额何其凶，兴暴皇年势汹汹。尧囚不复大王雄，姮娥遽妒云从龙。阜财解愠难为功，大醉怒詈天蒙蒙。抚膺乔列三千童，新从日本归披图落落思大同。道人顾盼惊波中，先生自号酸道人。高山一曲屏蔽月融融。狂飙息兮天下公同通，吸取太平之洋酒一钟。五洲鸟兽入樊笼，笑视东璧讶天公。

据《清议报》第 51 册 (1900 年 7 月 17 日)

---

　　* 本篇原题为《题宿园先生风月琴尊行看子》，署名"力山遁庵"。从夹注"新从日本归"句判断，此诗当作于 1900 年春初秦力山归国不久时。按邱炜萲，字菽园，也作宿园，又号星洲寓公、星洲岛主、酸道人。福建海澄人。举人出身。在南洋经商，是新加坡有声望的华侨，对康梁活动资助甚多。据梁启超说，"寓公有风月琴尊图，图为一孤舟，盖先圣浮海之志也"。当时，为其图题诗者甚多。

邱菽园属题选诗图[*]

（1900 年春初）

骚坛近出哥仑坡，谓任甫师。创为新诗觅新地。缘瀛回首感师门，仲由之缨吾不弃。吁嗟哉！二十年内几诗才，泪尽铜驼那在哉。诗哉一入通人手，诗魂夜夜歌声哀。

据《清议报》第 51 册(1900 年 7 月 17 日)

---

 * 本篇原题为《宿园先生属题选诗图》，署名"力山遁庵"。从诗中"缘瀛回首感师门"等句分析，此诗约写于 1900 年春初力山归国后不久。

湘　月

赠珊珊公子昆仲 借龚定庵韵*

（1900 年 5—6 月间）

　　荆天棘地，坐茫茫苦海，任呼牛马。臣质已亡神已死，莫问当年姚冶。谁是温文，谁为狂侠，褒贬从谁写？中原已矣，须从海外求者。公子自横滨游学归，以和郑席儒先生狂侠温文诗见示，余亦同有和章。　　羡君终贾奇才，一双年少，有臂惟君把。北望觚稜东望海，涕泪怆然而下。渺渺支那，沉沉震旦，黯然悲华夏。三句一意，叠言之语不成章，悲可知矣。知音何许，一腔热血谁洒！

---

　　* 此首词与下首词，署名"屯庵"，并附作者自记称："右词二阕，系四五月间旧作。曾几何时，之数人者死亡、存亡概不知之。特为录出，聊以长歌当哭耳。悲夫！自记。"

前 调
送共庵并祝浪公、王亚庵诸同志 仍借定庵韵

（1900 年 5—6 月间）

大千人海,问前途何处,容君系马。且向风尘暂奔走,且自放怀姚冶。地媪酣眠,天公沉醉,哀怨无须写。痴心如此,天涯谁复知者？　此去幸有同心,英雄三五,有臂堪同把。都是龙华香案吏,不在古人之下。醉便铺糟,浊还濯足,莫问戎和夏。大都尔尔,休将热泪轻洒。

据《知新报》第 132 册(1901 年 1 月 5 日)

和邱菽园寄怀梁启超夫子二首 次原韵*

（1900 年秋）

　　新秋警报陷京畿，壮士风萧去不归。有客骑鲸来海岛，无缝冤狱似天衣。亚欧各国眈和逐，禹稷频年溺与饥。一自师门离别后，不堪南北乱飞飞。

　　讲堂说法更吾脑，廿岁浮生不二师。怎奈年华惊电火，那堪世族数轩羲。自由平等经开凿，独立新民任主持。函丈规模手中线，书来万里总慈悲。先生自别后，屡与人言，以为由也死矣，有书与同志频频问之。

附一：寄怀梁任甫先生二首　限支微韵　邱炜萲

　　鹧留琐尾满邦畿，去国君何赋日归。鲁史尊王哀蚀日，秦风同泽告无衣。浮洋大海秋深合，余于今年仲秋任甫来星洲时，始得相识。神骥长途岁晏饥。一自乘槎空碧落，暮云遥认壮心飞。

　　飚轮蹴浪稗瀛澥，妙舌翻莲万忆师。迹遍三洲亚美澳，道

---

　　* 本篇原题为《和岛主寄怀任师二首次原韵》，署名"力山遁庵"。据邱炜萲诗中夹注，有"余于今年（按指 1899 年）仲秋任甫（指梁启超）来星洲时，始得相识"句及秦诗中"新秋警报陷京畿"句分析，当作于 1900 年秋间。

存黄种伏轩羲。每从政教通权界,合付龙天共护持。为有潮音来水上,故山灰劫使人悲。

附二:次韵酬星洲寓公见怀二首并示遁庵　　梁启超

万里投荒何日见,九原不作与谁归。酬君驼泪和鹃血,老我蓉裳与芰衣。漫有挥戈回夕照,故应尝胆疗朝饥。人间惜别徒多事,洴澼于今遇壮飞。

我所思兮在何处,卢卢梭孟孟德斯鸠高文我本师。铁血买权惭米佛,昆仑传种泣黄羲。宁关才大难为用,却悔情多不自持。来者未来古人往,非君谁矣喻余悲。

据《清议报》第 78 册(1901 年 5 月 9 日)

法成去后之第三夜隐几若有所思[*]

（1900 年冬）

嘘天一何补,鬼友尽称雄。懒说恩仇事,骊歌满亚东。故交死者既数十百人,其存者则无论新相知、旧相知,三月以来悉风流云散矣。一年常作别,两度送君行。今年凡与法成作别者再。聚散事云小,难安独坐城。

八星倘能通,我辈应探险。所悲升斗需,跋涉一何远。愿君归来日,不为亡国民。收拾旧山河,汉族庆再生。

据《清议报》第 92 册（1901 年 9 月 23 日）

---

    * 本篇署名"遁公"。从诗中夹注"故交死者既数十百人,其存者则无论新相知、旧相知,三月以来悉风流云散矣"等句分析,显指自立军起义失败后之境遇,推算其"三月以来",此诗当作于 1900 年冬。按唐才质(1880—1966),字法尘,也作法成,唐才常之三弟。湖南时务学堂学生。1900 年参加自立军活动,起义失败后,亡命日本。

南行留别沪上诸君子[*]

（1900 年 11 月）

已分鸿飞逃弋慕，忽掀螳臂向车前。黄龙痛饮他年事，遗恨空嗟海不填。

此身消受万颅头，何用芳名党籍勾。恨不椎嬴传博浪，亡韩犹见索留侯。

半生胆识别离中，三北豪端尚一雄。家国几多悲感在，愁来心事北南东。

公义私仇君记取，行行我去哭秦庭。洪涛臣起如山立，洗净蛮邦一抹青。

据澳门《知新报》第 131 册（1900 年 12 月 22 日）

---

[*] 此诗署名"遁庵"。据诗意看，当作于大通起义失败后，秦氏经南京逃亡上海，将离沪赴南洋之际，时为 1900 年 11 月间。

道出星洲赠星洲寓公*

（1900 年 12 月）

　　天南诗阵走雄师，凛凛良狐笔一枝。闻说中原民贼剧，却应头颈惯矜持。

　　投荒我自笑顽仙，况读君诗更黯然。惨述秋魂新队侣，琴台树树眼将穿。

　　相逢未稳又骊歌，心事如潮夜涌多。他日蛮头谢知己，徐陵集上补铜驼。

　　五千年上吾谁祖，四兆同胞尽若忘。可怪胡儿多误我，神州此后更沧桑。君作《黄帝本纪》万言书，严辨种界，考据精审，旅外文人多未留意及此者。

据《知新报》第 133 册（1901 年 1 月 20 日）

附：湖南人秦力山道过星洲投余以诗，临别饯之题此为赠*

邱炜萲

　　　　传来黄鸟丁丁木，如听青琴乙乙丝。花底逢君真恨晚，烛

---

　　* 此诗署名"遁庵"。秦氏离沪赴新加坡，责问康有为保皇会对自立军起义接济不足的原因，并与康绝交，愤而再渡日本，时在 1900 年 12 月间，此赠邱菽园诗，当作于此时。

　　** 此诗无年月。据《菽园诗集》初编卷一后自署"起癸巳讫壬寅，二十至二十九岁"，参照秦力山行踪，当为 1900 年 12 月间作。

秦力山集

前相剑独能奇。犬羊残局生材愈,虎兕兴歌率野疑。旦复佩
刀横楫去,无言心绪酒杯知。

据邱炜菱《菽园诗集》初编卷一第16页

重留别邱林徐三君子[*]

(1900 年 12 月)

年年肠断只骊歌,况复相逢国士多。孝穆求还书写罢,那堪鹤唳一声过。

强为鸡声聊起舞,微闻鬼哭又迎人。壮飞遗句何堪述,赋到江南草不春。

中原相见再长谈,不到民权死不甘。寄语三君吾去也,魂兮留滞在天南。

人事虽歧心未灰,他年应再动春雷。排空击得弹丸碎,直抵黄龙饮一回。

据《知新报》第 133 册(1901 年 1 月 20 日)

---

[*] 此篇署名"遁庵"。据诗意,当作于秦氏离新加坡赴日本之际,时在 1900 年 12 月间。

送清流归国 *

(1900 年 12 月)

我已无家隶避地,凄然今日送君归。英雄不洒临歧泪,看汝片帆天际飞。

据《知新报》第 132 册(1901 年 1 月 5 日)

---

* 此诗署名"屯庵"。据诗意,时秦氏尚滞留新加坡邱炜萲处,故当作于 1900 年 12 月间。

汉变烈士事略 *

(1900 年 12 月)

林锡珪

　　林君名锡珪,字述康,亦字述唐,号悟庵,有时或隐其姓,称哀洲游子,称西河圭介;要之悟庵二字,于吾党中为最著云。君籍隶长沙之湘阴县,距省会百里。故少时驻长沙之日较多,为学也。湘阴先达左文襄,起家孝廉,削平大难,封二等侯,丰功伟烈,乡里壮之,君幼时之言曰:"人无不以左为忠,吾则谓黄帝子孙所争者独此一刻,此后将无兴种之日也!"乡里遂目君狂士。元和江太史标视学湘中,君以词章冠通郡童军,正场既得而复失之。时君父尚在,深悲其不遇,君亦大悔恨云。

　　光绪戊戌春,新政畅行,湘中有时务学堂之建,君以第二班补

---

　　* 本篇原未署名。《清议报》编者在发表此稿按语中称:汉变烈士,"除唐君才常已有专传刊录前报外,兹承友人复择其同志之尤者,撰述各人事略数则,属登报端,俾阅之者略知忠义诸君之梗概,而为他日谈劫之一助焉。光绪庚子十月,某某记"。据此,可知此稿至迟应成于"庚子十月"。又据《清议报》第 89 册"来稿杂文"栏,载《汉变湘南烈士小传汇志》中称:庚子汉变烈士,"前者遁公述林烈士等事略,已录报章,然所记不过十人,缺者尚多",可知秦力山已在《清议报》上发表十位庚子死事烈士传略。查本篇已辑林锡珪(即林圭)等七人传略,至《清议报》第 89 册止,尚有第 84 册和第 85 册"来稿杂文"栏,载何来保、蔡钟浩、陈应轸三烈士传略,已凡"十人",则可知本篇为秦力山所作。

·21·

入肄业。其时戚友中皆谓君不出三日仍当出,盖见君平日美丰姿,慕少艾,洛阳投果,殆无虚日,学堂功课又极严,以为君必不能恪守。岂知君名大著,教习某君重之,将与君同濯足扶桑。甫抵春申①,君方大病,而八月之变作矣。君与同学某者流于上海,大为所窘。值某明经②出都,乃同归。

其时以内地人心复大闭塞,时务学堂肄业数十人,将辟一广厦于汉上,名曰政治学堂,以君为领袖,百计图之。而格于当道,不果所谋。遂大恚,佯狂于清湘数百里地。尝对同志曰:"吾宁为奴适文明之国以就学,所痛者欲为奴以求学而亦不可得也。"

己亥秋,梁任公设大同学校于东京,君将应梁之召而往。离家时,阻其行者数十人。君不为所夺,遂以八月到东。到东不二月,君见览东邦日报,其唾骂支那人者殆无虚日,乃曰:"吾闻壮飞曰:'必须度尽自己然后度人,无度人之日矣。'今圣主将废,国家垂亡,尚何学为?"即以十月归国。居汉上,不数月,长江三四千里之豪杰皆归焉。

今年春夏拳匪衅起,圣主蒙尘,唐君才常倡办勤王军,以君为中军统领。凡所筹划,如庖丁解牛,迎刃而解。事为后党张之洞所知,捕君僇之,呜呼惨哉!

君游学万里,归居汉上,十月无一字寄其家,公尔忘私,此之谓欤!其平日论学,梁任甫先生称其有哲学思想。其言曰:"还淳反朴,此老氏锢蔽我中国四千年文明思想之证据也。我中国十七代中,所谓甲一家之力已疲,乙之稍善者取而代之。以此数万万之

---

① 春申:上海的别称。因相传战国时楚春申君黄歇疏凿春申江(今黄浦江)而得名。

② 明经:清代选拔府州县学生员贡入京师,升入太学,称为贡生,别名明经。此处"某明经"不明指谁。

人,哓哓于草昧之中,无所谓兴亡,无所谓隆替,安望其能知自由革命之理欤?"君常谓:"天下事,但有人力,无天然。"此其所以与老氏大反对也。

君以乙亥　月　日生,以庚子七月二十九日卒。子一,今尚襁褓。常谓某曰:"君持无庸妻子之论,吾以此子名小某,为君后,如何?"言犹在耳。岂意君视死如归若是之速耶!抑死非君之所料及耶?天乎人乎,可以恫矣。

田邦璇

君讳邦璇,字均一。其字均一者,以心向往于自由平等之世界,而以此见意也。父春源先生,以笃学为沅澧士夫所引重,一时学者多出门下。君幼时尚议论,为乡里诸学究所非笑,君若罔闻知。戊戌春,以三班诸生肄业时务学堂。值大病,未竟其业而新政瘳。君恨之,将出而求学,春源先生达人也,亦不之禁。遂以己亥七月游东京。

时值同学悟庵归国,挽之归,以其年十月径归湖南澧州原籍。将开一小学校于汉上,俾湘、鄂有志者得竟其业,与悟庵约,嘱为草创之,将归家而措资焉。其时悟庵在汉口网罗豪杰,需款孔巨,君独任之。故勤王军之根柢,实草创君与悟庵两人云。

今年春夏,北方大扰,天子蒙尘,君急趋汉(士)〔上〕,谓悟庵曰:"吾辈当统数万众入西安奉迎圣驾乎?此中国兴亡之时也,幸毋失。"悟庵曰:"善!然今饷尚窘,容徐图之。"君曰:"此何时乎?顾徐徐云尔!"乃毁其家以助,虽春源先生亦猝未之知也。

君一年之内,凡自湘至东京者一,自澧州陆行至汉者六七,无一日安其居。其平日人所不能为、不敢为之事,但有利于中国,君无不慨然自任。忽于七月廿七日被逻者掩捕。临刑容色不稍变。呜呼！天方欲亡吾党乎？

君见善勇为，遇事不拘成败，自始至终如是。常曰："我生即不能现成，待吾后人可也。特恐志不立耳。"其为文沉郁顿挫，灿然有光，盖春源先生本古文家巨擘，其得于庭训独多云。君著作今四散，容异日手录之，以广其传。君在学校时，从容为某言曰："中国不昌，吾死不瞑。"每思其言，凄然泪下。自恨无似，无以对君，不知何日可以令君目瞑也。呜呼！

李炳寰[①]

君讳炳寰，字虎村，与田君均一同为慈利县人。居同籍，性同侠，游同方，学同校，志同烈，死同归。吾向者闻之任师曰："孔子谓吾门有由，而恶言不入耳。吾于虎村亦如是云。"某识君最晚，又同学只两阅月，其昔年之行事多不详。但闻之述者曰：李氏子少不喜帖括，负经世志，随侍其父莲航先生治刑名学，鄙弃当世读书无行之士，故诸生中识之者鲜云。某之识君也，在己亥之春，其时闻君将从某氏学煮樟脑，乃直诘其意之所在。曰："吾与其徇一时之浮名，以汨没吾脑之知觉运动，孰若一材一技，反得实际乎！"然究非君志也。君善记，历久不忘。湘之少年学英语者，以君为第一。梁任公之开大同学校也，先召之往，以君向肄业时务学堂，其及门者也。君在东京时，任师令诸生日作札记四则，为甲乙之。君苦心经营，至忘餐寝，必争在前列乃已。其好胜盖如此者。

---

① 《清议报》第89册"来稿杂文"栏，载《汉变湘南烈士小传汇志》"李烈士"条下称："李烈士，名□□，字次村，莲航先生之子。虎村烈士之兄（莲航先生及虎村烈士，遁公已为之立传）。"亦为本篇各传系秦力山所作之一佐证。

公旋以是年十月归。庚子春入黄公忠浩①营幕,驻汉上。时值拳匪衅起,大局机危。君时犹欲创南方拥封疆大吏自立之议,洴澼子争之曰:"求诸侯,何如勤王。"君之宗旨遂大定。君勇于任事,又具有飞书草檄之才,故勤王军之文事悉仰于君焉。唐公被逮之日,君时在寓,遂同被执。君以丁丑 月 日生,庚子八月初六日僇于市,春秋二十有四。临刑呼吏语曰:"张之洞今日为西后私愤而杀吾党,吾党异日必能为天下人公义起而杀彼者,寄语彼哉,毋即以其冰山为可恃无恐也!"呜呼痛哉!

君之生也,精进之人;君之死也,忠壮之鬼。天乎!何不稍假其岁月,以冀得一当乎?君生时,常欲合公法及万国律例,组织于中国之风俗,取《大清律例》之尝近天下公理者仍之,苟安前代劫制者,引文明之律例以更之,冀圣主复辟,进呈览采,得见施行。奔走频年,未遑卒业。惟于官吏书役中,若规避,若漏注,若诈索,若舞文诸弊,言之极详。同志有存其稿者。异日维新时,容为刻而质之通人,俾数千年之阴霾层垢尽革。君魂若知,不亦快于九泉,深幸其说行之身没哉!君之死犹未死也。或者曰,君被捕时,有侠客能超距作瓦上行者曰:"虎村来,吾负若趋。"虎村佯作罔闻者,遂弃之而逸。呜呼,虎村不亦毅烈乎哉?②

王翼之

王公讳天曙,号翼之,湖南辰州府沅陵县人。少倜傥有大志,不拘于小节,常以他人之事作不平鸣,与长官抗,几被捕。而公游

---

① 黄忠浩:字泽生,湖南黔阳人。光绪十四年(1888)优贡生。时统"忠字旗五营"驻鄂。

② 以上载《清议报》第 69 册"来稿杂文"栏。

于都门,至都察院控之,事得直,某公罢官焉。今年春,悟庵识之于汉上,语以当世之故,公初漠然不以为意,然识不数日,日不数见,见不多谈,而公之脑遂一大更变,有杀身救世之志焉。嗣与悟庵来海上,故余之识公也,介于悟广。公邃于金石之学,尤长铁笔,其尤古者与秦汉相埒。以求之者众,故滞海上半月,卒鲜闲时与公畅谈。

无何拳衅突起,唐公佛尘募勤王军之汉上,公适在,欲分一军,使公统之。公心益奋,乃毁其产数千,将以为唐助。乃部勒未成,事泄被捕。堂讯问曰:"尔何人?"曰:"候选训导王天曙。"曰:"尔读书人,何谋叛耶?"曰:"诸公疲癃残疾之兵勤西后,我以光明正大之义勤今皇,何相非也?"问官不能屈。竟以七月廿八日僇于市,未成谳狱也。

茶蓼子①

公别号茶蓼子,榜其斋曰德音堂,盖陆士衡赋云:"立德音于不朽",断章取义,志见乎词。又公夙具立三不朽之才,其为人也可想见焉。公幼抱伟志,所著书多小说家言。好虞夏之文。其所为文清峭古奥,读者如游桂林二十四岩,恍兮惚惚,其中有物;惚兮恍恍,其中有象。学者宝之,如金泥玉检,夏鼎商彝。然茶蓼子尝曰:"学者历寒暑数十年,第以区区广长舌,扬名于此小天地中,其志嘤嘤,颜之厚矣,吾安用此龊龊者为哉?"乃大言于众曰:"诸君有好吾

---

① 茶蓼子:据传中谓其人曾创"学战会","为领袖",并撰"学战会之序文"等情,查学战会成立于1898年4、5月间(光绪二十四年闰三月),负责人为黄萼。《湘报》58号载黄萼撰《学战会启》,《湘报》第59号载《学战会章程》,公订人首列黄萼。可知黄萼即茶蓼子,湖南善化(今长沙县)人,与秦力山为姨表兄弟。

文者,不可以传吾之姓名也。"故其文流传甚广,多有不知为何许人者。有识之者乃曰此茶蓼哉。某为公生平第一阿好人,又为从母①弟,于公之懿行独详,能言其秘,故仍公志,姑不录其姓名。

公湘人也,自幼时即好屈正则、司马迁之言,其性情亦相仿佛。长某九年。家有葛藤,同居长干,两小无隙。及长,某癖于六朝人之文学,公屡规之,以为玩物丧志,某不之然也。其后以宗旨各异,踪迹渐苏。然公亦放浪形骸,溺于鸦片,每岁所吸,辄过中人之产,乡里非之。一日自挝其首曰,如此头颅,乃终于此,不亦大可惜哉!毅然舍之,如弃敝屣,而移其岁月于经世之学。

光绪戊戌,故京卿谭嗣同开南学会于长沙,《湘报》馆继之,公为会员。谭君一见而引重之,常语于众曰:"茶蓼子之问格,所见者远,此黄种中之表表者也。"故《湘报》之论说,其录公构者为多。新政畅行,公气益猛,乃与洴澼创学战会,公为领袖,洴澼曰:"学战会之序文,盖茶蓼子之所作"云。某是年秋远游归,假馆君家。八月之变,谭公死焉。茶蓼子与某谋曰:"如此圣主,虽尧舜曷过是哉?"时义宁陈公抚于湘,二人遂联名请其割据湖南以勤王,不奉诏。陈公不纳,亦不之拒。乃与湘中顽固党大相攻击。某遂行。明年四月归,七月游日本,凡居湘者三阅月,无日不与君相见。然某之东游,非茶蓼不足以壮其行。至岁终,伪政府有立嗣之举,公来书问曰:"圣主之急,壮士之仇,在我辈及时为之,而吾弟留滞于东京,此何为乎?"某即以庚子正月归上海,居上海五六日,旅资悉仰给于公,无俟某告匮焉。无何,八国兴师,拳匪蜂起,圣主西幸,唐公勤王。公自任曰:"湘中之事,我能优为之。"寄某书曰:"吾家所居舍

①　从母:母亲的姐妹,即姨母。见《尔雅·释亲》。

秦力山集

数十楹,与其火之,何如因而用之。"遂毁家以为饷需,以五月终亲来上海。其时某他出,故不之见。至七月,而唐公死于武昌;无何,又闻公偕其两弟为后党俞廉三①谋害焉。呜呼哀哉!

古之所谓改过不吝,从善如流,舍荼蓼其谁能哉?顾或者谓变法之世,凡有志者,以流血为荣,无所闷焉。然吾所观今世济世才能如公者,殆落落如晨星之可数。而至今言和,数月未见其成,一时中国或不非洲不印度,而求之吾辈昔日纵论时期,中国如法国百年之革命,日本三十年前之维新,人之不存,国何以立?吾闻之壮飞曰:"魂当为厉,以助杀贼。"或上帝特召荼蓼为刑官,则二万里地,四百兆人,庶有瘳欤!庶有瘳欤!白云一片,绿波万重,荼蓼有灵,其不忘德音堂同榻时乎。

君以庚午 月 日生,庚子 月 日卒,春秋三十有一。君以叔父子为伯父后,无子。呜呼!天使荼蓼不祀,或其将以支那为奴,亦可知欤!光绪年 月 日从母弟某记于拔剑斫地室

李莲航先生冤状

先生慈利人,以廪生循例入贡成均,为候补训导。以迫于家计,改图游于任君小棠之门,治刑名法术学。历为湘省各州县入幕之宾,名大著。厥后任君以事去湘臬幕,先生继之。查湘臬幕自任君去后,分为三人,先生其理衡桂郴桂之词讼者也。先生教子有方,爱怜特甚。其子虎村,资质颖异,凡所作事,勇猛精进,一往无前。先生恐其贾祸也,频频禁之,然观其不纳于邪,亦不忍过于督责。虎村以时务学堂之撤,其所学西语,废在半途,辄婉转为若翁

---

① 俞廉三:字廙轩,浙江山阴人。时任湖南巡抚。

言之，将就学于上海南洋公学，且成行矣，值任公讲学东京，虎村遂径往日本。是时某与虎村同学，先生来书与虎村者，虎村手示某。其略曰："吾家之学，在于内政。汝于中国词讼及官场情伪尽知之矣，宜扩充以万国律例，及内政专门之学，一旦见用，庶有益于社稷民人。若声光化电农工兵商，乃一技之微，非吾所望于汝也。"某见而异之，以为我中国四十历以上之人，不应有此。况今日之刑名家，又旧学之旧者耶，何先生之老当益壮也！

今年七月，虎村以勤王军事泄，戮于汉上。某悲之，恨不得飞渡三楚，亲为慰藉。无何，又闻先生亦被逮，大奇之。某亦尝从事大清律矣，谋叛不成，律无连坐。而况虎村已戮，又圣世之法，戮不及于妻孥，矧在父母？且虎村又非谋叛之可比也。宁以堂堂中国，号为文明之邦，竟不以勤王为何事耶？乃疑乎先生之坐，为齐东野人之语，不足为信。俄而览日报纸，乃知先生且就僇。某始而惊愕，继而含恨切齿，终乃恍然大悟，以为先生之死，有必致之理在者。请重言之：湘抚俞廉三，以典史出身，遇事逢迎，递升而任封疆大吏，未经从事典籍者也。侧闻戊戌八月，俞闻皇上囚于瀛台，集梨园子弟作乐至一月之久。己亥年终，立嗣诏下亦如之。庚子德使被戕时，亦如之。联军入京，天子出狩，又如之。又闻其捕杀新党，凡在疑似，悉予大辟。噫！向使俞之生父尚在，若有指其为新党者，俞亦将起而杀之，而况莲航先生乎哉！

夫俞廉三目不识字，固不知新之谓何、旧之谓何，亦不知君之谓何、父之谓何也，何问乎法律！何问乎民人！吾闻孔子作《春秋》，秉笔削为贤者也。然则何庸乎余之责彼哉？然则先生有知，亦何至与彼计较哉？独悲乎我中国之将亡，天乃假乎于若而人也。

汪尧丞合家死义事略^①

汪君讳镕，字尧丞，原籍安徽人也。其长兄某，大顽固，君所作事，辄败于彼之手。其次兄则不详其名，不详其事，但知其亦以勤王罹大辟。尧丞之死也，其母死之，其妻亦死之。有告余者曰，尧丞盖合家殉难云。某素不识君。庚子四月居上海，君来时，寓某客栈，唐公倩某迎之，遂与某同居焉。继而出荼蓼及某某君共三函，凡所以为介绍者也。其时某以诸事草创，日夜旁午，恐谋之泄也，乃从容为君曰："上海有义和团来之谣，闻西人藏火药于地下，一旦有警，将以火燃之，君不行，此地若成海，不患其为鱼乎？且湘鄂长江，所在皆有伏莽，君亦当归家，以有备而不患。且今日之势，又自不同，一有动静，其注意必在金城汤池。长沙所必争之地，或至糜烂，顷刻可为瓦砾之场，移家而避之深山可也。"凡此语皆以绐君，欲其速行也。君亦佯为然之，且若甚感吾之言者。某亦代为部署行装，即日促其就道。于是尧丞遂行。尧丞去不数日，而悟庵忽有函来，曰："湘事尧丞为之，其才非常，可独当一面也，吾已托之。"某大骇，以为悟庵之轻于托人也，顾何其易易。厥后某以奔走，未及过问湘事，不过略与函及而已。至七月而悟庵死于武昌，八月乃知君亦死于湘。

君之死也，与其次兄同被捕。其次兄则罹大辟，君则始至公堂，官讯时未及一言，而君忽咯血升馀，顷刻暴卒。呜呼！吾闻之告者曰：戊戌政变后，尧丞痛乎新政之弛也，长沙《湘报》亦遽中止，

---

① 《清议报》第89册"来稿杂文"栏，载佚名《汉变湘南烈士小传汇志》中称："汪烈士镕传，久已脱稿，嗣见通公作，遂自毁之。通公之文章自足以传，无俟余赘也，"为本篇系力山所作之证。

尧乃集资刻为《京电录》，不著论说，但刻奏稿上谕而已。继而选各报之新闻刊之，无何亦被禁。公又辟一馆，又名之曰《电抄》。自时厥后，欲与新党往来，皆不能知其深，无敢纳者。公苦心联络，乃得三函而来海上。其至海上也，将以共勤王之事，值某促之走，尧丞亦无如何，但惆怅而已。旋至汉上，乃为入新党之始。至得悟庵之委托，遂喜不自胜。其于湘事，盖不知任劳任怨凡几许。而不一月巨栋忽摧，大星遂陨。

呜呼！诸君子用心之苦，孰有过于尧丞者耶？新政之兴也，尧丞不与焉；讲学之盛也，尧丞不与焉；交游之富也，尧丞亦不与焉，其(问)〔间〕种种快意事，无不令尧丞向隅。独使至将败时而合，至既合时而死，上至父母，下及于兄弟妻孥，流血之惨，孰有过于此者！呜呼，此岂天心也哉？[①]

据《清议报》第 69、70 册(1901 年 1 月 11 日、2 月 19 日)

---

① 以上载《清议报》第 70 册。

吊汉难死友[*]

（1901 年 2 月 19 日）

晨光始皓庭鸦哭，灵之来兮上神屋。五丈原头日未曛，将星惊陨更奇酷。君不见汉家宫阙到残秋，黍离麦秀禾油油。吕家女儿僭称帝，绛侯老矣谁安刘？又不见汉朝党祸虽淫虐，张俭倾家杜根活。无端博浪不成椎，天下纷纷来大索。吾闻故鬼中宵作人泣，三年不到长弘碧。九重城阙吊铜驼，天子西行足於邑。俄闻壮士起勤王，卜偃筮之对曰吉。呜呼清湘自古称骚国，憔悴行吟屈正则。怀君慷慨有馀哀，后起之人更奇特。巍巍吾公忠烈最，交纳江湖屠狗辈。为有淮阴侠少年，云龙八百盟津会。更有林田诸侠子，临事好谋无悔死。虎村文近骆宾王，飞书曾贵洛阳纸。别有徐福三千童，曰归曰归扶桑东。西乡月照光前烈，秋坟一队魂应雄。於乎！赋成向秀哀嵇吕，伯牙无复歌流水。最怜天意绝支那，中原杀气今方多。才非朱家与郭解，鲁阳安得此长戈。吁嗟乎！青青鹦鹉洲边树，正平大骂泉台去。沂泗汉水一寻君，见君招手呼故人。男儿死耳学南人，昌黎妙笔传张巡。

据《清议报》第 70 册（1901 年 2 月 19 日）

＊ 本篇署名"遁公"。现按发表时间编列。

开办东亚商业学校记 *

（1901 年 4 月 28 日）

北京沦陷之第二年三月初十日，即西历一千九百一年四月二十八日，广东郑君席儒、日本前文部大臣犬养毅君①，合议以东京大同高等学校，更以商业名之。祈祈生徒，济济多士，于是中日两国之来学者，盖百馀人有奇。其为己亥秋间负笈而至，留学校内，学抵垂成，举学谓特别生者，又二十人不在此列。呜呼大矣，诚中日两国国民合开学社发轫之始，亦支那人宏辟广厦于邻国首都之创闻也。

诸君子瞻东方之危局，念教育之缺如，共矢血诚，力争种界，以为亚西亚之地，奴主之位，定此须臾；文蛮之分，在乎俄顷。非荟萃两国青年，有志结此团体，交换文明，为亚洲布独立之种子，驱金色人种于地球实业上大争竞场，杜欧罗巴势力之东渐，则黄族中仅日本一自主国。窃闻之，唇亡则寒齿，皮尽则吹毛。将听白人之独有

＊ 本篇题下原有"附开校演说"字样，未署名，但文中出现"遁公于是振笔而言曰"等句，可知为秦力山所作。东亚商业学校的前身为东京大同高等学校，二年后（1903）因经费困难，改由清廷驻日公使蔡钧接办，改名"清华学校"。

① 犬养毅（1855—1932）：号木堂，日本冈山县人。庆应义塾毕业。自 1890 年日本设议会后即为众议院议员。1898 年任大隈、板垣联合内阁的文部大臣。1931 年任总理大臣。翌年因"五一五"事件为少壮派军人所刺杀。

全球，鹳我于弹丸黑子之外乎？抑亦效义和团之往事，而以四万万卷曲臃肿不材之木，蛮触于神州大陆，至以头等野蛮高自位置，而抗拒太平洋山涌云立之风潮乎？我同胞念此，当亦知十九世纪以来，非专以兵力相争之世界，实以商业作无血之构斗，而为之铁马金戈、枪林弹雨，并不止拳石交攻已也。学则譬之督战之兵官，指挥于两军对垒，以相冲突，知己知彼，所以制他人之死命者。不观之英吉利乎，以一商会而领有与支那相侔之土地，畜二万万人口而牛马之，绝不闻有印人争而胜之者，是可以证商业之关系于国家兴亡者，非浅鲜也。

且吾中国不能振兴商务之故，厥有数焉。国体衰微，无保护商务之权力，至流寓各国华民八百万，外人得以禁其登岸，烧其居屋，重其税金，一切践踏，无所不至。甚至以国家所有一二巡洋之兵舰，调集于扬子江之上流，为长官保护其性命身家，峨峨龙旗，不出国界。即有一二富室私办商舶，往来大川，收此微利，而或厘税各官悉索敝赋，或疫疠之地不许通航，盖无所往而不动辄得咎者，此一故也。

巨万之富，相戒远游，谓守吾恒产，终此馀年，亦足以尽吾意兴也。而往往以一钱不名，无所得食，所谓家徒四壁立者，乃冒险而为侥幸乞食计，得寸则寸，得尺则尺，非有自信之学业，可以与文明国之商学卒业生者相颉颃也。是不过权有限之子母，较有限之锱铢而已，而欲望商业发达于远方，是非在乎可有可无之数哉！此又一故也。

凡此所论，是不过以海外支那之商情论之。其于无学之苦已可概见。

夫今日拳衅已浸，必当悛过自新，畅行改革之时矣。将欲设商务之专官,而职僚万难其选;将欲宏商业之教育,而师范待之他人;将欲定商政之法律、挽商海之颓政,则又无此大政治家堪此巨任者。此两君急急创办此校之原因也。

遁公于是振笔而言曰:斯校之点,起于两年以前。其时湘中人士之来学者,有若林烈士述唐、田烈士均一、李烈士炳寰、蔡烈士钟浩,今既为天下流血,庚子七月以国事就戮于湖北之汉口。德光泉壤,此其明效大验,彪炳于他日文明史册者,亦既不负两君勤勤恳恳、大庇天下之苦心。异日合全亚旷达不羁之士,以保东亚太平,举所谓奇虬巨鲸,大珠空青,求昔日美、法若所谓华盛顿、拿破仑其人者。譬之一果焉,核虽小,皆含有七十三种原质。亦犹之今日商业学校,将照耀于今日黑暗世界,睹旭日之中天,曰内政,曰外交,其人才悉此校是赖。商业云乎哉,商业云乎哉!

是日与会者,为日本伯爵前总理大臣大隈重信①、伯爵东邦协会总理副岛种臣②、公爵贵族院议长近卫笃麿,其他知名之士不计其数。而旅横滨经商支那有志之士,亦不下百数十人。其演说中之切近今日中国教育之弊者,为我国留学生某君,兹笔而录之于左。

今日为东亚商业学校开校之期,建立及赞成诸君,丛集于斯,为从来未有之盛举。仆以不才,无学无识,因吾邦旅横滨之有志者及本校留学诸君嘱仆演说,故不揣冒昧,请略陈之。

---

① 大隈重信(1838—1922),日本佐贺藩士出身。明治维新之际参加倒幕运动,为明治政府的参议之一,1881年下野。1888年为黑田内阁外相。1896年任松方内阁外相。1898年任内阁总理大臣兼外相,主张东亚保全论。
② 副岛种臣(1828—1905):通称二郎,号苍海,日本佳贺人。明治初期政治家,长于外交事务。1871年任外务卿。1873年因征韩论争失败,与西乡隆盛一同下野。对外一贯提倡强硬论,为明治政坛的主战派论客之一。

夫支那以前南北洋及各省之学校,所设虽多,而所施之教育,于国家毫无关涉,不过养多数奴隶,供一己之驱使,保一家之基业。而学者亦不过为一家一身计,求其有国家思想,盖亦难矣。推其原因,皆由于无国家教育,徒有私人教育之故。若有国家教育,则独立之性、爱国之心油然而生,自不至国家存亡,如秦人之视越人肥瘠。欧美至于今日之强盛,雄视地球者,职是故也。

且教育者,于国家有重大之关系,而政体之变迁,皆视当时之学问以为转移。自孟德斯鸠之《万法精理》、卢骚之《民约论》出,法国所由趋于革命也。三权鼎立之说风动一时,美国所以成为独立也。近日俄国之人,每喜言法国学派,所聘多法国教师,学生中欲出而改革政体者,源源不绝,专制之政体,行将扫地尽矣。德之挫法也,论功行赏之时,大将辞而不受曰:"此非吾辈之功,乃小学教育之力。"因当时小学校中,将德法世仇之事,编为教科书,以震动其脑筋,鼓舞其精神,令生徒日日朗诵之,恍惚如今日日本小学校所读爱国歌者,令其独立之性油然而生,不复为政府人爱恶转移其趋向之途,以保一国之公利公益,去一国之公害公仇。故国家教育尚矣。

夫国家教育者,非朝廷之教育与官吏之教育,乃国民公众之教育。能使肝脑涂地而不辞、牺牲于国而不怖者,岂私人教育所能养成者哉!我中国奏章公牍,辄曰为朝廷培植人才。夫人才岂朝廷之私物,宁非不通之论,无国家思想之论欤?有识之士,当掩鼻不闻此语。

呜呼,我中国人才多矣,岂生而不如欧美聪明?然其所以致此者,亦曰教育之道,不过三冬文史、呷唔毕业而已,而欲责学者与国家有直接之关系,何可得哉! 何可得哉! 郑君席儒有鉴于此,创此宏规,诚开我中国三千年未有之奇,将见全亚民权之基已孕育于此校矣。敢谢不敏,赘为之辞。

据《清议报》第 78 册(1901 年 5 月 9 日)

政 党 说[*]

（1901 年 5 月 9 日）

天下事有似公而实私者，有似私而实公者。专制之国，严禁朋
党，举一国之言论思想、道德宗教、风俗习尚而归于一致，是天下之
至公者也。然一国之言论思想、道德宗教、风俗习尚，莫不随一人
之步趋以为步趋。彼一人者而以为是，则一国之人莫得而非之；彼
一人者而以为非，则一国之人莫得而是之，是非天下之至私者乎？
立宪之国则不然，人各有党，党各有宗旨，甚至互相攻击，互相排
挤，是不可谓非天下之至私矣。然甲党怀私则乙党攻之，乙党怀私
则甲党又攻之，则党与党之间，均无所容其私。君主有失则党与党
共攻之，大臣有失则党与党又攻之，则自有党而君主与大臣均无所
容其私。且也君主与大臣有失，某党阿谀之，则某党又攻之；某党
有失，君主与大臣或纵容之，则某党又攻之，则互相监察，互相箴
规，即率君臣上下全国之人而无所容其私。是非天下之至公者乎？
故文明之国，无积私以成公；而野蛮之国，则假公以济私。

假公以济私者辄曰：君子不党。斯言也，吾无辨焉。第问为此
言者，今试有尧、舜与桀、纣于此，则彼将孰取？彼必曰取尧、舜无

---

* 本篇原未署名。后收入《清议报全编》时，署名"秦猛"，可知为秦力山所作。现按
发表时间排列。

疑矣。又试有孔丘与盗跖于此,则彼将孰取? 彼必曰取孔丘无疑矣。然则是非之心,人皆有之,即分党之心,人皆有之。时曰不党,必天下无是非而后可。天壤间有人斯有我,有我斯有人。人各具形色,则躯壳各异;人各具思想,则脑筋各异。然则彼我之分,出于天然,即党派之分,亦出于天然。时曰不党,必人类无彼我而后可。且也人各有父子,各有夫妇,各有兄弟,各家其家,即各党其党也。时曰不党,则必废家族之制,以妻女为公有,如希腊学士柏拉图之言而后可。一国有一国之政治法律,而他国则异。一国民有一国民之公权、私权,而他国人则异。各国其国,即各党其党也。时曰不党,则必废国防、毁国约、以天下为一家,名地球曰一国,如哲学家所倡大同之说而后可。故曰天下者,党派之天下也;国家者,党派之国家也。

欧西各国政治,皆操之于政党。政党者,聚全国爱国之士,以参预一国之政;聚全国舌辨之士,以议论一国之政者也。凡设立内阁,则内阁之大臣,皆政党之魁首;召集议会,则议会之议员,皆政党之名士。用以抵抗暴政,则暴政绝迹而不行;用以代表民情,则民情无微而弗达。故文明之国,但闻有无国之党,不闻有无党之国。盖其国亡,其党不亡,则形质虽死,而精神不死。故菲律宾、杜兰斯哇不能独立于今日,安知不独立于他年? 此所谓虽死而实生也。其国存而其党不存,则形质虽生,而精神已死。故支那、土耳其,即幸免瓜分于今日,而精神已死,形质无久存之理,此所谓虽生而实死也。故吾国国民而坐视吾国之亡则已,苟不忍吾国之亡,则必大声疾呼,号召国之志士,联为大群。不论为士、为农、为工、为商,苟痛心疾首以四万万之水深火热为己忧者,皆听其入会,立一中国三千年来所未有之大党,夫而后中国之元气,乃聚而不散,一而不纷,风霜不能蚀,刀火不能侵,暴君民贼不能制,异国异种不能灭,非中国历史上一大盛事乎!

虽然,以今日之中国而言党:一、宜知立党之意,为一国非为一人;二、宜知一党之成,为长久非为一时;三、宜知入党之人,贵抉择不贵滥取。故中国之言党,辄以其党魁首之名名其党,如李德裕之党则曰李党,牛僧孺之党则曰牛党。此谓之私党则可,不得谓之政党也。中国之立党,或因一事成党,而事后则散;或守一先生之宗旨而成党,然其宗旨不能长久,充极其量,则百年或数十年;甚或因一事而其党有不得不散之势。是谓之集议一事则可,不得谓之政党也。既曰党,必有一党之政治法律。故党也者,地球至文明之事。故但供驱策之用者,可与共事而不可与共党;徒读死书而内有所不足者,可与共学而不可与共党。若兼收并蓄,美玉与瓦砾同陈,是谓之乌合之众则可,不得谓之政党也。

要之不立党则已;既立党,则必以中国第一党自居,且必以地球上之第一党自居。诚如是,则虽野蛮之国而有文明之党。中国诚一旦而翻然变计也,则为英国之改进党,为法国之共和急进党,为德国之国民自由党,进则逍遥于内阁之中,退则攘臂于议会之内,是则中国之大幸,抑亦立党者之大幸也。若中国而诚冥顽不灵,永无悛悟之日,则为国民者,诚不忍坐视其同胞之流离颠沛,为牛为马于外人之手,不得已而效德国之沙赦尔党、法国之矍考平党、意国之加日那党,斯亦立党者应有之权利,且即立党者应尽之义务矣。

顷者闻中国志士有创设政党之议,恐非常之原,黎民所惧,故作是说以为国人告。并略抒所见,以备当年者之采择焉。

据《清议报》第 78 册(1901 年 5 月 9 日)

甦梦录之一*

（1901 年 5 月 9 日）

负笈东海，忍辱而归，重以国事，再窜日本。瞑坐多暇，寄骚于谐，非敢谓天必有明，关此鸡声也，然尽吾鸡之责任而已。我学既落，难限以篇。然虽曰断简残章，宁不可作当头之一棒乎！遂汇而录之于左。

支那猪

信步途中，见鬻书者执图一，若鹰、若虎、若豺狼，交错缤纷，罗列其上。其为群兽之所争食者，则一半醒半甦卧以待毙之一大猪也。余不解其所谓，遂向彼而问之。答曰："君亦此猪身中之一微虫，胡宁不自知耶？"遁公于是悚然雨汗，瞿然自思曰：此猪若死，微虫安可得生？抑此四万万之微虫，又安可得而不入彼若鹰、若虎、若豺狼之腹哉？然美、〔法〕之所以革命者，恃有此微虫也；意大利之所以统一者，亦恃有此微虫也。吾胡宁不为美、法、意大利之微虫，而为支那之微虫也？又安见美、法、意大利之昔猪而今不猪，我

---

　　* 自立军起义失败后，秦力山再度赴日本，曾短期任《清议报》编辑，此"甦梦录"专栏，即系力山所新辟。后因秦氏脱离《清议报》而另创《国民报》，此专栏只办三期。"甦梦录之一"辑杂文数篇，署名"力山遁公"。

支那乃终为此猪也？呜呼！美乎、法乎、意大利乎，抑猪乎？是在吾猪中四万万之微虫。

遁公又曰：印度、非、澳之微虫多矣，而彼猪以终古矣，而彼微虫已入鹰、虎、豺狼之腹矣。猪乎、微虫乎，支那猪中之众微虫乎，其毋以我为猪，以我为微虫，以我为支那猪中之微虫；毋以我为印度、非、澳之微虫，而为法、美、意大利之微虫。将见华盛顿亦猪中之微虫也，拿破仑亦猪中之微虫也，加里波耳的①亦猪中之微虫也，此何足以嘲我支那也？

学生世界

俄罗斯革命党，近伸民权于大彼得，雄才大略，子孙帝王万世之国。其文部大臣，惨遭文明之锋刃。某日报言此党中以学生为最多云。蒙以为吾中国学生多矣，伪政府之压制不如俄罗斯，而中国之学生，其抵力反相去远甚。蒙亦学生也，昧昧我思之，俄罗斯之压制我国亦甚矣，何以吾中国四万万人中，绝无一学生可以抵抗伪政府者，以抵抗俄人？使俄人之学生得逞志于彼政府，异日仍以帝国主义经营亚洲大陆，我学生既不足抵我国积弱之政府，抵未得志于东方之俄人，异日何所施其用武之地哉？愿以问吾中国之学生。

土耳其派公使来华

土耳其既不为政治上独立之国，我国人之论政者，莫不大声呼

---

① 加里波耳的，今译为加里波第（1807—1882），意大利民族解放运动领袖，曾加入青年意大利党，领导过1849年保卫罗马共和国的战斗。后组织红衫军，解放西西里和那不勒斯。

曰：毋蹈彼前车之辙也！於戏！抑知今日之土耳其，不仅其自主之权充足乎将印、将非、将澳之老大中国已也，竟反出至大之问题以难我。近阅某报，欲派公使来华以保护回回教。吾闻入槛之虎，狐兔危得以环而侮之。试问以今日中国之势力，土耳其虽微，能抗拒彼乎？抑土耳其以此为请者数矣，中国之拒彼者亦数矣。土耳其之侮中国，必不自今日始。而中国人悠悠长梦，至今日始知而未必尽知。又试问于耶稣、天主两教之外，又增一所谓回回，其关系于政治上者，岂浅鲜哉？噫！吾能不为误国者进究欤？

吾闻之日人嘲余曰："佛教之权力，其化被于东方各国者，视彼回回之教，殆不啻天渊。印人今日虽奴隶于英吉利，然犹存虚府，非不可援土耳其之例，踞公使于上京，与贵国为玉帛往来平等之国。由是澳大利继之，阿非利加继之，巫来由继之，岂非支那之奇辱哉？"遁公愧而不敢答。遂遍告吾国民，有志之士，可以奋起焉。

东京污物

俄罗斯踞东京之中央名胜地，高其闿闳，设一礼拜教堂之地，极巍巍之大观也。然日人呼之为污物，谓此是物也，有压倒东京一切屋宇之概，大有碍于文明，此后日本欲求进步，必推而倒之。遁公曰：亚洲大陆之污物，不第恒河沙数，不可思议矣，宜乎义和团欲一扫而清之。然日人之欲倒之者，日人言之而不敢行之，义和团居然行之。岂日人文明之程度，反不义和团若欤？呜呼，可以思矣！

印度皇宫

日本博物馆中陈列影片巨室一所，高十数层，东西南北各数千百楹，比之北京保和殿、懋勤殿不啻宽大无量数倍。其他离宫别馆,亦与颐和园穷奢极欲无大异。同游者拍余臂曰:此印度皇宫也,至今犹存。其国王居之,犹恍惚一年前我中国北京之景象。其小政府肆情纵欲,奴隶其土人,亦复如此。於乎,我国之北京,昔昔亦巍然之皇宫也,而今安在哉?今试问人曰:印度之主权亡乎?必曰亡。又试问:支那之主权亡乎?亦必曰亡也。嘻噫乎悲哉!印度国亡而王存,而王之宫存。吾支那亦王存而王之宫竟不能存,能毋使印度笑我欤?其所以异于印者,或支那国民之心未遽死也。

据《清议报》第 78 册(1901 年 5 月 9 日)

《国民报》序例[*]

(1901 年 5 月 10 日)

　　划一土于大地之中界,而命之曰国;群万众于一土之中域,而区之曰国民。则凡其国土之政治文化,生聚教训,一切体国经野之事,即莫不待此国民之经理。而凡生殖族聚于其国土者,即与其国有密接之关系,即莫不当分其责,而无一人得置身于事外。能尽其责而善其事,则其地治,其国强,其民有完全无缺之人权,可表而异之曰国民。此欧美诸国国势之所以强盛,人权所以发达也。

　　中国之无国民也久矣。驯伏于二千年专制政体之下,习为佣役,习为奴隶。始而放弃其人权,继而自忘其国土,终乃地割国危,而其民几至无所附属。甲午大创,而后惊于外人之国力,憬然知其致此之有由也,于是英俊之士,动色相告,其目注而心营者,莫不曰民权,民权!

　　呜呼,西国之民权诚盛矣!要之所以获此公权、享此幸福者,类皆尽重大之义务,负艰巨之责任,糜心瘁力,而非安坐以致之者

---

　　[*] 1901 年春,秦力山脱离《清议报》,与戢翼翚、沈翔云等人,在孙中山的资助下,于 5 月初另创《国民报》,秦力山任总编辑。这篇序例及下篇《倡办〈国民报〉简明章程》,详释国民之义、国民思想及办报宗旨等,虽未署名,因此报以秦氏为主,故录之。现以发表时间排列。

也。且西国百年以前,其国民之腐败,人权之暗昏,岂有异于中国之今日哉!二三硕学如蒙得斯鸠、卢骚诸人起而大倡其说,于是万众承流,报章腾布,议论日聒于耳目,民智遂骤增其程度。故论人权发生之功,诸儒播其种,而报章实培其根。我中国之报章仅矣。顽固昏谬、颠倒黑白者,固所不论;其能主持清议、庄言正论者,则类出于外人与党人之手。夫以外人而言我国事,无论其情事之隔膜也,其立报之主义,固已别有他属,则发言固多所忌讳,而立论亦借阐宗风。若党人之报,岂不昌言无忌哉!然訾诟既多,传播不广,且表辨宗旨日不暇给,而扬阐民意之事固亦未遑多暇。此报章之设垂三十年,而国民所以终未见发达也。

同人痛之,不揣固陋,谋创是报,发其狂愚,月出二册,都为八门,名曰《国民报》,冀明我国民当任之责,振我同胞爱国之心。伊尹曰:"使先知觉后知,使先觉觉后觉。"拿破仑曰:"报章者,国民之教师。"先觉、教师则吾岂敢,若以唤起国民之精神,讲求国民之义务,自附于播种培根之末,或亦自尽国民之责欤?大雅君子倘亦有乐于是欤?民智渐开,民气渐奋,安见今日服从专制之人不足抗衡于欧美,而享西国国民所享之人权也!

言论自由,文明之址。强聒不舍,顽懦兴起。参综众长,潘笔乐旨。风雨如晦,嘐嘐不已。先有鸡鸣,后乃天曙。匪曰空言,聊附斯议。录社说第一。

廿纪大地,风尘莽莽。况我极东,万马所向。指论事势,风云气壮。眷怀大局,庶焉心赏。录时论第二。

危词忧时,微言谈道。衍奇朔谐,挥翰奋藻。九天九渊,游思所到。纵笔放言,穷其窍奥。匪曰碎金,庶为杂俎。录丛谈第三。

盲古陆沉,曩哲所鄙。兵志有言,知彼知己。风云百变,望背接趾。本末纪事，古史成例。敢援斯议，为今世史。录纪事第四。

贾山至言，长沙痛哭。时贤伟论，匡谬正俗。大雅不弃，助我张目。宁有遐心，尔音金玉。录来文第五。

黄人祸害，欧人隐情。黄种膨胀，欧人所惊。保全分割，急激和平。此唱彼和，群议盈廷。闻者足戒，先睡后醒。勿谓谬言，启蛰之霆。录外论第六。

欧美政学，云烂霞蒸。书报千亿，伟论觥觥。日濡欧化，国势勃兴。彼耕我获，掇秀撷英。恢我民智，输进文明。录译编第七。

主客设难，究诘事理。此送一难，彼通一义。庶几明辨，阐发宗旨。录答问第八。

据《国民报》第 1 期(1901 年 5 月 10 日)

倡办《国民报》简明章程

（1901 年 5 月 10 日）

一、定名

就国民应有之责任，以阐明公理，名曰《国民报》。

二、宗旨

破中国之积弊，振国民之精神。撰述选译，必期有关中国大局之急务，毋取空琐，毋蹈偏私。

三、办法

（1）社设日本东京麴町区饭田町六丁目二十四番地。照日本法律，报明警察署，经内务省许可。

（2）创办之始，暂不自置机器，每月报章均托日本印刷局代印，照付印资。仍照定例，报警察署付保证金，由内务大臣许可发刊，递信大臣认可发行。日后自置机器，并可承印一切书籍。

（3）本报须由同志之人捐资，创办经费无多，支持不易，尚祈各地志士慨与资助，庶可久持。别订捐款章程附后。

（4）本报预算经费，目前暂定月出一册，日后或改为旬报，或改为半月一册，皆须量力而行。款项尽能充裕，还拟至上海各处分设日报，以期风气早开。

（5）社中同人支持报务，均系倡始之人，一切不取薪资，将来款项充裕,或添聘社员,再行酌议。

(6)经理社中事务,公举干事四人;款项出入,公举会计一人,以专责任。

四、责任

(1)任社务者:干事四人,经理一切事务;会计一人,掌理银钱出入。

(2)任报务者:主笔八人,任撰述之事;译报四人,二人任译西报,二人任译东报;译书四人,二人任译西文,二人任译东文;编辑二人,任编纂润色之事;校对四人,任校勘之事。

附:捐款章程

一、捐款不论多少,必给予本社收据,须有本社图章及经理人姓名图章,以昭信实。

二、捐助诸君务请详示姓氏籍贯,即为本社赞成员。社中一切办法,还祈赐函见教,以匡同人之不逮。

三、捐款诸君姓氏籍贯,本社当另存册籍,并不随报刊登,勿尚声华,同志幸谅。

四、每年必将出入款项详细汇列,刊印征信录一次,分送捐款诸君,以昭核实。

五、凡捐助本报至十元以上者,送报三年;二十元以上者,送报六年;五十元以上者,送报十五年;百元以上者,永远致送。

六、本报中附出各书,俟终卷之后,即须另印单本,当酌量捐款多寡致送,或本社另有印行自著之书及翻译之书,亦照此例。

附:发行章程

一、本报分送第一期之后,陆续所出之报,必待阅者函向本社及代派处挂号付银,然后按址寄送。

二、定阅本报价银,必须先付,挂号后若不付银及已送满所付之价,均一律停止不送。外埠同。

三、向本社定报付银若干,必给以收条,代派处径由经理人给以收条,亦与本社一律。若付银之后,寄送或有迟误,可函告本社,当为查明。

四、代派本报,照价提二成,作为酬劳。邮税须由阅者照例酌加,不在折扣之内。

五、中国及海外各埠报馆,本报当按期寄赠一分,以通声气。或有遗漏,请开明地址,寄示本社,谨当补送。

据《国民报》第 1 期(1901 年 5 月 10 日)

附:《暴政》书稿广告①

(1901 年 6 月 10 日)

秦力山先生现正和编者合作,编著《暴政》一书,不日即可完成。该书主旨专在激起四亿同胞,推翻现今的暴虐政府。尤需指出的是,秦先生由于试图推翻满清压迫未果,现为一政治避难者。该书目次内容如下:

第一章　中国必须进行彻底革命。

第二章　历数满人虐待汉人情状,举扬州十日、嘉定三屠为证。

第三章　批评清朝九代谕旨。

第四章　中国刑罚之滥用。

---

① 此广告为王宠惠所拟,用英文刊于《国民报》2 期。该书后未见出版。

第五章　暴虐政治之史实。

第六章　满洲详纪。

第七章　中国人之特性。

第八章　自传。

据《国民报》第 2 期(1901 年 6 月 10 日)

甦梦录之二*

(1901 年 5 月 18 日)

自居公法之外

吾邦忧时之士,辄曰外人不与我言公法者,坐以中国之不强故。噫,若徒以强云,则仍一凌弱暴寡之天下,尚为野蛮之野蛮。欧西各国之文明,必不尔尔。然吾岂为是说以媚彼族哉?偶以课间检阅英人 W. E. Hall 所撰之《公法》,至四百十六编。所载欧洲之各大盟会,其有益于人类社会,而中国不与盟,至今日仍未入会者,其详不暇述,姑以其最著者表之于左,俾言外交者省览焉。

	纪 年	会 盟 宗 旨
巴黎之盟	1856	1. 不许私船行劫。 2. 局外船中之敌国货物,不许妄动,但犯禁物不在此例。 3. 敌国商船中之局外国货物,不许妄动。 4. 封禁港口,必实力行之。所谓实力行之者,必有此力量能阻止各国与敌国之船入口,否则不认为封禁。

---

* 本篇署"遁力山大撰(CHING LI SHAN)"。

	纪　年	会　盟　宗　旨
拨拉士之盟	不　详	不许用毒气炮。按,京津之役,西人以毒气炮攻我军。中国若与于此盟,必不有此举动也。
彼得堡之盟	1868	不许用开花小弹子。
真尼化之盟	1864	即赤十字会。毋庸赘述其旨宗。

以上四盟为十九世纪最著最要之事,而此四盟中又以真尼化为最巨。虽以南美利加洲蕞尔之国,不及支那之一州一邑者,几无国而不入。今复录而表之,可以愧中国之外交家,并可无怨外人之不以公法待我矣。

国　　名	年　　号	国　位
瑞　　士	1864	欧罗巴
英吉利	同	同
法兰西	同	同
比利时	同	同
丹　麦	同	同
意大利	同	同
荷　兰	同	同
希　腊	同	同
普鲁士	同	同
瑞　典	同	同
奥　国	同	同
土耳其	同	同
罗门尼亚	1874	同
波　斯	不　详	亚细亚

国　名	年　号	国　位
山沙罗花多	不　详	中亚美利加
马定尼哥鲁	不　详	欧罗巴
西　域　亚	不　详	同
报利域亚	不　详	南亚美利加
智　利	不　详	同
亚金丹共和国	不　详	同
比　鲁	不　详	同
亚美利加合众国	1882	北亚美利加
巴鲁加利亚	1884	欧罗巴
日　本	1886	亚细亚

据《清议报》第 79 册(1901 年 5 月 18 日)

论非立大政党不足以救将亡之中国*

（1901 年 5 月 18 日）

　　天下不能一日而无政，则天下不能一日而无党。故政府不能禁一国之有党者，犹之不能禁一国之有公是非。夫公是非之所在，则政治从而生焉。党也者，所以监督政治之得失，而保其主权，使昏君悍辟，无所得而行其私。其关系于国家者尚已。吾中国不明此义，昧昧然统一切党人，概赠以欲加之罪，且苟之曰结党营私。如祁奚之立其子，则曰立其子不为党；如陈司寇之毁孔子，则曰君子亦党。由是观之，则党为一二人私情之交际，而于一国兴亡之故，本漠然绝不相关。必使天下之人心冰消瓦解，绝无团体，然后谓为大公无我，然后谓为至公无私，虽欲不亡，胡可得哉！胡可得哉！

　　吾尝考政党之义，英人名之曰 Faction，而寻常私密结社，则又有 Party 之名以区别之，示不与寻常社会相等。於乎！何其重也。及观吾中国贤士大夫，耳政党之名，则掩耳不闻；行政党之事，则望而却走。遂大惑不解，于是为同胞正告曰，毋睨视党。自古以来，未有无党之国而能不亡者，即或幸逃于牛马奴隶之域而不即亡，亦

---

　　* 本篇署名"力山遁公"。收入《清议报全篇》时，改署"秦猛"。

未有能与有党之国平等者。盖一国有党，则政府虽亡而国不亡；一国有党，则政府虽弱而国不弱；一国有党，则政府虽易恒河沙姓，则其国仍巍然可以自存；一国有党，则虽以支那之前途，而犹可以兴起。吾支那自开辟以来无政党，其不知夫政党，固不足怪。而其无政党之故，则恒以数万万人咆哮于草昧中，所争者一姓，所死者一人，昏焉愦焉渺不知国家为何物，举所谓亡国之惨，为奴之悲，未之前闻也。而其所以自秦汉以来，历十数姓至今庞然犹存者，坐以无外交故。上之有保全禄位、叱咤国人之野心，下之无覆巢破卵、兴亡有责之戒惧，胥一心思耳目，偾然是政府之所是，非政府之所非，无复有与政府反对者。夫党之用意，岂有他哉，不过保一国之主权而已。使政府欲弃我疆圉，我国人立一党以藩篱之；使政府欲奴我人民，我国人立一党以抗拒之；使政府欲剥我脂膏，我国人立一党以争辨之；使政府欲夷我国家，我国人立一党以保全之；使政府欲塞我聪明，我国人立一党以开通之。政府欲侵我自由，我国人立一党以颠覆之可也；政府欲败我名誉，我国人立一党以扫除之可也。吾中国惟无党，吾中国苟有党，则四百兆人可以不死。吾中国惟无党，吾中国苟有党，则二亿万地可以不分。在昔法之革命，党为之；法，吾中国可也。美之独立，党为之；美，吾中国可也。日本之维新，党为之；日本，吾中国可也。呜呼！党何害于国，而坐令一国之志士望望然去之，遂致四千年文明之邦，任人生我、死我、鱼肉我，置我臣妾，踞我要津，鬻我田园，饮我膏血，罹我灭种之惨毒，阻我进步于文明，吞声饮泣至数百年，而曾不闻以公理起而相诘者，何哉？曰无党之故。

且夫吾之所谓党者，非欲我同胞蜂屯蚁聚，蛮触相争，徒然开一世倾轧之风也。世无公理，不过袭道德、性命、词章、考据之空言,作污渠之一哄,则不得谓其党之首领偶得政权,遂可目之为政党者。故谓政党未曾发现于东方大陆则已,若谓中国而有政党也,又何至杀一士则鼠窜而争先,更一朝则蝉噤而如咽乎?此则吾不能不为政党界别者也。至若以一人盘踞乎功名利禄之途,立马峰巅,游览八表,非吾骨肉,则勿望尊荣,不出吾门,则难期显达;又或以微官薄俸,一网天下有学无识之人才,俨自以为江汉朝宗,自称一代名贤之渊海。其人其事何代无之?是但可谓窃位之私党,而不可谓救国之公党。若乃一人杰出,探道义之门,言教育则称琢玉之良工,论文章则负经师之硕望,天下风动,翕然信之,浸至皋比座下,皆当代之名流,又自以为舍我其谁,负平治五州之气概,而不知环球各国,但有以一宗旨而成一党,绝未闻有以一人而命为一党者。故谓合党中之首领及众会员而遵奉一宗旨则可,谓合一党中多数之人,而听命于一人则大不可。若斯之类,亦止可谓一人之私党,而不可谓天下之公党。

夫政党之谓何?不过保守一国之主权;而非然者,亦不过欲扩张国家之权利而已。家可灭而国不可欺,身可杀而心终不可死。惧我以刀锯斧钺之诛,而我之党如故也;迫我以啼饥号寒之境,而我之党如故也。使政府欲妄杀一人,而党人皆曰不可杀,则政府无权以杀之也。使政府欲废一官,而党人皆曰不可废,则政府无权以废之也。政府欲经略一地,而党人曰是与我国家之名誉有关,则政府无权以经略之也。政府可以司法,而立法之权无有,我党人容或得而操之。政府无权力以压制党人,而党人有权力以要求政府;要求不得,或改造之;改造不得,则虽流千人万人之血,以购我一国之文明,非达我一党之目的不止。法、美、日本其前事矣。故吾谓政府为党人之代表,党人为国民之精神。譬之有人焉,有肉而无骨,有骨肉而无精神,而欲长食人间烟火,必不可得。国无政党,亦若是则已矣。我国民亦知此中之消息乎?无党则国亡随之,无国则人亡随之。国亡、人亡,较之一时党禁之利害,孰轻孰重?吾且为之进一言曰:党也者,团体之别名也,非有所不利于政府也,非必欲标一党之名称,与政府以疑难也。且也国之不立,政府何存,宁禁党以亡国乎,抑与党以存国乎?吾知政府亦必有所择,则吾又何庸以避党之名耶?又何庸以避党之名耶?吾同胞必有党吾之所说,起而图一国之大计者。党人乎,党人乎,呼之欲出矣。今试条陈政党之关系数大端,识时君子,幸而察之于左。

政党与政府之关系

大凡君主之国,其政府不能防卫国民公共之利益,则政治不修,百端废弛,甚至外人乘衅而起,分割渐至。其国人若不坐受一姓之君主,以卖弄我一国之人民,则结多数之人群以抵抗政府。此其事,自昔欧洲亦有之,于是有排击政府之政党。若其国政治修明,无懈可击,则门阀贵族与一切有权力之高级官,相与结合大群,以维持专制政体与夫君主之权力,藉以永保其禄位。此中但微有公私之分,而不可谓决非政党。何也?彼于国家一切之主权,非同于支那今日之外溢者,是亦可谓辅助政府之政党。特支那今日之时势,不能有此政党耳。要之欧洲各国政党之关系于政府者,大率不外此:一反对政府之党,一维持政府之党,二者而已。然欧洲之反对党,其或汩没于保守党中者,亦间有之。然反对党每至死不变,亦终能得其自由。故一切野蛮专制之政,得于此十九世纪中扫地以尽,自是政府不能制国民之死命矣。呜呼!我中国欲脱外人之羁绊,非先脱政府之羁绊,吾恐有移山填海之难,不可预测其政党与政府之关系哉!

政党与主权之关系

无论其为君主、为民主、为君民共主,总之所谓国家者,不过自我国人操其主权而已。非如今日之支那,其主权尽听命于外人,而亦自谓为国也。夫政党之于主权,亦视政党之势力何如耳。譬之君主欲联合数大党以组织一政府,各党因而联合之,则其权仍在乎君主。有时党人为议院之议长与议员,或操政大臣皆出于一党之士,则君主之趋向,又可听命于一党以进退之,如日本与英国然。同一立宪政体之国,日本之主权如是,而英之主权大半在乎党人,君主无敢压制国人者,如法国与美国然。同一共和政体之国,法国之主权半存于统领,而美国之主权又尽在乎党人,此亦国家文明之进步,有迟速之不同。要之今天下大势,其主权尽在党人之掌握,无容赘述者。惟我支那冥顽不灵,主权尽失,谓主权在上,则君主无之;谓主权在下,则国民无之。政府则自严禁党人外,未见其所谓主权者。法兰西人之言曰:必复我天赋之主权。是在我支那之今日而已。

政党与国家之关系

夫所谓政党者奈何?自其外观之,可以要求民权,亦可以进退政府;而自其内视之,其纠察一党之举动者,亦所在皆是。夫政党岂不曰欲强我国家乎哉?然政党之流弊,亦有不可胜言者。因公以倒私,容或有借公以图私者。可一言以蔽之曰,是在复我一国国民之自由权否耳。夫吾中国以大地为一家私橐,人民为一姓之私奴,政府削一地以馈人,而曰非吾事也。一国无党,则国亡在于目

秦力山集

前，以视夫彼国之有党者，其相去不知几千亿万里。岂知党人本吾国之国民，土地乃国民之公产，政府窃我之土地以赠人，我得不起而捍御之乎？譬之有家仆焉，放主人之子弟而为奴，弃主人之田宅以饷盗，而曰主人固不宜问罪者，此不待辨而其理自明矣。由斯以谈，国家之所以强，当亦反观而自得。是则谓吾中国放弃其国家可也，谓放弃其自由亦可也，庸何辨焉。

结　　论

欧洲人之言曰：支那人无爱国心。其政治家则曰：支那人无国家思想。此其语，吾昔昔争辨之，今则不能为吾国民讳矣。吾观五年以来，其以党名于太平洋西北之最巨者，大概有二：曰守旧，曰维新。其实死守词章、训诂之空谈，本无所据而曰守；耳食声、光、化、电之奇字，更无所挟而言维。究之不过仍南宋以来分门别户之陋习，而诩诩然自以两党称哉！吾不知二党者与政治上有无直接之关系，旧党能否终保平和，新党能否骤达目的。要之无坚固不摇之基础，可以保国脉于不坠者，不得漫云为政党也。布告国人，发此大愿，共扶危局，保我太平，有欲起而强吾之国者乎，则请以党始。蒙虽不似，窃自居舌人之列，为译东西各国之所谓党史者，作我国民先路之导，以输进文明，至于执鞭所忻慕焉。

据《清议报》第 79 册（1901 年 5 月 18 日）

说 奴 隶 *

（1901 年 5 月 28 日）

本馆六十九册有《说奴隶》一篇，麦君①所撰，谓支那为奴隶之国，可谓一语破的。自秦汉以来四千年中千变万态尽在于是矣，辄复衍而心构之。於乎！既往不咎，来者可追，非敢尽言，愿以攻玉。我国人非无廉耻，不过以积尘满面，无镜以照之，无人以非之，遂不急自涤除耳。抑作者尝有一言自励曰：欲我同胞之不为奴隶，则必自我为奴隶始，即文中之所谓公奴隶也。然使四万万人皆存此念，并力行之，则支那竟为自主之国矣，于奴隶乎何有？于奴隶乎何有？本此命意，与麦君立论略殊，至于宗旨则一也。长歌当哭，何以解忧，人之云亡，天胡此醉，乃再说奴隶。

第一章　奴隶之命名

立乎大地球之上，而误生于支那，嗣数百代奴隶之祖宗，守四千年奴隶之习惯，落廿世纪奴隶之尘劫，具数十种奴隶之形骸，无怨无尤，咎由自取。于此有人焉，而曰我将自命为国民，一洗从来

---

* 本篇署名"公奴隶力山"；后收入《清议报全编》时，署名"秦猛"。

① 麦君，指麦孟华（1875—1915），字孺博，广东顺德人。光绪癸已举人。康有为万木草堂学生。

·61·

奴隶之根性，有识者必从而重之，惟决不敢遽认为国民也。何则？所谓国民者，必有参政之实权，譬之入狱者，而曰我非犯法之人，将无人不笑其诬矣。故任牛马之呼我，既无所幸逃，亦无庸避讳。

第二章　奴隶之界说

有公奴隶，有私奴隶，有体魄之奴隶，有灵魂之奴隶，凡为奴隶者四，而其变态乃千焉万焉，不可得而究诘者也。要之万变而不离此奴隶之宗。譬之一学校焉，若政治、若法律、若农工兵商，其学科不一格也，而所谓学者则一。故吾谓神州为一大奴隶之学校，有奴隶之学问数十种，有奴隶之形状千百图。夫支那既居此奴隶之地位，将欲强国人之不为奴隶，其能强学者之不入学校乎？今试以四奴隶者逐一诠释之，我国人可择所从焉。

何以谓之公奴隶？文明之国，有公奴隶，而吾国人中无之。盖公奴隶，所以与一切之奴隶相形而反比例者也。吾闻之公奴隶曰：与其奴隶之多也，毋宁寡焉，一国人奴隶之艰难险阻，以吾一身代尝之。故公奴隶恒视其境地而尽其责任。于是公奴隶，有公之自上者，有公之自下者。何以言之？民主之国，其代表一国之政治者，谓之统领，而其国为舆论之国家。夫既谓舆论之国家，则非若专制国以亿万姓而服从于一人，乃以一人而服从于亿兆姓，此所谓公之自上之奴隶也。若夫腐败之国，兆民无权，其始也耗国民之精神，饮国民之膏血，其继也不能以一人维持漂摇之大厦，遂令国权尽失，倾国为奴。于是有不忍使一国之火热水深者，辄复起而抵抗之，饿其体肤也，劳其筋骨也，其身则飘蓬也，其名则乱贼也，其身首则异处也，父子不相见也，兄弟妻子离散也，然此犹非公奴隶之所敢计也。今有家仆，忠于所事，凡有委任，犹恐陨越，况自任为一国之公仆者，宜何如战兢惕厉乎？事成或谤我以及私，身死则骂我以轻举，其艰苦盖不可以形容者，此所谓公之自下之奴隶也。

何以谓之私奴隶？私奴隶之最优等而博我中国人之称颂者，即卫庄公所谓寡人之臣是。夫夷、齐①之死，固明明有以暴易暴之言，盖不忍复见君主专制之政体。乃后世人之死君者，莫不以夷、齐奉为口实，岂非一人之私奴隶乎！其他奔走功名，趋跄利禄者，则又等之。自桧②以下，东亚之土，产此奴隶，麦君盖详哉诋之，我国人已早鉴之，今毋庸赘焉。

体魄之奴隶奈何？曰：凡人无国家之思想，而非徒以胁肩谄笑，求自苟活，其能操一私人之学，斯宾塞分学术为两种，其关系于国家公同之利益者曰公人之学，其操一专门之学以自存者曰私人之学。以与他人之资本交易者，谓之体魄之奴隶。此其人吾支那百人中得一二焉。盖求一私人之学，已不可多得矣。故支那但可为私奴隶国，而不可谓体魄之奴隶国。

灵魂之奴隶奈何？曰：凡国之中，其为众人之所信服者，必有一教主。西人法律家以此等之服从，谓之神律，哲学称为神学思想。西儒哲学家称思想有三级，曰神学思想，曰哲学思想，曰实学思想。因其势力可以移人之脑筋，而别为铸造其思想，令人无不服从者，其吸力至大也。然欧洲已渐入实学思想之时代，非若支那人若思想、若言论、若行为皆受人之压制者。乃至读一家之书，聆一人之训，以为非此即不合乎公理。此皆精神为人所摄，非生有独立不羁之

---

① 夷、齐，指伯夷、叔齐，商末孤竹君之二子，反对周武王进军讨伐商朝。武王灭商后，他们又逃避到首阳山，不食周粟而死。唐代韩愈曾作《伯夷颂》。
② 桧，指秦桧（1090—1155），字会之，北宋江宁（治今南京市）人。绍兴年间，两任宰相，主张对金投降，称臣纳币，杀抗金名将岳飞，为南宋投降派代表人物。

性质者,是之谓灵魂之奴隶。

要而言之,灵魂之奴隶,终其身不得自由,而体魄之奴隶次之,私奴隶与灵魂之奴隶,厥罪惟均,为亡国灭种之基础,即支那之现象也。若欲脱此奴隶之羁绊,其必人人为吾所谓之公奴隶乎?父母不知奴隶之苦,而欲我为奴隶;我若奴隶之,是奴隶吾父母也。师友不知奴隶之苦,而欲我为奴隶;我若奴隶之,是奴隶吾师友也。若夫君主以一人压制我,我若不起而颠覆之,是为之奴隶者,不止我一人,我将以奴隶而作奴隶之奴隶。奴隶犹可,奴隶之奴隶,尚何以生存于天地乎!印度之君主,奴隶于英人;越裳之土酋,奴隶于法国;今则阿君阿度,即菲律宾总统之名。又奴隶乎美人矣。试问回銮之限受制于联军,故宫之思怆怀于燕北,堂堂吾中国大皇帝,尚得谓非七八国之奴隶乎哉!彼之为奴隶也如彼,而吾之为奴隶又如此。西儒有言曰:欲脱数重之羁制,非先脱最近一重之羁制不可。此正吾中国四百兆人自奴隶而升为国民之时也,谓予不信,有公奴隶。

第三章　奴隶之性质

法儒孟德斯鸠之言曰:"奴隶之国,但求保守,而不求进取。若自由之国,则进取之念,必胜于保守。"又西人称支那以平和之手段为最优。斯言也,吾闻之而伤心焉。世断无有不平和之奴隶,故平和者,奴隶之特质也。今外人加我以猛烈者,以有此平和;我之自取外人之猛烈者,亦以此平和。我且以平和而自豪,鞭挞我者,安然受之,而自谓谦恭;攘夺我者,怡然与之,而自鸣慷慨,世岂有非奴隶而以谦恭慷慨名闻于天下乎?此即平和之效验也。英之法律,印度人至伦敦,船与车之头等位,印度人不许居,以其为英之奴隶也,而印度人恬然不以为耻。故英人谓印度与支那之平和正相似。又尝观夫支那之国俗,门丁走卒,不与以共功名,而稍有廉耻者耻之,不愿为焉,其下贱固何如者。今试执支那人而语之曰,尔为奴隶,必色然而启大争辨。何居以平日之不肯认受者,今竟居之而无疑!遯公正告天下曰,居无何而日本东京之头等位,闽、浙人不可居矣;英伦之头等位,而大江南北之人不可居矣;柏灵之头等位,而山东人不可居矣;圣彼得堡之头等位,而东三省人不可居矣;巴黎之头等位,而两广之人不可居矣;或合支那为列国共治之下,而列强首都之头等位,支那人皆不可居矣。印度人舍伦敦外,无一不可居头等者。支那人乃必于地球之外,觅一新地,始可以居头等。嗣是以往,保守且不可,而况于进取!此吾所以终不能为支那之平和解也。

第四章　奴隶之根源

惑矣哉!三纲之说之中于人心也,已至于不可救药。以君为臣纲,而奴隶箸于政治;以父为子纲,而奴隶见于家庭;以夫为妇纲,而奴隶伏于床笫。吾不知何物贱儒为此谬说,且诬为圣人之制作,以蛊惑天下。此实奴隶之木本水源也。夫自由之国,无不平等,人与人平等,即国与国然后可以平等。吾未见有人不平等而国能平等者,亦未见有国平等而人不先平等者。盖一国平等,即一国无奴隶之谓。今欲以多数奴隶之人,而新造一独立之国,是犹使舆台皂隶与搢绅俱,其不为人所诟詈者几希矣。

三纲之惑谓何?曰:臣有天赋之权,臣为天生之臣,即非君之所得而私有也。子有天赋之权,子为天生之子,即子非父之所得而私有也。妇有天赋之权,妇为天生之妇,即妇非夫之所得而私有也。此之谓天民,而不能受人压制者也。何以不能受人压制?曰:一人必有一人之权,然后可以尽一人之义务。以君当一国而国亡,则以为亡君之国而已;以父当一家而家亡,则以为亡父之家而已;以夫当一室而室亡,则以为亡夫之室而已:于若臣、若子、若妇无涉也。乃由一室而推至于一家一国,无论男女尊卑,谁不有其国者,而乃以奴隶自居,曰吾侪小人,焉知大计,宁不知奴隶即为小人之定名乎!故欲脱奴隶,必先平等;平等无他,必先破三纲之说。

第五章 结论

公奴隶即作者之名曰:微乎眇哉!国民、奴隶之分,一间耳。自古以来,未闻有圆其头方其趾,而介居于两可者。则吾人之地位,既不待言而自知,而要非我国人所乐闻也。谚有之曰:"讳疾者死。"我国人将终为奴隶以万劫不复乎?一息尚存,廉耻同具。盖奴隶之于人也,有同恶焉。昔华盛顿为英人之奴隶,困于美洲,而慨然自愤曰:"吾与其为英人之奴隶,曷若为美人之奴隶。"由是美人屹然独立,成共和国,世世子孙万万年,永享其利益。盖彼不知几经艰难风雨,呼天怆地而得至于此,较寻常奴隶之服从主人者,其苦殆百倍过之。今安得谓华盛顿为英人之奴隶,又安得谓为美人之奴隶哉!当其时,既造有此国民之资格,自后国人追思之,则铜像巍峨,虽馨香顶礼,奉为神明可也。不过彼以公奴隶自待,告无罪于国人而已。他如法国之革命、日本之维新,得无有多数之公奴隶其人者,今不备述。惟问今日我国民中亦有之乎?吾将蹇裳从之而起。

据《清议报》第80册(1901年5月28日)

甦梦录之三[*]

（1901 年 5 月 28 日）

文字尚古学衍尚今

西人文字之最古者曰希腊,次则曰拉丁,欧洲各国言文学者,必渊源于此,否则非专家也。支那文学备于周秦,雄于西汉;魏晋以降,不足观焉。而今之为文者,必以学古为第一要义。遁谓文学之道,其必学古者,无中无西,其致一也。学则不然,英国哲学家赫胥黎 HUXL·EY 有言曰:"昨日之学,至今日则旧矣,亦犹之今日交一友,至明日即为今日之故人,学之不可以旧也。"如是。吾支那误以作文为全国学者之身心性命,以为舍文之外,无所谓学。于是泥以文字之必学古者,例之于学术,而一切政治学术皆无有矣。其祸遂至于今日。於乎!周末文胜,乃有暴秦;希腊尚文,国地日褊,矧承三千年空文之弊者乎!自古未有不以文亡国者。以数行咿唔业,而断送一国之人,今之支那尤其显而易见者也。

戊戌春夏之际,以策论而易时文。其时一国人士,佥谓数百年之文妖自此拔除矣。自余观之,不过改换面目而已,未见有所谓实

***

[*] 本篇署"遁力山大撰 CHING LI SHAN"。

学也。窃谓欲救此弊,非纵祖龙之火,一扫秦、汉以来所有之文字而炬之不能。阅者当不以余言为矫也。遁公自识。

摘译北美合众国驱逐华人宪法一章①

第一节　立法院应即立定一切规条,保护全国各州、各城、各邑,以免支那人来为害于美国。因此支那人或为盗贼,或为乞儿,或病人此病人系生传染之病,或犯法,甚有碍于本国之利益和平。故立法院应即严定一法,以驱逐华人,无稍宽假。但以上所言之事,无论立法院立一何法以行之,不能阻止。

第二节　现在已有之公司,或以后添设之公司,自布宪法之日起,以后永远不许用一支那人。此一条,立法院应即颁行法律,以实力严之。

第三节　不许用支那人作美洲合众国关于全国国家之事,及一州、一城、一邑之事,与他项公众之工程。但工犯不在此例。工犯二字即罚当苦工。

第四节　外来人至合众国,其不能作合众国之奴隶,而与合众国有损碍者,立法院当立一法以随时驱逐净尽,不许停留,并力阻其入境。因支那之工人是一种之奴隶,必永远禁止来合众国,且将以前各公司雇用之合同一切作为废纸。若有一公司不遵宪法,擅用支那人,立法院应严罚之。尤必委权与各州、城、邑,使人驱逐支那人于境外。又须从布宪法之日起,应立一法以禁止支那人入合众国之各州、城、邑。此一节应即实力行之。

_____

① 原题后注:"从美人 JAMES BRCE 所著《THE AMERICANCOMM ONWEALTH》书中译出。"

遁公曰:余译美国宪法此章毕,泪涔涔然,搁笔泪下,哭之失声矣。考合众国之布宪法,在一千七百八十年。其时支那腐败之迹,虽孕育已不知有几何时,然犹未昭著于人间世也。六十年以前,支那闭关自守,视彼远方异族,几如空谷之不闻足音。彼此抗拒之情形,当无稍异。至于今,则支那之人民土地非复自有矣,而彼国之禁华人,且再接再厉。昔则白人以白人之国,阻止华人之来;今则白人浸将以白人之地球,力阻华人之客于此矣。此其中不过一有独立之心、一循奴隶之分而已,无他异也。抑吾闻合众国之法律,其关碍于我支那人者,至不可胜纪,略举一二,告我同胞,阅者毋援孟氏不如无书之例可也。

据《清议报》第 80 册(1901 年 5 月 28 日)

国民会章程*

（1901 年 5 月）

第一条　革除奴隶之积性,振起国民之精神,使中国四万万人同享天赋之权利。

以上第一条,本会宗旨。

第二条　凡中国之人,苟有愿为国民而不愿为奴隶者,无论海外内地,皆可入会。

以上一条,本会范围。

第三条　凡有益于中国国民之事,本会当以力行之。

第四条　凡有害于中国国民之事,本会当以力去之。

以上二条,本会责任。

第五条　本会当搜辑东西各国政党之章程,以为取法之地。

第六条　本会当与各国政党时通声气,以为将来办理外交

　＊　本章程连载《苏报》时题为《国民公会章程》,题后署"同是国民谨拟"。而据《苏报》同年 6 月 4 日(2480 号)"舆论商榷"栏载本报记者《敬告国民公会发起诸君》称:"此章程者,非今日上海国民公会诸热心家所拟,乃前年东京国民会诸热心家所拟也。先是,东京留学生某君组织《国民报》,另发起一国民会。此国民会者,以革命为宗旨,拟运动各埠华商,刺(击)〔激〕内地志士,而即以《国民报》为其机关者也。报既停,会亦解散。而其会章,内地见之者实少,今幸落于国民公会诸君之手……记者何以知其详也?乃发起国民会返国之某君,来本馆切责记者,何以为人傀儡,而不知加检察"云云。可知此章程为《国民会章程》,系秦力山等人所拟。

之地。

第七条　海内外所有中国各会,本会当与之连络,以期共济;苟非与本会相水火者,不可严分门户,开攻击倾轧之端。

以上三条,本会办法。

第八条　凡愿入国民会者,须由本会会员介绍。

以上一条,本会会员入会之则。

第九条　本会会员或办事或筹款,各为其力所能为之事,各尽其分所应尽之责,不得互相推诿,置会事于不问。

第十条　本会会员月纳会费五角,以备各项公费,每三月汇交一次。有愿多捐者听。

第十一条　本会会员皆有遵守会章之责。

第十二条　本会会员皆有保全本会体面及名誉之责。

第十三条　本会会员皆有推广本会之责。

以上五条,本会会员之责任。

第十四条　本会会员一律平等,无厚薄高下之别。

第十五条　本会会员皆有享受会中利益之权。

第十六条　本会会员皆有选举职员之权。

第十七条　本会会员皆有为会中职员之权。

第十八条　本会会员皆有议定会章及提议修改会章之权。

第十九条　本会会员议事时,皆有议决可否之权。

第二十条　本会会员皆有质问职员之权。

以上七条,本会会员之权利[①]。

第念一条　本会会员如有宗旨不合自愿出会者,须持其出会

---

① 以上载《苏报》第 2476 号(1903 年 5 月 31 日)"专件择要"栏。

之由告知事务员,由事务员告知书记除名。

第念二条　本会会员如有不守会章或放弃责任或伤损本会之体面及名誉者,须有会员三人提出,于开会时公议或劝勉或除名,皆以多数为准。

以上两条,本会会员出会之则。

第念三条　本会所设职员于左:干事二人,会计一人,书记二人,纠仪一人,事务员四人。散住各处之事务员不在此数。

第念四条　干事掌会期、会所及会中一切庶务。

第念五条　会计掌款项出入及催收会费等事。

第念六条　书记掌会中册籍、印章、信札、记录等事。

第念七条　纠仪掌整顿会规及开会时纠察、仪节等事。

第念八条　事务员掌各处运动及与干事、会计、书记、纠仪各员共理会中一切事务。

以上六条,本会职员。现在创建之始,暂定各职员人数如右,将来会友日多,可以随时增举。

第念九条　本会所有职员皆由公举。

第三十条　本会职员每任事一年,改举一次,有连举者,除事务员尽可任外,其馀各员但可连任一次。

以上二条,本会职员选举之法。

第三十一条　凡会中一切事务,由各职员便宜办理,至开会之日,将其所办各事汇报各会员。

第三十二条　凡修改章程,先由各职员会议拟稿,拟定后再于开会时公议,经众许可,方可著为定例。

第三十三条　每至二月,会计须将出入款目开一清单,于开会时传示各会员。

第三十四条　本会事务员有远往各处运动者,由本会公授以事务员之印章,以昭郑重。

第三十五条　凡中外各地离本部甚远者,一切事宜统由该地事务员便宜办理,惟须将办事情形随时报告,以免隔膜。

以上五条,本会职员办事之法。

第三十六条　本会每三月开会一次,每年以阳历一月、四月、七月、十月之第一礼拜日为开会之期,(起)自上午九点钟起至下午四点钟止。

第三十七条　在例会之前,遇有重大紧要之事,须由会中全体公议者,可开临时会,其期由各职员酌定。

以上二条,本会会期。

第三十八条　本会现以东京为本部,各省郡为支部①。

第三十九条　本会开会之所,由干事择定,再由书记函告各会员。

以上二条,本会会所②。

第四十条　本会开会议事之时,以事务员一人轮为议长。

第四十一条　凡举人决事,应在开会时公议,参用投票举手之法,以多数为准,如可否之数各半,议长有决定之权。

第四十二条　凡提议一事,须有二人赞成,方可开议。

第四十三条　凡议一事,须俟提出者及反驳者互将己意讲明,然后公决可否。

以上四条,本会议事规则。

---

　　①　此句中"东京"二字,《苏报》发表时改为"上海"。而据《苏报》记者《敬告国民公会发起诸君》中称:"彼本部在东京,而我已易地曰上海。"可知秦力山等所撰之《国民会章程》此处原文应为东京,而盗用此章程之上海国民公会,则改为上海。

　　②　以上载《苏报》2477 号(1903 年 6 月 1 日)"专件择要"栏。

第四十四条　开会时,各会员到者须有三分之二,方可举人决事。

第四十五条　开会之时,先演说,次议事。

第四十六条　遇举人决事时,如有新来会员未知详细者,临时尽可说明,不必投票举手。

第四十七条　演说或议事时,遇有反驳,须俟一人说毕,然后起而申说,不可任意搀杂。

第四十八条　演说或议事时,不得互相谈笑,扰人听闻。

第四十九条　开会之日,各会员须一律于上午九点钟前齐集会所。

第五十条　开会时,会员不得故意推托不到;或真有要故,不能到者,须先日函知书记处,开会时由书记榜示同人。

第五十一条　开会时,如有会员亲友来观者,可就傍听席,惟无举人决事之权。

以上八条,本会开会规则①。

《苏报》第 2476 号—2478 号(1903 年 5 月 31 日、6 月 1 日、6 月 2 日)

附:关于国民会的广告②

(1901 年 6 月 10 日)

本报乃中国国民会的喉舌,该会章程已用小册子形式出版,在居住本地及其他各地的中国人中广为散发。已有相当多的有影响的中国人列名该会为成员。该会第一次会议即将召开,会议地址尚待择定。

据《国民报》第 2 期(1901 年 6 月 10 日)

---

① 以上载《苏报》2478 号(1903 年 6 月 2 日)"专件择要"栏。
② 此广告原用英文。本集译录之,可见该会活动片断。

中国灭亡论 *

（1901 年 6—8 月）

呜呼！团匪飙起，联军骈入，车驾蒙尘，宗社荆棘，此不过一姓之存亡而已，于我国民何关哉？余奔走未遑，奚暇论此。所痛者，二千万里山河已为白种殖民之地，四万万黄种已为欧人注籍之奴，而我国国民愚蒙如故，涣散如故，醉生梦死，禽视鸟息，以为中国即亡，亦不过十七朝之寻常鼎革而已。嘻，今日之事，岂复往古之例所可同日语乎！且即如往古之例，何求——姓之忠臣义士，如古之力抗异姓百折不回者，而并不可得乎！然则吾国之民，其心已死，其气已绝。闻唐、宋、元、明之主而君我国也，则我为唐、宋、元、明之忠臣义士；闻英、德、俄、法之种而君我国也，则我为英、德、俄、法之忠臣义士。此所以茫茫亚洲绝少独立之国，芸芸黄种无一独立之民，固无足怪也。

今试执一人而问之曰："国何以亡？"则鲜不曰："君易其姓、朝易其名则国亡。"又试执一人而问之曰："今日之中国，亡乎不亡

---

* 本篇连载《国民报》第2—4期"时论"栏（第4期改题为《支那灭亡论》），未署名，后收入《黄帝魂》一书。据章士钊疏证："此灭亡论，分期揭载于当日流布之《国民报》，吾敢断定为巩黄所草。"详见《辛亥革命回忆录》（一），第236—238页。又秦氏本人在《说革命》一书第十六章中，亦自认本文系办理《国民报》时之旧作。本集按发表时间排列。

乎?"则鲜不曰:"西安之朝廷俨然者如故,政府之号令赫然者如故,操四万万苍生生杀之柄,握二十二行省土地财赋之权,今不过战败出走、一时失利而已,及和议告成,则俨然大国也。内外大僚之所以歌舞太平者依然,宦官宫妾之所以供我奔走者依然,内务府之膏粱锦绣所以养我身体者依然,若是者而谓之国亡,是必丧心病狂者也。"呜呼,斯言也,何足与辩!然吾窃闻今日之亡人国者,有新例焉。向之亡人国者,必占其地,虏其君,戮其臣而后已;今之亡人国者,则有其地而弗守,即以其君若臣守之。其所以然者何也?骤占其地,则其民未必服,而治之甚难,故不如以土人守之。且也其君若臣既有亡国之才,则留之无所害。若一旦去其亡国之君,则英明之主出,是其国终不得而亡也。若一旦去其亡国之臣,则爱国之士进,是其国又不得而亡也。故吾国志士,每叹息痛恨于外人处置之不得其宜,而岂知外人之为己谋者,固有所不得不然者在乎!由此观之,则今日之中国,亡乎不亡乎?

吾闻世界所谓完全无缺、独立强盛之国,非徒以其土地之大、人民之众也,恃其有特立不羁、至尊无上之主权者也。世界之国,不论为君主、为民主、为君民共主,凡有主权者则其国存,无主权者则其国亡。故独裁君主之国其主权萃于元首,民主之国其主权萃于国民全体之代表,君民共主之国其主权萃于君主与议院。虽逼处之强邻不得而剗削之,暴戾之政府不得而操纵之,暗弱之君主不得而放弃之,不轨之人民不得而干犯之。若是者乃谓之主权,若是者乃谓之有主权之国。

然则中国之主权果安在哉?谓其在君上耶,则为权奸所禁制,已视为赘疣久矣;谓其在政府耶,则偷安苟且,斁觫待毙者久矣;谓其在直省疆吏耶,则以官为传舍,唯幸洋人之不来,谴诃之未至,俯仰偷生，因循塞责者久矣；谓其在国民耶，则为隶为奴，流离琐尾，分割未定，国籍无属也久矣。故兵权者，所以保护一国之权力者也。乃中国有兵而己不知练，中国有匪而己不知平，卒由外人越俎代庖，起而为我练兵剿匪，是操我之兵权也，于是中国失兵权。法律者，所以保护国中之安宁、秩序、生命、财产者也，凡其封域之中，人无论贵贱，种无论黄白，法律所立皆有守之之责。乃中国有讼狱，外人得而会审之，中国有罪犯，外人得而惩罚之，是操我之法权也，于是中国失法权。海湾者，为一国文明野蛮贫富强弱之关键，公法：离海岸三十哩以内则为领海，凡船舶入其领海者，惟其国之号令是听，其慎重海疆为何如乎！乃中国沿海要隘，莫不为外人所占据，长江天堑，莫不为外人所圈定，是操我江海之权也，于是中国失江海权。矿山者，一国之财源也，凡货币器用悉于是赖焉。关税者，岁入之大宗也，凡国中度支多于是取焉。乃中国有矿山，外人得而开采之，中国有关税，外人得而抵押之，是操我财政之权也，于是中国失财政权。铁路者，为一国交通之枢纽，凡载运师旅，输送粮械，搬运货物，利济商旅，悉赖于是。吾尝考之列邦铁路之制矣，有国有者，有民有者。国有者何？归官办之谓也。民有者何？归私办之谓也。然未闻为外人有者也。乃中国之铁路悉为外人所有，是操我交通之权也，于是中国失交通权。夫地球万国，其兴亡强弱之故虽各有不同，然能操兵权、操法权、操江海权、操财政权、操交通权者，则土地虽割而其国不亡；失兵权、失法权、失江海权、失财政权、失交通权者，则土地虽存而其国实亡。乃中国兼此数者，犹日号于众曰不亡，谁其信之。至若深宫之默许，政府之密约，疆吏之暗失，使臣之阴从，怪怪奇奇不可思议之约章，虽非草野寡陋不晓朝事者所可根究。然一则曰，"量中华之物力，结友邦之欢

心。"非皇皇之圣训乎？一则曰，"与其与奴隶，不如赠朋友。"非良
相之嘉谟乎？故戊戌以后，宗旨已定；拳匪之役，其愿已偿。彼无
识之徒犹日号于众曰中国未亡，谁其信之。乃无何而又有变法之
谕，无何而又有督办政务处之设，于是向之高谈革命、昌言勤王者，
莫不感激歔欷，且欣欣然喜色相告，一若中国有中兴之望也者。呜
呼，冢中枯骨岂足有为，亡国大夫难与图存，而乃以新政望之，是何
异印度之百姓望酋长之自立，滇黔之苗傜求土司之变法乎！在稍
有知识者，应知其必无是事矣，吾同胞其有以处此矣！

　且国之所以立者，赖有一定不移完全无缺之疆域，故国之有疆
域犹室之有界址也。文明之国，虽人烟稠密之区，市井冲繁之地，
凡甲屋界址与乙屋界址之距离，必互以三尺为限，载在民法，其通
例也。惟国亦然。故瑞士虽小，围于众大国之间，其疆域如故也；
葡萄牙虽弱，翘于大西洋之滨，而疆域如故也。中国则不然，不唯
旅大、胶、威、台、澳、香、广险要之港湾，已为异族所宰割，且举所谓
满洲发祥之地，亦拱手而让之俄。呜呼，今日之密约虽拒，其如往
日之密约何！一时之密约虽废，其如无穷之密约何！吾知一转瞬
间，不独满洲而已，且将率其慓悍淫虐之可萨克，以席卷内外蒙古，
进克新疆，建瓴而下秦晋幽燕之郊，一战而长城失其险，再战而黄
河断其流。当此时也，虽聚中国十八省之精锐将无以御之，固不待
智者而后知也。且也当此之时，德必驱胶州之兵以占山东，英必发
香港、印度之兵以据大江南北诸省会，法必率安南、广州湾之众以
取两广、云、贵之地，日必起台湾澎湖之师以据闽、浙而进图江西之
南部，其外若美、若伊、若比及一切无名小国，亦将染指于我国焉！
呜呼！抟抟大陆，白人纵横，哀哀众生，蝼蚁同命，从此万国地图永
无支那之称。斯时吾国人士，殆骇然知吾国之亡。而岂知有形之

亡亡于瓜分,无形之亡亡于今日。譬之某甲之田售之某乙,则其田亡,瓜分之谓也;某甲之田押之某乙,而某甲已为乞丐,万无可赎之理,则其田亦亡,今日之谓也。

夫常人之情,以敝缊袍一袭为人所持去,且有不能恝然者,以其爱之所钟,权之所属也。今乃以数千年蕃息生存、衣食父母之邦,一旦为二三聋瞽拱手授之他人,而我国国民竟唯唯听命,不敢与聋瞽之徒论其是非而争其得失,是视数千年蕃息生存、衣食父母之邦而敝缊袍之不若也。其所以然者,盖屈于专制之下。譬之产业,为豪奴所夺,久遂以为豪奴所固有,而忘其所自来焉。抑吾闻之,美、法、意、希、日本各国,先亦失其产业,徒以为民者不忍听其放弃,遂万众勠力,起而夺之豪奴之手。不观之美乎,其初受英之压制,盖无异于今日之中国;一千七百七十五年,十三州志士,若戎阿丹士,若惹希迕逊,若富兰克林等,开国会于费拉地费,举华盛顿为大都督,起兵以拒英,飞檄四方,法人义之,举师以助,血战七年,卒得独立,为世界第一等之共和国。不观之意乎,自维也纳会议以来,尚为奥国所箝制,其诸州君长惟奥命是从,且借其威力以滋杀戮;志士痛之,仰天号泣,奔走呼救,以倡意大利统一之说,其后当法国之革命及日耳曼之变动,影响所及波于半岛,意人遂离奥自立,而涣散各州遂一日归于统一。不观之法乎法之败于德也,几不国矣,其国志士,愤政府之无能,慨帝政之腐败,乃开国民议会于波尔登,于是党派丛集,定谋决策,割二州以和德国,废帝政以易民主,未几而雄长欧洲矣。不观之希腊乎,隶于土耳其之版图者四百有馀年矣,以土人待之残忍,乃于一千八百二十年举国以抗土,卒赖各国之助,而以黑子弹丸巍然独立于地中海。又不观之日本乎,明治维新之初,藩阀之臣恃其覆幕之功把持政权,当是时也,学校之所培植者无非萨长之子,府县之所登庸者无非萨长之士,内阁之所出入者无非萨长之党,举国扰扰,几蹈幕府之覆辙;板垣退助忧之,乃大倡自由平等之说,奔走游说遍于国内,卒成大党名曰"自由",于是各政党接踵而起,以要求政权,监督政府,遂得于明治二十二年发宪法、开议院矣。我东方之有宪法、议院,自日本始也。

由此观之,凡国之所以因祸而为福、转败而为功者,必赖千百志士不畏艰难以肩巨任,杀身以易民权,流血以购自由,前仆后兴,死亡相继,始能扫荡专制之政治,恢复天赋之权利。此今日民权之世界所由来也。向使各国之民忍受束缚,而无反抗之力,则所谓合众国者今犹一印度,所谓意大利者今犹一波兰,法已为德所灭,希卒为土所制,而日本政治之专制固无论矣。

然则天生豪杰去人不远,固非我国民而独为灭亡之国民,亦非彼国民而独为强盛之国民也。故有志士则兴,无志士则亡。今试问美国何以强,则必曰有华盛顿、富兰克林等而强;又试问法国何以强,则必曰有齐威耳、甘毕达等而强;更试问意、希、日三国何以强,则必曰意以加利巴尔等而强,希以嘉纳利司等而强,日以板垣退助等而强。故中国而有志士,如美、法、意、希、日者,即我中国亦美、法、意、希、日矣。特患其沉溺于利禄之中,而不能自脱耳!①

欧美日本之政治家,掉三寸舌,持三寸管,或登演台,或著报纸,似嘲似讽,似惋似惜,谓支那人视国家若秦越,兴亡隆替渺不相涉,壹若鸟兽不可与同群者,而天然之团结力遂瓦解冰判,故支那于世界有四万万国之称。呜呼!我国人岂无群哉?谁谓尔无羊,三百为群;谁谓尔无牛,九十其犉。于是亚洲大陆之牧场,已俨成

---

① 以上载《国民报》2期"时论"栏。

一或降于阿或饮于池之图画矣。无他,惟无政党之故。

我中国自开辟以来无党。如史家所载三君、八俊、八顾、八及、八厨之属①,在一部十七史中,非不党祸迭见也。然即有数千百人,荟萃名流,痛诋时政,究之匿迹门巷,咿咿唔唔,其思想无有出于独裁君主之外而可以进退政府者。故虽以欧阳永叔持论之平,亦不过曰党分君子、小人而已,未见其言党与政府有直接之关系者。张俭何以望门投止,杜根何以忍死须臾,致一颁大赦党人之诏,而团结之力立解,而欲如法之民主党、德之社会党、俄之虚无党,可以与政府相持不下者,已渺不可复得,其宗旨诚不外标榜名称,表吾高尚之迹云耳。故曰我中国自开辟以来无党。

百年以来有所谓白莲、哥老、三合、大刀、小刀、安清道友、义和拳民等野蛮集会,出没于沿江沿海各行省,其数之多无虑数千百万。其势力虽充足,至于糜烂六百馀名城,若咸同洪杨之乱,尚不能组织一政府,与地球各大国通玉帛往来,遑问今日以亡国之将、败军之师之乞食于敌人者乎!吾尝纵观其间,叩其宗旨,莫不曰吾将反清以复明也。噫嘻!明之弊政何可缕指,与其复一独裁君主之明,何如仍此独裁君主之清,反无杀人流血之惨乎?且不止此也,其宗旨亦不过震震铄铄慷慨谈之,究之所谓反也复也亦并不能践,盖欲借此名以聚众而遂其攻掳劫夺之私愿而已。党且不可,何况于政党!

中国时士,视朝野之趋向,强分守旧、维新等名目,既而于守旧、维新之下,加一党字之称。吾不知守旧者于何年何日,曾于何

---

① 语出《后汉书·党锢传序》。原文为:后汉之世"正直废放,邪枉炽结,海内希风之流,遂共相标榜,指天下名士为之称号,上曰三君,次曰八俊,次曰八顾,次曰八及,次曰八厨,犹古之八元、八凯也"。其得各称号之人员,详见《后汉书》卷六七。

处布结党之仪式;维新者亦于何年何日,曾于何处宣言结党之宗旨。何竟如青天霹雳,平地风波,而中国忽一跃有两党之称焉。但闻浮名,未见实际,其为守旧者自称欤,维新者自称欤,抑不新不旧所谓中立者误称欤,吾滋惑焉。然则所谓守旧者,亦不过几许聋聩无知、顽固昏谬之徒,死守几经劫馀之祖宗成法,朝堂龊龊,乡里谩骂,作蚊蚋之污渠一哄而已,非真有党也。所谓维新者,亦不过几许相倾相轧、无能无为之辈,误解自由平等之字义,匿迹租界飘篷海岛,作《山海经》之所谓山膏而已,非真有党也。较哥老、三合秘密结社之团结力,等之此辈之中,反不如彼之能恪遵其十条十款,延其集合于数十百年以至今日。而彼犹胶胶然称之曰新党,不亦恬不知愧耶。

吾居东,又习闻侨寓经商于南洋、日本有所谓革命党者,有所谓保皇党者,蚁集蜂屯,纷纷啧啧,而性犹湍水,宗旨无定,朝秦暮楚,反复无常,究之无教育、无思想。其慕功名者,遂有非后胡戴之思;其不足与功名之人往来者,乃生铤而走险之志,非真能讨论革命、勤王之孰是孰非也。且有不知革命、勤王之为何解者,亦昧然从而叫嚣不绝,如醉如梦,有若病狂。天独生此星罗棋布南洋群岛之英领土,与一字长蛇东海三岛之日本国,为支那人谈革命、勤王之地。昔波兰求救英人之文,引英相马坚拓之言曰:"吾宁以英伦之岛为天下言独立者之逋逃薮。"嗟我同胞,试观波兰其果独立否耶?! 己固不振而望于人,虽有万岛以为支那人踽天踏地之场,其何补哉,其何补哉! 且若辈中之首领,非真能如德儒李拔之所言也。德儒李拔所著《政党首领论》,连篇累牍,阅者可检阅之。其所谓君恩未报者,亦既读书万卷,俨然为一代之经师,而又深鉴夫支那四万万同胞之脑气筋,各具一事父事君、家奴走奴之性质,于是以对病下药之名医自居，而求便于我功名之想。究之所行所为，不过书生之见，如梁山泊所谓白衣秀士王伦而已。迨至一经挫折，遂至举平日所视为身心性命者，一扔而不复顾，曰君恩、曰友仇，岂恩仇之已报，而责任之果尽耶？何其前之劲而后之馁也？夭姬侍宴，众仙同日咏霓裳；稚子候门，同作天涯沦落客。吾不知拿破仑流于幽尔巴海岛时，其境遇与彼若何？呜呼，休已！

至若以颠覆政府自命者，其宗旨非不正也，非不美也。而自吾观之，其人盖老于世故者流，逆知世界民权之动机，或将航太平洋而达于支那大陆，除非由各强国瓜分，终古为等于印度之奴隶，万无有以一人自民间而能为昔日之所谓汉高祖、明太祖者，于是开创君主之念遂绝，乃阳袭民权革命之名号以自便其私图。然吾何故而得其证据哉？盖见夫华盛顿倡美国之独立，不闻以一身而逃至他邦；鸦军阿度与美国开兵端，不闻以一身而匿迹异国。彼岂不曰艰难风雨人尝之，而他日之万古隆名吾将以一人当之乎？此其心究与专制何异耶？及吾细察若辈举动，亦并非有公理公义之不容已而为斯民奔走者，其笼络人才，假仁假义，口是心非，则梁山泊宋江之替人也。天为中国生党人，天并为中国党人生首领，其福我中国哉，抑祸我中国哉？吾不才，不得而论断之矣。藉曰政党，则如吾向之所述哥老、三合等会，谁非政党？

且夫世界文明之邦，其民之所以能革独裁专制之乱政、脱压抑羁绊之巨祸、享自由平等之幸福、操代议监政之实权者，岂有他哉，是必先有豪杰之士，其威望及于一部之国民，率彼以化导一国之舆论公议而日进于文明，以结成一公党为彼野蛮政府之劲敌，卒能组织内阁、出入国会以统辖一国人民，而一国骤至昌盛，此一定不拔之原因也。惟自一千八百十五年，有维也纳之会议，欧洲列国遂变当时之政策,而欲复十七世纪之旧观,推其意盖欲改正法国革命猛烈之旨,以息人权自由之说,其政权仍归于君主贵族之手。然卒不五十年,得令专制之政扫地无馀。盖因革命之旨已播厥种于全欧人之脑质中,而其中之杰出者乃得乘此时组合政党,使维也纳之议终归乌有。呜呼,何其志之坚也!

及反而观之于支那,如吾向之所述,其无志者则劫而已、乞而已,即稍有志者,其始既为功名而来,则非有万死不顾之志、岁寒松柏之操,是不过数月一时之成败萦绕于彼灵台,以为无端之喜戚,而欲遽望彼以为国民造福,是何异牵猫以猎鼠,仅足饱猫之一腹已哉。呜呼,亡国之一大原因,不诚在此不在彼耶!

综而论之,支那人有四病焉:曰妒、曰专、曰诈、曰怯。自南宋时,受互相倾轧之感冒,至今不衰,故苟有两团体,则阋墙之祸作,而御侮之念销。而其所争者以小利益成大寇仇,否则事非成于我手,必竭智以倾倒之,冤冤相报无有宁已,此妒病也。以天下之大事,作一人之功名,若登泰山之巅,视行路人皆成蝼蚁,举可以指挥自如者,则众叛亲离矣,此专病也。以诈行诚,则合群之道备焉,以诚行诈,则胜敌之术粹焉,而以待敌者处群,是举天下而皆为我敌也,此诈病也。自有虚无党,而俄王食息之顷若履春冰,觇国者乃许俄民之必兴起也,支那人则逋客而已,此怯病也。自有四病,则党不成,党不成则虽海军若英法,陆军若俄德,而国亡终无以救。呜呼,此吾所以长太息痛哭于支那之前途也!①

吾闻夫一国之骤兴,必有无名之英雄出焉。故虽以支那今日之情形,亦未可先事而论断,安知异日东方之华、拿,其名字尚未贯

---

① 以上载《国民报》第3期"时论"栏。

注于吾人之耳。今乃屑屑焉以鱼馁肉败之政府,蜂屯蚁聚之党人,少见多怪,刺刺不休,肠一日而九回,何所见之不广也。然在闭关自守之初,欲开辟一小天地,则即此小天地中之教育,似无不可以润色鸿业,以收济济人才之盛。由是泗上亭长乃至贵不可言,淮阴少年亦可登坛选将。今试问二十世纪之中国为何时乎?美国未革命以前,其改治之教育与英国等;法国未革命以前,其政治之教育亦与欧洲各国等。此兴国者之往迹,而支那之所无也。犹太、印度无政治之教育,此亡国者之往迹,而支那人之所独有。惟问意大利之统一、日耳曼之联邦、十三州之独立以前,各国之历史,当时所以鼓动一国国民独立不惧之精神,而倒母国、废君主、杀贵族、抗强邻,上至议院典型,下至地方制度,往往于兵连祸结之时,创体国经野之业,于是所谓人杰者,其道德学问一切具如何景象。呜呼,此即所谓无名之英雄,当时其名不彰,而彪炳于今日之世界历史者也。

若今日之中国,既合一国人之脑质融泄于词章八股之中,吾见恒有披地图不知亚细亚为何地,览历史不知毕士马克为何人,亦贸贸然侈谈经世伟业者。由是侈言民气,则曰杀人;与谈行军,则曰湘勇;告以有各大国之承认,然后可以独立,彼即不知承认为何解,即知之,亦无不曰:安得有是事乎?但知十年以来未有以闹教能逞其志者,彼惟知闹教之不可。此即我中国无名之英雄近来之进步。如是而欲遽责彼以经国之伟略,宁不知支那今日尚是欧洲十四五世纪之世界,与今日欧洲之世界,其文明之程度相隔尚五六百载。是必于支那未倡独立以前,先令地球各大国一改所有之国际法,一一就于支那人脑质中所有之习惯,或不至徒袭独立之空名,而抱杜兰斯哇儿、非律宾之馀痛。然杜兰斯哇儿、非律宾其举动尚无有一文明之敌,非无英雄,非战之罪,不过其国之地位,逊于亚洲大陆而已。若驱今日支那之英雄,而上二十世纪之演剧舞台上,未有不以其英雄而亡其国者。故以支那人对于支那无名之英雄,其令人畏惧之迹,未有不胜于英、俄、德、法者也。其亡,其亡,无可疑也。

　　或者谓日本三十年以前其所以破除排外之思想,而成维新之盛业者,直以伊藤博文、井上馨之游学为之起点,故支那当以留学生为一线之生机,而从不敢以此阿其所好也。夫以支那留学生之敢于今日专制政体之下,而毅然谈革命排满洲者,决不得谓非昔日派英、派美中铮铮之铁,而又绝不敢谓此即他日国民中栉风沐雨、以倒旧政府而建新中国者也。何则?伊藤、井上之所以能立殊勋者,因迫于国之危急存亡而后出,既非出而后知其国之已濒于危险,则与今日口头革命以博通达之名,低首而求膏伙、图保举者,其游学之初心固自有差别。虽然,吾岂为是言以概今日之留学生哉?苟无留学生,则“东方之病夫”不必英、法、俄、德之联军,亦傫焉不可以终日;苟无留学生,则如今日腐败之公使罗丰禄、伍廷芳其人者,亦并不可得。慰情聊胜无,彼觊国者闻之,或亦作此中万有一人之想。由是观之,则支那之政府与国民,既于甲午以还为外人所尽测,而留学生之一部,尚为世界上隐秘不可窥之国,然则留学生苟自振拔,岂非吾辈所尸祝而樽俎之者哉!蚩蚩愚民,既非做买办西崽不出国境,有之则今日数十百人之留学生是也。合全国国民之膏血,岁纳数万万金以养民贼,乃倾归墟之水,仅得滴此一勺馀润,以为国家培植人才之用,是此数十百人不啻费国家数万万金以为求学之资,其责任固何如者!

　　呜呼!往事已矣,前此英、美之留学生,所谓东流之水,吾不复论。惟吾甚愿其勿援成例,逮籍于泰西,前次派美学生中,有入美国籍者,勿作教徒,荣膺其博士,前此学生中,有为传教博士者,近顷信教者亦复有之。临别赠言,今之派美学生,近日始于日本东渡,当刮目以相待也。且夫留学中人才之盛,直以东京为首屈一指;即如倡民权而就戮于张之洞、俞廉三之手者,亦以十馀人计,不可谓不雄矣。

虽然,以俄罗斯近日之倡革命,抗政府,勠力同心以求有俦者,视吾支那之学生为何如乎?孔子曰:"先行其言,而后从之。"革命之口头禅,吾断不肯顶礼膜拜。抑吾闻之:以文明之形而下者而济野蛮,其亡国之速,率不次于光与电。诸君子非学法律、行政、陆军、警察之学者哉?以之辅满人,则诚子孙帝王万世之业矣,其如我汉族之万劫不复何!故以政府而亡中国,以列强而亡中国,以义和拳而亡中国,则中国将亡而不至于遽亡;以留学生而亡中国,则诚我之所以不忍出诸口者也。呜呼!罗丰禄、伍廷芳倘源源不绝于日、美之留学生乎,则支那不亡又何待?倘今日、美之留学生,倘仅优于伍廷芳、罗丰禄乎,则四万万人终泯泯棼棼于狗种猢狲专制政体之下,而支那不亡又何待?而况有三年肄业,不曾一入学校之门,而欲凭空以求一卒业之证书,归以骄其妻妾者哉!语曰:"兔死狐悲,物伤其类。"使留学生而如死于湘鄂者也,吾诚悲之;使留学生而果以此名为赘疣也,学云乎哉,文明之嚆矢云乎哉,革命之种子云乎哉,毋亦为伊藤、井上等所窃笑乎?敢以《春秋》责备之义,附诸支那灭亡之篇,非谓支那亡于留学生之手也,盖谓留学生有可以亡国之才,是或一说。

呜呼!天厌支那如此之酷。其政体之得失,固已连篇累牍,已为妇孺所共知。而其所谓志士者,又复如嫫母、无盐之姬妾,为主人所唾弃,闭以幽室,不召幸者已隔岁年,而彼犹日施脂粉,冀复专幸于六宫粉黛之中。乃考厥由来,其主人盖杀彼之生父母,行劫以得彼者也。波兰之亡也,以死战而亡,亡之烈者也。菲律宾,杜兰斯哇儿之亡也,于欲独立时而亡,亡之杰者也。印度之亡也,亡于文明国之手。支那之亡也,以四千年神明之胄,亡于彼游牧水草之民,既为世界历史中所仅见。而其最可骇者,亡之既已数百年,忽遇可脱羁绊之一日,复生一辈谬种志士,起而为吾向者所谓媒母、无盐之姬妾。此真新发明之志士,所可傲地球万国之所无者也。夫美之志士脱母国而赖以不亡,法之志士废君主而赖以不亡,日本之志士尊其同种同胞之王而赖以不亡,此兴国之成例也。惟支那之亡之奇,惟支那所生志士之奇。吾故曰:吾国之民其心已死,其气已绝,其无耻之态为印度、犹太人之所不忍出。闻唐、宋、元、明、清之君我国也,则我为唐、宋、元、明、清媒母、无盐之姬妾;闻英、法、德、俄之君我国也,则我为英、法、德、俄媒母、无盐之姬妾。此所以茫茫亚洲绝无男儿之性,芸芸黄种无一独立之民。志士尚如此,则志士之外,吾何责哉!吾何责哉!①

据《国民报》第2、3、4期(1901年6月10日、7月10日、8月10日)

---

① 以上载《国民报》第4期"时论"栏,惟改题《支那灭亡论》。

亡 国 篇*

（1901 年 8 月 10 日）

　　亚之大陆，有一种焉，聚其若奴隶、若非奴隶，若国民、若非国民，杂焉糅焉以成一国。不揣其本而齐其末，嚣嚣然号于众曰："吾保国，吾保国。"国其能保也哉！已亡之人，而以亡愒之，奚怪其扞格也。吾不欲保之，惟欲亡之。其亡也勃焉，其兴也勃焉。

　　吾宁使汉种亡尽、死尽、杀尽，而必不愿其享升平、舞河山，优游于鞑靼之下；吾宁使志士杀尽、死尽、亡尽，而必不愿其为拿破仑、华盛顿雄立于亚洲之上。由前之说，故悲汉种；由后之说，故箴志士。

　　悲夫，悲夫！吾汉人之有今日也，虽然则亦幸矣。汉人之衰何兆乎？则战国时兆之也。春秋之所谓白狄、长狄者，则支那之异种也，而尽亡矣；秦政用其盛，而汉种乃独优矣。独优则无竞争，于是乎二因出焉：争不烈则智不进，而嚣然自大之习于以深，则民智不开之说也；种竞愈烈，国民之力愈张，彼君之心既不必虑外祸之来，

---

　　* 此篇原载《国民报》第 4 期"社说"栏，题后标"未完"二字。因该报于同月停刊，下文不复见载。后收入《国民报汇编》和《黄帝魂》等书，均未署名。据章士钊《疏〈黄帝魂〉》中称："此辟康梁所倡保国之说，论锋坚悍无匹"，"此篇见于东京《国民报》，如此廉悍不羁之作，吾意非秦力山不能为"（详见《辛亥革命回忆录》〈一〉、第 235—236 页）。本集按发表时间排列。

于是惟家贼之是虑，则君权日张之说也。秦政以力，项羽以杀，而天下之人稍稍苦，刘乃术之以缓剂，而汉种乃衰亡矣。于是五胡乱之，辽、金继之，虽然则半壁耳。至成吉思汗则蹂躏遍中原矣，虽然则九十馀年耳。天祸中原，一见我土地之美、物产之丰，遂觊然留之徘徊不忍去，有伥焉从而杀人以媚之。呜呼！扬州十日，嘉定万家，固各府县之代表哉，此仅其始事耳。洪承畴伥之于始，曾国藩伥之于中，汉种之为保彼一姓之位而死者何止亿万，至于今吾又见夫伥之者之于终矣。彼愚者之伥也，吾又何责，独怪彼自命为智者，亦从而伥之，则何说也！且充其术亦足以保其所谓亡身变法之皇上矣，而独忍于皇皇种族，乃使之永永沉沦，其非人心也哉！洪承畴、曾国藩，则固汉种中之才焉者也，惟其才也乃足以济其恶。呜呼，汉种其死矣！虽然，吾汉种则又何可以轻视之也。战国之盛也，则衰之源也；今之衰也，其将兴之机乎？然而欲兴种，则必先亡国。

今日之汉种，无所谓国也。彼白人之视我也则曰支那。支那之国何在矣，而彼之所谓支那国者则清国也。夫清国云者，一家之私号，一族之私名也，而以吾汉种冒之乎！吾怪夫今之所谓保国者也，觍然曰："我中国，我中国。"又曰："中国将亡，我将保之。"又曰："中国将为印度、为波兰。"夫中国之为印度、波兰也，二百年于兹矣。今试问之曰：中国之政府何在矣？曰满洲。夫即云中国，而政府乃满洲也，岂吾神明之胄乃与彼鞑靼浑乎？不然则汉种乃游牧水草者也，不然则奴隶也。有内奴有外奴。俄内奴也，印度外奴也，内外兼至是惟真奴，汉种是已。北省之乱也，为大日本顺民者到处皆是，有志者闻之莫不深恨而耻之。夫亦何怪其然也，既可以大金、大元、大清朝也，夫孰不可以大英、大法而大日本。使奴隶之根性种之未深，则彼之臣妾亿兆者，又何能一日得安其位。既为张氏奴,复强之使不为李氏奴,不可得也,夫亦力之是视耳。则吾见彼之倡言保国者之自盾其说也。

彼鞑靼之入我中国也,其始既横加杀戮,惨毒不忍闻,其继也遍我中国,名之曰驻防。夫驻防云者,则岂不以防我汉族哉!不使之自谋其生而坐食我膏腴。婚姻有满汉,官阶有满汉。夫岂惟此,粤乱之起也,以汉攻汉,叠尸山积,而所保者满洲也;团匪之起也,以汉攻夷,血流津京,所保者满洲也。且二百兆之偿,取我汉民之钱,以保彼宴游之地;台湾之割,夷我汉种之人,以保彼根本之地。今日又至矣,胜败惟汉之是祸,而满人坐享其利。无论异种称王,断无委施其前之理,即以恩怨论,灭此朝食,亦复何言。彼有恒言曰:"吾宁以家产付之邻友,而断不与我家仆也。"吾故曰:吾宁使汉种亡尽、死尽,而断不使之歌舞安乐于鞑靼之下也。

幸而使支那将亡也,如其军备足,财用富,电线如丝,铁路如织,如彼俄也,则汉种乃真永永沉沦,永永靡坏,而无振兴之日矣。夫俄之专制,犹可言也,同类之为也;支那之专制,不可言也,异类之残也。吾尝有言:文明之事,文明国得之而愈文明,野蛮国得之而愈野蛮。则若海陆军、若电线、若铁路,使中国得之则适以制革命者之死命,而阻其文明而已。是故戊戌之政变,中国之福也。而保国者乃从而痛惜之,曰:"不变则亡。"夫所谓变者,岂仅如彼之所谓学校、报章而已哉?岂仅如彼之所谓宪法、政体而已哉?鞑靼不死尽,无所往而非奴隶也。夫以言乎文野,则彼毳毡之俗其较欧西为何如矣?以言乎智愚,则彼游牧之习其较欧西为何如矣?同一奴也,与其为野者、愚者之奴,则盍为智者、文者之奴矣。是故本非外奴,而后始可以奴慑之,既奴之二百馀年矣,则必荡涤其邪秽,斩绝其根性,斩之以刃,荡之以血,夫而后可与言治也。是故不亡则兴、不兴则亡之言，断不能施之于支那，以言支那，则亡之乃兴、乱之乃治也。吾知非一大杀戮，则奴隶之根永不能除，而身家之念终不能亡。天下断未有新旧杂揉而可与言国也，彗所以除旧布新也，旧之亡也勃焉，新之兴也勃焉。支那欲立新国乎，则必自亡旧始。

　　法之有拿破仑，美之有华盛顿，欧西人所称为大豪杰者也。吾向者处于内，见夫彼忧国者焉，辄抚膺太息曰："支那无拿破仑、无华盛顿。"吾悲之。乃者游于外，见夫彼志士者焉，则又隐然自任曰："吾支那之拿破仑、华盛顿也。"吾尤悲之。昔之悲也，悲其自弃也；今之悲也，悲其不自思也。彼其真以法国革命为拿破仑一人之力，而美之独立乃华盛顿一人之功乎？彼国民自为其身家，其始也，不知几千百华盛顿、拿破仑忘生死、掷头颅，以争一日之命，而彼二人者乃坐享其名，吾方窃窃焉怪之，而彼乃俨然自任，此则大惑不解者也。今试无慓悍无前之法民，则拿破仑何如矣；无十三州之自治，则华盛顿又何如矣？彼其若死若亡无量数之华盛顿，往矣泯矣，寂寂焉无闻矣，上帝哀之，乃遣一二人焉，为此无量数之代表。譬之则代数耳，聚千百之数而代之，曰甲曰乙，此甲也乙也，非一数所能成，必合十百千万而始成也明矣。而乃以拿破仑、华盛顿为一人乎？美之独立，美之自治为之也；法之革命，法之民气为之也。吾不敢谓今日之志士之才之力，其不能及华盛顿、拿破仑也，以今日之中国，虽百倍于拿破仑、华盛顿之才之学，吾知必无济也。今不欲预造无量数之无名华盛顿、拿破仑，而乃汲汲自任为有名之华盛顿、拿破仑，吾甚不愿支那之有此人也。彼其心则亦专制而已矣，则亦好名而已矣，以谓吾发难支那未有之业，则我之名将垂支那而不朽焉。此非刻拟悬揣也。吾见志士当困极无聊时，俯仰自悲，其所以自慰者乃在于不朽之名，以为天之报施当不爽也。呜呼,名者真动人之一术哉,刀锯水火生死所不能动者,惟名足以动之。是故破生死界则英雄也,破生死则或不能破名矣,则寻常之英雄也,至名界而破也,则真英雄之英雄矣。英雄人知之,英雄之英雄人不知之。夫惟有不知之英雄,而英雄之名乃赖以显,则英雄者,英雄之英雄之奴隶也。是故心有罣碍即是奴隶,罣碍至于生死而极矣,乃有虽死犹生之一说以罣碍之,则犹非无上乘也。吾愿支那有英雄之英雄,而不愿支那有英雄。何则?有无名之英雄,而始有有名之英雄;未有无无名之英雄,而有有名之英雄也。

吾敢正告志士曰:诸君子既有志于拯汉也,则其以患难着想,而勿以华盛顿、拿破仑之功成名立着想矣;其以亡国之志士自励,而勿以兴国之志士自揣矣。夫惟有必为之志气,济之以难为之思想,夫而后可以成事也;不然则一振而蹶,一蹶而不复振矣。吾观于争之故而有说焉:盖从功成名立着想,俨然以将来之大统领自命,则喜心生而忌心随之矣;从事败身死着想,则惧心生而虚心随之矣。尤有进者,则所谓死生可破,而名心不可破也;吾愿志士之勿以流芳百世自期矣。夫苟实见夫事所当为,则为之而已,岂有所希冀于一身哉!天下之是非有定乎?革命之起也,孰不谓之为大逆不道,彼倡之者,岂预知将来之必尸祝之、尸祷之也。且夫为大事而不以小事着手,则事必不成,小事云者则无名而已矣。譬之为山,一抔之土置于平原,谁则知之为山也,积之积之而山成,彼之见之者,则惟上之一抔土耳,然无下此者,则上之一抔又何赖焉。吾观自古英雄,皆入名牢。虽然,吾只以名求英雄,奚怪其然也。先人有言:"小人惟恐其不好名,君子惟恐其好名。"吾愿世之君子毋为小人之所好焉。

据《国民报》第 4 期(1901 年 8 月 10 日)

支那亡国二百四十二年纪念会叙[*]

（1902 年 4 月）

夫建官命氏,帝者所以类族,因不失亲,天室由其无远。故玄黄于野者,战之疑也;异物来萃者,去之占也。维我皇祖,分北三苗,仍世四千九有九载。虽穷发异族,或时干纪,而孝慈干盅,未坠厥宗。

自永历建元,穷于辛丑,明祚既移,则炎黄姬汉之邦族亦因以澌灭。回望皋渎,云物如故,维兹元首,不知谁氏。支那之亡,既二百四十二年矣。民今方殆,寐而占梦,非我族类,而忧其不祀,觉寤思之,毁我室者,宁待欧美?

自顷邦人诸友,愁然自谋,作书告哀,持之有故。有言君主立宪者矣,有言市府分治者矣,有言专制警保者矣,有言法治持护者矣,岂不以诇谟定命。国有与立,抑其第次,毋乃陵躐。衡阳王而农有言:民之初生,统维建君,义以自制其伦,仁以自爱其类,强干善辅,所以凝黄中之絪缊也。今族类之不能自固,而何他仁义之云云。悲夫!言固可以若是,故知一于化者,亦无往而不化也;贞夫

---

* 本文出自章太炎手笔,但因秦力山列名发起人,且能反映当时秦氏思想,故录之。《太炎文录》及《黄帝魂》均存此文,与冯自由《革命逸史》中所录微有不同。因冯书所录,乃太炎于 1927 年手书之原文,故本集采用冯书中所录此文。

观者,非贞则无以观也。且曼珠八部,不当数郡之众;雕弓服矢,未若飞九之烈。而蓟丘、大同,鞠为茂草;江都、番禺,屠割几尽。端冕沦为辫发,坐论易以长跽。茸兹犬羊,安宅是处,哀我汉民,宜台宜隶。鞭箠之不免,而欲参与政权;小丑之不制,而期扞御晰族,不其恧乎!夫力不制,则役我者众矣;莫之与,则伤之者至矣。岂无骏雄,愤发其所,而视听素移,民无同德,恬为胡豢,相随倒戈。故会朝清明者鲜睹,而乘马班如者多有也。吾属子遗,越在东海,念延平之所生长,瞻梨洲之所乞师,颖然不怡,永怀畴昔。盖望神丛乔木者,则兴怀土之情,睹狐裘蒙笠者,亦隆思古之痛。于是无所发舒,则春秋恩王父之义息矣。

昔希腊陨宗,卒用光复;波兰分裂,民会未弛。以吾支那方幅之广、生齿之繁、文教之盛,曾不逮是偏国寡民乎?是用昭告於穆,类聚同气,雪涕来会,以志亡国。凡百君子,婵媛相属,同兹恫瘝。愿吾滇人,无忘李定国;愿吾闽人,无忘郑成功;愿吾越人,无忘张煌言;愿吾桂人,无忘瞿式耜;愿吾楚人,无忘何腾蛟;愿吾辽人,无忘李成梁。别生类以箴大同,察种源以简蒙古,齐民德以哀同胤,鼓芳风以扇游尘。庶几陆沉之痛,不远而复,王道清夷,威及无外。然则休戚之薮,悲欣之府,其在是矣。庄生云:"旧国旧都,望之畅然。"虽丘陵草木之缗,入之者十九,犹之畅然,况见见闻闻者耶。

嗟乎!我生以来,华鬈未艾,上念阳九之运,去兹已远,复逾数稔,逝者日往,焚巢馀痛,谁能抚摩。每念及此,弥以腐心流涕者也君子!

支那亡国二百四十二年纪念会启

发起人:章炳麟、秦力山、冯自由、朱菱溪、马和、王家驹、陈犹龙、周宏业、李群、王思诚。

赞成人:孙中山、梁启超①。

据冯自由:《革命逸史》初集

---

① 梁启超初曾复书赞成,数日后又反悔,曾函章太炎,谓此事只可心照,不必具名,请将彼之赞成人名义取消。

阅《湖南官报》*

（1902 年冬）

　　著者以己亥之秋，东走日本，寻游大洋洲群岛，还复至日本，居一年有半，始倦游归，此身殆自忘其为湘人也。

　　今日世界，交通极矣。其不交通者，惟独吾国；吾国中，又实以湖南为最。人生湖南，亦何不幸。吾闻文明进步之次第，先河而后海，曰内河文明、曰内海文明、曰大洋文明。自来文明之发达，未有与地理无关系者。然吾谓欧亚两洲文明发达之次第，大相反对。欧洲之文明为输出，亚洲之文明为输入。然则亚洲之文明，其先河而后海乎？今以南部数省言之，滇、蜀草昧，无论已，闽、粤大洋也，吴、越内海也，湖南内河也。湖南文明之输入，其必后于闽、粤、吴、越，有断然深信无可疑者。

　　某君来，以《湖南官报》①一纸见遗。莼鲈桑梓，我心如痗。临镜自睎，鬓毛已摧，而乡音未改。湖南文明输入之迟，与我身蒲柳

　　＊　本文原未署名，亦未署时间。据章士钊疏证："此秦力山之笔，亦一望而知"，并谓文章开头一段，系"力山自行写照，甚显明"。又文中有"复至日本居一年有半，始倦游归"句。秦氏第二次离日归国在何时？查秦氏在《说革命》第 16 章中自述行踪，他第一次离日归国是在"己亥腊月"，第二次离日归国是在"壬寅年冬"，则本文当作于 1902 年冬。

　　①　《湖南官报》，1902 年 4 月（光绪二十八年三月）在长沙出版，日报。由湖南洋务局监督办理。1905 年 4 月 4 日停刊。旋改为《长沙日报》，于 1905 年 4 月 19 日开始发行。

先衰之感,能不令人悲痛!

抑吾犹有说者:湖南自近五十年来,常以英雄之资,而为奴隶之役。昔以奴隶而博公侯,今以奴隶而异身首①。昔倾天下之财力而注入之,今则倾祖宗之遗产而捐弃之,如鼠搬姜,得罪于天下者以此,见笑于天下者以此,为他人所使役、所卖弄者以此,甚至自相戕贼、父子仇雠、兄弟胡越亦以此。至于今,而湖南之智力、财力、武力、生殖力,皆断送于"为奴隶"三字。嗟我兄弟、邦人、诸友,犹欲驰骋乎?彬彬之场,润色鸿业,不其忸欤!

然吾非欲此疆尔界也。使合全国之人,能知所以自私,则顷刻之间,不难立国。无一身,不能有一家;无湖南,何以有中国?推而放诸他省而准,亦若是则已矣。尔尚前人之愆,吾湖南之责任尤大。向使无湖南,吾中国或早脱奴隶之羁绊者数十年。然则湖南之力量,原自不小。以湖南之力量,而甘心为一奴隶,真千古未有之奇事,抑千古未有之奇辱。然则今之具有不为奴隶之力量者,又谁属耶?

新闻,欧洲前世纪新文明之原动力也。今合吾全国,新闻尚未发生,而贸贸焉望吾湖南遽进于新闻界,何其奢也。然寄语创报诸公:吾湖南三年前,丛报中有所谓《湘学报》者,新闻中有所谓《湘报》者,今则风微人往矣。向令前此创报诸公尚存,亦不过以彼之五十步笑公等之百步。然则公等已百步或至于二三百步矣,岂文明果有退步之理耶?公等至今日犹以此官报者,其欲为湖南光耶,抑亦欲为湖南羞,惟恐湖南之奴隶不能永存耶?虽然,以输入之文明,而欲其一跃而达于内河,此真著者之过望也。

---

① 此句,前者指曾国藩辈率湘军镇压太平军军事,后者章士钊疏证"殆不满于汉口唐(才常)、林(圭)之役之不彻底,而又引以自悲"。

瞻望乡关,白云一片。

据黄藻编《黄帝魂》

介绍《游学译编》*

（1902 年 12 月）

是书为吾湘周君家树①及各同志所编辑,分学术、教育、军事、理财、内政、外交、历史、时论、新闻等九门,洵译界中特出之杰构也。创办诸君皆湘中人士,欲共矢血诚,为我中国之新文明输送家。本报将此绍介阅者诸君,并愿他省留学诸君皆同此志,庶乎文明之东渐可计日而待。今将译编之主义,录其大略如左。

今日外人之诃我中国也,曰老大帝国,曰幼稚时代。我国之人,闻而恶之。呜呼!此无足怪也,过渡时代之现象则然也。今之以老大诃我者,岂不以中国者,与埃及、印度、小亚细亚同称为世界最古之国,立国千年之久,而今日之政治学术,不惟无以胜于古,且递加衰息焉,故谓之为老大乎?其以幼稚诃我者,又岂不以中国

---

* 本文原未署名,题后标"录上海《少年中国报》"。据秦氏 1905 年 7 月 23 日《致陈楚楠函》称:"又至日本,居两年半归,创设《少年中国报》,以短于资本,不数月罢去。"可知该报系秦氏创办。又本文起首即述"是书为吾湘周家树及各同志所编辑",可知作者为湘人。由此推断,本文当为秦氏所作。《游学译编》创刊于 1902 年 11 月 14 日,时留日学界尚无别种杂志,故本文中有"本报将此绍介阅者诸君,并愿他省留学诸君皆同此志"。本文原载《少年中国报》,复由 1903 年 2 月 22 日发行之《选报》转录,则本文约作于 1902 年 12 月。

① 周家树(1880—?),字仲玉,湖南宁乡人。清末留学日本,在陆军士官学校与蔡锷、蒋方霞、张孝准等同学,有"留东四杰"之称。著有《古兵家学说辑要》。

者,亚洲大陆上一土地最广、人民最众之国也,乃远而比于欧美,其程度相千万,近而比于同洲之日本,其程度亦相什伯,虽欲师人而莫知所从,故谓之为幼稚乎?虽然,其论中国则当矣。夫天下万事万物之进化,何一非老大与幼稚两现象后先相禅以成之者耶?又何一非老大与幼稚两现象同时并立以成之者耶?推之欧洲各国而皆然,推之日本亦何莫不然。欧洲自十八世纪以来,思想横溢,沛然如骤雨之下,或主唯神论,或主唯理论,或主唯心说,或主唯物说,或主天赋人权说,或主世界主义,或主个人主义,或主实利主义,或主感觉主义,各挟其专精独到之理论,以争雄于学界。因而弥及于社会,形之于实事,使之有日进千里之势,以成今日之文化。然则自中世末以至今日之欧洲,何日而非倍根、笛卡儿、孟得斯咎、卢梭、亚丹斯密、达尔文、斯边撒诸贤之精神,相递禅、相摈夺,以成此过渡时代之现象,至今而未有已也乎?日本由汉学一变而为欧化主义,再变而为国粹保存主义,其方针虽变,其进步未已也。东京高等师范学校教员波多也贞之助之言曰:"可悸哉,西洋文明进步之速也!"①日本之留学西洋者,方毕业归国,以之教人,而其所学,又已为西洋所废弃。五年前之书籍,仅可为历史上之材料,而不能为学术上之材料。然则维新三十年来之日本,又何日而不视欧美之进步以为进步,振起直追,惟恐不及,以成此过渡时代之现象,而不知其所止也乎?由此观之,则我中国,以东洋文明之固有,而得老大之名,以西洋文明之将来,而得幼稚之名,乘此迎新去旧之时,而善用其老大与幼稚,则一变而为地球上最少年之一国,夫岂难耶?同人之译是编也,将以为扶持老大、培植幼稚之助也。其

---

① 此句"进步",《选报》误为"退步",今依上下文意改为"进步"。

创事之始,相约以数事:

曰不著论说。非仅以己言不如人言之足以相警,既非报纸,无取多言也;抑以今日言之而为新论,明日言之而已为常谈,一稿未终,旋将自笑。且论说必取材于他书,是与译述无异也,如之何其不径译。夫过渡时代之言论固如此也。

曰杂采书报。非仅以读书知古,读报知今,欲使阅者收二种之利益也;抑以现在之书即为过去之报,现在之报又为将来之书,去者不知其所穷,来者不知其所极,无往而非历史,即无往而非新闻,未可区别也。夫过渡时代之事实固如此也。

曰不美装潢。非仅以成本轻、邮寄便、购求广、见闻扩故也;抑以骤得之而视为珠玉者,转瞬而同于瓦砾矣,骤得之而藏于宝笥者,转瞬而以覆瓿矣,无可珍贵也。夫过渡时代之物事固如此也。

虽然,犹有说焉,以为译者与阅者同为中国之一国民,游学者与不游学者,同为过渡时代之中国之一国民,国民之积而成国家,则居今日而言救国,其必一国之国民人人自励,人人自竞。先使一身之学术,无一年、无一月、无一日、无一时而不有其进步,无不为其一身之过渡时代。译者与阅者日以学术相切磋,而同进一寸,斯国民增一寸之热度矣;游学者与不游学者,日以学术相责望,而同进一尺,斯国民增一尺之涨力矣。举国国民之学术既进,然后群起而谋其国,使一国之政事,亦无一年、无一月、无一日、无一时而不有其进步,无不为其一国之过渡时代。夫而后一跃而与日本齐,再跃而与西洋各国齐,由此而追他日之日本,他日之西洋,长此焉至于无穷,则今日之以老大与幼稚号我者,我等虽长奉之以为达尔文所谓进化之代名词可也。若夫以老大自尊,而坐待其销灭,以幼稚自弃,不求其长成,则吾所为危惧者,不徒人日进而我日退,不前则却,事无中立,愈离愈远,愈缓愈难,他日图之必无及也。且大忧乎今日之中国,方为世界竞争之中心点,优胜劣败之公例,必为天演所淘汰,自此以后,又将为黄白存亡、亚欧交代之过渡时代矣。悲夫!悲夫!

据《选报》第 40 期(1903 年 2 月 22 日)

为沈荩辨诬函*

（1903 年 8 月 12 日）

贵报第二号短批评中谓："沈荩①绝命词,犹眷眷于中朝陪都之失,此与政府所渴欲杀之之民党,其宗主或有出入,而政府不能利用之,而摧陷之,此亦政府之失计也"云云。夫沈君既为日本某报之通信员,则凡于东洋外交上稍有关系者,皆可探访之,此固为其职务。若谓沈某痛其亡而谋所以阻之,则沈君必不能承认。何也？今日稍有普通知识之人,无不知异种不能任其宰制吾土之理,而况沈君之为老革命家者耶！

沈之绝命词,仆未及见。然沈生平最不喜执笔为文,必好事者为之,决非沈之所为。仆与沈为总角交,为患难友,知沈最深,逆料沈断不出此,故不得不为沈一辨,以解沈之冤,以尽情于死友。

呜呼！沈之死,无所谓冤。沈之友,先沈而死者,已不下千数

---

* 本文在《国民日日报》刊发时,题为《巩黄之来简》,编者并后附如下按语:"记者之所以云云,以不能辨沈诗之伪托也。得巩黄之言,可信沈君之为人矣。但本报词务蕴藉,未能以博跃奋迅出之,其实非于沈有微词,声于东而西大有所击也,明眼人当能辨之。社员某。"

① 沈荩(1872—1903),原名克诚,字愚溪,也作禹希,湖南善化(今长沙)人。曾参加戊戌维新运动,1900 年参加自立军起义,任右军统领。事败后,潜往京津地区,秘密从事反清活动,1903 年 7 月被捕,旋遇难。

百人。沈之友,继沈而延颈待死者,不知其尚有若干人。惟沈既死,而人犹不知其所以致死,一若视为吾民族之罪魁,如俗语之所谓汉奸也者。此则鄙人不得不为沈君呼冤者也。沈君殆不瞑矣。愿贵报为沈一正,庶几吾同胞中有继沈君之志而奋起乎。

巩黄谨白

据《国民日日报》第5号(1903年8月12日)

附:沈荩死刑之暗昧 　佚名

生命之至贱者,未有如中国人者也。文明国凡一人之被死刑,必踊现于新闻纸至数十次。司法官之裁判,非证见之确凿,犯者之供吐,不能定罪;即定罪矣,而必于社会个人之间,公心衡度,从未有以国事而妄入人罪者也。今北京之警报,沈荩于初八日被刑于菜市。以堂堂政府而杀一区区之沈荩,较之戊戌、庚子两大狱,此何足云?

惟沈荩之被捕,以一赌徒之私计,庆宽①乃请于步军统领,兵以取之。张之洞组织其狱,则牵涉于庚子汉口之暴动,贿属一与沈君有宿嫌之同乡某员②,指以为证,而沈荩遂上断头机矣。吾闻沈荩之在湘中,以避仇而他出。今竟死于仇人之口。其同乡某员之评判,吾不屑齿及之。独张之洞以汉口之举为大不利于己,凡人之稍涉形似者,无不捕杀之,此情之可言者也。而汉口党人组织,必为秘密结社无疑,非与之同盟者,何能悉其隐情?则其同乡某员者,张既可使之为干证,即可坐之以同谋;既非同谋,张何以使之为干

---

① 庆宽,汉军旗人,以夤缘入内务部。1894年被御史钟得祥参劾,籍没其家。

② 同乡某员,指吴式钊,湖南人,与沈荩本相熟。1900年因事被革翰林院检讨职,递解回籍。沈荩即被他出卖而遭捕。

证？此中情伪，不辨而明。虽然政府者久怀杀民党之渴想，今忽得之，不过借张为一傀儡。即无张，不讯而刑之，政府非无此手段也。纵若何之暗昧？以中国今日人命之贱，将如之何，将如之何？

又闻沈荩者，日本某报馆之采访员也。以侦探清俄密约，先机披露，大触联俄党之怒，必欲致之死地。夫政府之联俄，所以自速其亡也。民间之志士，痛其亡而谋所以阻止，此忠于政府者也。视沈荩绝命词，犹眷眷于中朝陪都之失，此与政府所渴欲杀之之民党，其宗主或有出入，而政府不能利用之，而摧陷之，此亦政府之失计也。今政府之成败，吾将以是卜之。

据《国民日报》第 2 号(1903 年 8 月 7 日)

《上海之黑暗社会》自序[*]

（1903 年 8 月）

脂粉迷天，笙歌遍地，靡尽无量数之财产，养成累巨万之游民。惟兹上海，实卖淫国。今调查卖淫妇之等级，不下数十百种，而其最著者有三：曰长三，曰么二，曰野鸡。此世人所尽知也。此外尚有广东娼、娘姨、大姐、住家野鸡及其所谓打姘头者，凡有种种，不可殚举。要之，不外乎苟合野合。嘻！娼妓营业之盛，至达于极点，其破坏社会之安宁，扰乱社会之秩序，驯至酿成极天下伤心惨目之事，其大半皆不能不与彼有所关系。此等重大之问题，政府置之不闻，自无足怪；乃至政论家亦并无一言及之，则余之所大惑者也。

东西各国之人，皆有其身体之自由，鬻子女者，于法律有禁，然尚不能无娼妓，而况产奴隶之国乎！东西各国之娼妓，尚不能享有宪法上之自由，其幽闭之如故，其苛求之也如故，而况奴隶国之娼妓乎！

诘语曰：世界苟大文明，还有娼妓乎？曰无。世界苟文明，则智识平等，贫富平等，有此两平等，则娼妓不废而自废。智识平等，

---

　　* 本篇署名"遁公"。《国民日日报》编者在文末加按语说："按此稿不过发端，遁公多事，未能卒成，以其发愿甚大，故存之以待终幅。"

可以免生理上之逼迫;贫富平等,可以免经济上之逼迫。凡事不受
逼迫而为之者,矧为至卑至贱至辱至苦者乎?我知社会主义畅行,
则举国皆公民,而道德心弥满于天地,虽有娼妓,亦无荡子,无旷
夫,无怨女,无穷民。然则娼妓从何而来乎?

智识何以能平等?曰:教育普及,则智识自然平等。教育何以
能普及?曰:经济充裕,教育自然能普及。经济何以能充裕?曰:
此事虽欧美已难望之,惟吾国尚有此资格。鄙人另有《与×××讨
论公地笔记》一篇①,异日当就正于天下,兹毋赘焉。

贫富何以能平等?曰:此事亦详于《与×××讨论公地笔记》,
可为略述于左,以免阅者诸君,谓我将以虚言绐世也②。

"西儒社会学家,论公地者甚众,惜东洋无译本。×××君通
西文,尝言之,然尚无成算。鄙人于庚子过金陵时,见城北一带,颓
垣破瓦,鞠为茂草,闻其地主,则不公不私,成为一种无用之地。及
查其何以至此,则洪杨破金陵,其地主已或逃或死,至大定后,遂任
其荒落,洎今不知其主之为谁何。鄙意以为吾国他日若有动机,则
举全国之地,皆可以作江南城北观,以今日之不耕而食之佃主,化
为乌有。不问男女,年过有公民权以上者,皆可得一有制限之地,
以为耕牧或营制造业,国家虽取十之三四不为过多,农民即得十之
六七亦可加富。此外可开之垦,可伐之森林,以及其他种种可开之
利源,尚不知几何,今日岁入八千万,他日则虽无量恒河沙数之八
千万,不过反手耳。苟辨乎此,则智〔识〕与贫富二者,何愁而不平
等?盖东西各国之资本家,其所以保护其财产之法,今日已达极
点,无术可以破坏之,独吾国为能耳。"

---

① 《与×××讨论公地笔记》中,×××,指孙中山。此笔记今已佚。
② 以上载《国民日日报》13号。

娼妓不能灭,则惟有仿行法国、日本之公娼,可以有其卖淫之限制,可以免卫生上一切之危害;而今并此亦不能行之。

今日当唱导"自由废业"之论,或著之为书,或沿道演说,使娼妓得自由而废其业。然吾国之为慈善事业者,或造其幽闭寡妇之天牢,或营其多教神之庙宇,或养其不耕不织之尼僧,而绝不闻有思及此事者,其习惯风俗使然而莫之察也耶?

今以一粒米置于地而以足践踏之,见之者必曰罪过;又以字纸一枚投之厕屋,见之者亦必曰罪过;又曰以烹牛羊屠杀生物为事,见之者亦或曰罪过。夫不罪过者而曰罪过,乃至真罪过者,而一若与起居衣服饮食视为固常焉者,抑亦风俗习惯使然而莫之察耶?

乡人贫乏,衣食典尽,无所为计,则以其女鬻于人。尝有年未及八岁而教之学二簧、西皮、昆曲、小调者,天未明即促之起,令其高声大叫,非其喉破裂不止,不问其能与不能,未有不加鞭扑者;学之二三月,令其应局,呼为"小先生",以年无十稔之幼女,即使其学种种丑媚不堪之态,以求悦于人。天良丧尽、轻薄浮荡之众人,一有不合,则于夜深无人见时,或以针刺其阴暗不易见之肉骨,且以物塞其口而免哭之成声。凡天地间酷吏所万不能发明之毒刑,无不施出于鸨母之手。若以公民主义之眼光观之,宁不大戚耶?[①]

据上海《国民日日报》第13、15号(1903年8月19日、8月21日)

---

① 以上载《国民日日报》第15号。此处标"未完"二字,但以后该报未见登下文。

《孙逸仙》序[*]

(1903 年 10 月 12 日)

　　四年前,吾人意中之孙文,不过广州湾之一海贼也,而岂知有
如宫崎之所云云者。吾东洋人最好标榜,彼得毋又蹈此病。巩黄
阅人多矣,吾父理刑名,少小随侍往来宦场中,继又访吾国之逋臣
于东南群岛,复求草泽无名之英雄于南部各省,龚瑟人曰:乌睹所
谓奇虬巨鲸,大珠空青者耶? 我行仆仆,亦若是则已矣。大盗移
国,公私涂炭,秦失其鹿,丧乱弘多。而孙君乃于吾国腐败尚未暴
露之甲午、乙未以前,不惜其头颅性命,而虎啸于东南重立之都会
广州府,在当时莫不以为狂。而自今思之,举国熙熙皞皞,醉生梦
死,彼独以一人图祖国之光复,担人种之竞争,且欲发现人权公理
于东洋专制世界,得非天诱其衷、天赐其勇者乎? 吾曾欲著此书,
而以三年来与孙君有识,人将以我为标榜也,复罢之。今读中黄之
书,与吾眼中耳中之孙逸仙,其神靡不毕肖,喜而为之序。

　　巩黄有曰:热心家初出门任事时,其进诚锐,意若曰以齐王犹
反手,而不知前途有无限之荆天棘地;至一旦失败,则又徜徉于歧

---

　　[*] 《孙逸仙》一书,系章士钊译编自日人宫崎寅藏所著之《三十三年之梦》,但仅取原
书十分之四,复又有裁减。南京图书馆藏 1903 年最初刊本,封面题"大革命家孙逸仙,
黄中黄译编,荡虏丛书之一"。该书出版后,风行一时,为清政府所禁。

路,是以朝秦暮楚,比比皆是。此则孙君之所以异乎寻常之志士,读者之所当注意,吾辈之极宜自励者。

中国独立以前不知若干年即西历一千九百三年十月十二号,同种巩黄识。

据南京图书馆藏《孙逸仙》,1903 年原刊本

支那之志士
——新产出之下等动物*

(1903 年)

自念世纪开幕以来,吾亚东大陆上,又新产出一不可思议之下等动物,为前世纪博物学家所不及见者,即鼠志士、狗志士、鹦鹉志士、蝙蝠志士、鸥鹑志士、龟鳖志士之支那志士是也。从此志士之名,失其资格于人间社会,而世界上之志士,抑亦不屑居此不美之名。呜呼!此吾国现象中之一大惨剧乎?

此志士何由生乎?曰:时势为之也。苟非有甲午、乙未、戊戌、庚子之外患内忧,则蚩蚩之徒,方力呻吟于且夫尝谓。然则志士者,其惨痛与耻辱之混合物乎?曰:惨痛与耻辱,其手段也;利己之心,其目的也;不规则,其本领也。

且夫利己之心,为吾国历史之大弱点;不规则,为吾国人类之一大本领。而此二者,为吾国兴亡之一大原素。此固吾志士之所尽知,而反以累我志士者,何也?曰:支那社会中之习惯,不道德之习惯也。有如此之习惯,重之以新输入之手段,而支那志士之原素尽发见于此矣。呜呼!此时势之过也。人有恒言曰:时势造英雄。

---

* 本文署名"湖南力山"。

吾不解吾国有如彼之大刺激,而乃造成一如此之志士。呜呼!此时势之过也。

为兴国之志士易,为亡国之志士难;为美国之志士易,为波兰之志士难。吾国家并无波兰之地位,而志士空抱一美国之思想。抑知今日有求为波兰而不可得者,何也?曰:姑无论无波兰之地位,已不有波兰之志士,此吾同胞居人类之下级,抑亦居动物之下级乎?

保皇手段也,而会款六十四万金,为其现在之目的;专制之宰相,为其未来之目的。革命手段也,而创掠为其现在之目的;伯里玺天德①为其未来之目的。此外则银行、公司、报馆、学堂、游学、译书等,凡稍有近于公益之施设,无非以保皇、革命之目的为目的。此支那志士之真相也。

故夫志士之口,仇满革政也,而不能侃侃而谈于满人之势力圈以内,此昼伏夜动也,是谓鼠志士,抑亦谓之鹦鹉志士。政府而兴赏,则志士登科;政府而佣奴,则志士领札,招之即来,麾之即去,是谓狗志士,抑亦谓之蝙蝠志士。意谓其非飞禽,又非走兽。法兰西之乞子,令其恐怖同胞;大日本之工人,唆其控诉亲友,此事见去年十一月之《少年中国报》。是谓龟鳖志士。龟鳖引蛇与其雌交,故云。夫以国家不能养育其同一祖宗所出之子女,坐令其卖身鬻口以自活,此众生之地狱,佛之责任也,而沪谚之所谓撒烂污者,志士中比比皆是,是谓鸱鸮志士。鸱鸮能飞而食母,故云。

且夫今日之志士,异日新国民之代表也。故今日见诸君,可以知同胞他日在地球上能立于何等之地位。今日之志士,又他日新

---

① 伯里玺天德,即 president 的译音,总统、主席之意。

秦力山集

国民之种子也。故今日见诸君,可以知同胞他日有何等之收获。他日海枯石烂,而支那仍为今日之支那。言念及此,能毋以批鳞之论,而尘诸君之清听乎?呜呼!晚已。呜呼!恸极。

力山又曰:诸君子慎毋以革命家自命矣。宣尼曰:"恶紫之夺朱也,恶郑声之乱雅乐也,恶利口之覆邦家者。"诸君,诸君,毋覆我邦家。

据《国民日日报汇编》第 3 集"来文"

毕永年传*

(1903 年)

　　毕永年,字松甫,亦字松琥,湖南长沙府之善化县人也。举拔贡生,以文学鸣于时。尝著《存华篇》,《湘报》论说。提倡民族思想。然性豪宕,喜结纳,又耽于声色,毁家资过半,大忤其父。君初不与闻自立会之计划,而实由君手以开自立会之先河。故今之著此书,书名《庚子汉变始末记》。究不得置君于局外。谭嗣同之死也,君方由燕京归长沙,离京才二三日,至沪闻政变,遽自断其(尾)〔辫〕,火其贡照,示不复再隶于满清之治下,其决心有如此者。先是,康有为在京时,诬同志以建设共和政府,谋围颐和园,杀现今清国皇帝及太后,而以己代帝位。毕固急进派,始与其谋。及败,康已先事逸往香港,旋东之横滨。至是毕往访之,欲为后图。讵康已变计,将以保皇之名,利用海外之吾国商贾,敛资以为行乐计。知毕必不主

---

　　* 黄藻编《黄帝魂》一书收入此篇及下篇(《林锡珪传》)时,附如下按语:"毕永年、林锡珪两篇,见吾友民表所著《庚子汉变始末记》。著者于庚子一役之计画,始终与闻之,故论当日之情事与其人物隐然若有深痛,且能以南薰之笔出之,不少偏护。其书约十万言,殆煌煌乎大观,而中国近世革新史也,编者识。"民表者谁? 据章士钊《疏〈黄帝魂〉》称,"即秦力山也",并谓"《庚子汉变始末记》一书,约十万言,吾意力山并未完成"。参阅《辛亥革命回忆录》(一),第283页。查《黄帝魂》一书,于1904年1月间在上海出版,秦力山此两篇约作于1903年间。

张保皇之说,又以当时革命派发起人孙文亦住横滨,毕已先往访之也,顿起门户之见,闭门不纳。于是康氏前后之阴谋,已尽为毕所窥见,乃于某报中播扬之。康由是益深切齿毕,欲得而甘心焉。尝使其徒某,在港、澳一带地觅亡命,曰:"有能刺杀毕者,以五千元酬之。"

毕前后凡三至日本。再归湖南,为《汉报》主笔者数阅月。湖南会党巨魁李云彪①、杨金彪②等之与革新派往来者,以毕为最早。而林氏锡圭之所谋,亦多起因于毕。己亥冬间,林自东京始归时,欲在汉镇招纳亡命,以图暴动,而穷无所告,毕以三百金助之。庚子之大计划,实始于此。然至自立会发达时,毕以宗旨不合,终不与闻。

顾毕尝与兴中会事,黄中黄所译《孙逸仙》之"毕松琥"一章,言之最详。其后亦卒不合。至广州,乃鬻其西服,着僧装,寄身于某禅林。有书与同志某曰:"他日有奇虬巨鲸,大珠空青,任吾大陆破坏之责者,其人今或为僧也耶?吾方入其群以求之。"有自南中来者,传闻毕氏以新为僧,其级尚卑下,每日任炊爨洒扫之事甚苦。无何,病殁之报,腾于各新闻纸。

据黄藻编《黄帝魂》

---

① 李云彪,又名李俊实,湖南长沙人。哥老会腾龙山堂龙头。1899 年冬,由毕永年介绍至香港与兴中会合作,共举孙中山为兴汉会总会长。庚子秋,参与自立军活动,于事败前离异。

② 杨金彪,即杨鸿钧,又名杨金胡子、杨子严,湖南长沙(一说湘潭)人。与李云彪皆为哥老会首要,同赴香港,同时加入自立会。

林锡珪传

（1903 年）

　　林锡珪,字述唐,湖南湘阴人。生于黄帝纪元四千五百八十四年乙亥原著①以西历纪年。年少时,煎其脑于词章,戕其身于女色。某报中谓其幼时即禀异资等语,未免出于文人标榜之习,非纪实也。岁戊戌,补入时务学堂之二班生,受粤人欧榘甲之教育。欧固康弟子,倡公羊张三统之学。林君化之,不复为前日之佻达少年,而究心于经世。是岁八月,清政变,欧以党人故,远窜横滨,学堂亦因之解散。毕永年者,拔贡生也,与谭嗣同交最厚,又有天然之民族思想,因谭死而九世之仇益横亘于胸中,遂削发往来江湖间,欲纠集同志。林尝左右之,一至上海,自此而其政治思想为一大变。

　　先是,林囿于欧说,其崇拜康氏有如星日;然至闻见既广,乃自笑其前此之私淑,真为井蛙夏虫。由是废弃文学,以实行家自任,不欲其能力伸畅于理想之一途。乃与毕氏谋纵火于长沙,因而袭取之,沿江而下。惜当时君年尚少,乏于经历;又毕氏理想虽高,而以条理之缺乏,其所计划,终不克成就。时湘中新旧两党门户之见最烈,林以急激故,亦为乡里所不容。

---

　　① 原著,指《庚子汉变始末记》。

明年六月,应梁启超之招往,肄业于东京大同高等学校。君锐于感化力,长于记忆力,至日本不数月,而其国之普通言语,即应对如流。是岁九月,梁氏将航美属之檀香山。林时受有数大刺激:一、在校中不克自备资斧,常仰给于粤商,横遭他人白眼;二、林之目的原在于实行,读书非其所乐;三、当时日本之新闻纸,其唾骂支那人几牛马之不若。乃决计归国,说于梁曰:"国势至此,而有志之士方孜孜焉以求学,学成而国已烬矣。夫学,犹之耕也,不耕固无所得食,试问救火急乎?抑耕急乎?"梁知其意,出资遣之。行至神户,以书告同学某曰:"吾以舟停,故登岸,信步至某处,著者今忘其名。山腰有浴堂;浴堂之东,通以小桥;桥之两旁,有石壁立,中有瀑布,坠空而下;远望海水,澄波如碧,风景绝佳。因思吾国山水之胜,当不下于三岛。顾皆草昧未辟,不复加以人为。夫权利者,天下之公物也,己不能享之,则人必代之而有,于人无尤也。珪行矣,此身不知能再呼吸此等文明之空气与否?"言至此,不禁泪涔涔下。噫嘻!何林氏忧思之深至此也!林以其年九月抵汉上,其后之计划,详于第□章,不复赘。惟著者有一言,欲为林氏呼冤而告我国民者曰:林之目的与唐异。唐崇拜康,林崇拜公理;唐为帝党,林为民党;唐主立宪,林主共和。然以唐见信于康,林苟欲以间接见信于康而得其接济,则势不得不枉己以从人。其实林无时无刻不欲出唐之范围外,因其组织多近于美国制度,与唐每多冲突。唐终不化,屡掣林肘。唐于会中,几激成内讧,林又起而调和之。且不独此也,林久与下等社会人伍,深知其性质,又善于抚慰,人多乐为所用;唐则于林之调度,时辄干与之。又林极机警,唐极沉滞,而不利于秘密之事,与林又不免于龃龉。汉变之败,其或以此为主因也。林初至汉时,仅识数人,所有者不过三数百金。而招集各会头目,激之以义,动之以财,感之以信诚,饵之以爵位,其后北至河南,南至湘桂,西至巴蜀,东至九江,为时不出一年,所费不过三万,终能屈伏数百万杀人行劫之无赖游民于指挥号令之下,任劳任怨,任寒任饿,屡次几为属下顽民所刺杀。至其后林之死也,则又鲜有不为之堕泪者。吾谓庚子长江流域革命运动大舞台,为林氏一人之所筑,而其他各人无非备数者,想读此者必表同情也①。

据黄藻编《黄帝魂》

---

① 张篁溪在《林圭先生别传》中亦附和此论说:"庚子一役,唐、林并称。然论当日之情事与人物,《庚子汉变始末记》、《黄帝魂》二书,所见归功林氏,盖著者能以南薰之笔出之,不少偏护也。"

驳新民之论俄罗斯虚无党[*]

（1904 年 4 月 7 日）

今天下有两大专制国,俄罗斯与支那是也。顾两国之为君主独裁政体则同,而其压制国民之能力则不啻天之于壤,安得假俄罗斯之影响,标榜朝家,以长独夫民贼之恶哉? 新民之心,岂可问也!

新民曰:"吾不惮与社会之舆论开衅。"巩黄曰:"吾不惮与'中国之新民'开衅。"新民之《论私德》一篇①已一见驳于《大陆》,再见驳于《警钟》。其大谬不赆,我国之舆论已表同情,可见吾国政论进步之速率,较之新民退步之速率,曾不相让。而吾犹有不可解者,支那之革命党以反抗于满洲政府,不能见谅于受恩深重之梁启超,揆之人各为主之例,情犹可原,彼俄之虚无党曾何碍于梁启超,而乃言其狼狈若此,且逆料其必无成功? 吾以为大凡组织一事,必视其时会与当事者之材力,并为其敌者之材力若何。若一概抹煞之,而曰地方革命者罔不败,彼不过曰无论何国之人,若有倡言革命

---

* 本文署名巩黄,文末署"未完",但至本月终,报纸不复见载。中国之新民(梁启超)《论俄罗斯虚无党》一文,原载《新民丛报》第 40、41 号合刊本(1903 年 11 月 2 日出版)"历史栏"。

① 中国之新民(梁启超)《论私德》一文,连载《新民丛报》38、39 号合刊本,40、41号合刊本"论说"栏。《大陆报》第二年第一号(1904 年 3 月 6 日)载《异哉新民之宗旨》,批驳《论私德》一文。

者,则与吾保皇之目的相反,吾不惮巧其词以倾倒之。噫嘻!支那之革命家不顾其同胞中有所谓梁启超者,曾受其政府之六品衔举人,且可以保皇名号聚敛至数百万,而昧昧焉起而与爱新觉罗氏相抗,是诚可杀。然史拉夫之社会何辜,而亦不见容于梁氏乎?今就其论虚无党逐一驳正,吾意梁氏见此,必曰吾姑妄言之者,不过欲预(妨)〔防〕虚无党之手段侵入我国中,使吾圣主之为亚力山大第三、康圣人之为马德阿夫也,新民其不以予言为酷否?

原文"虚无党之事业"至"请条其理"一节。

新民既知彼党之足以使人骇、使人快、使人歆羡、使人崇拜,又曰暴动手段在彼等之地位,万不能实行。然则必有工部主事与六品衔举人,然后可以为汉口乱党之头目乎?夫地位云者,资格之代名词也。藉曰必有其地位然后可行之,则虚无党且如此,天下之不及虚无党者,任彼专制酷虐之朝廷永延其毒焰可也。

原文"西人有恒言"至"尽人所能知者也"一节。

"后膛枪出而革命迹绝"一语,新民并不明言为出自何人,然则此西人之为新民,殆无疑义。夫后膛枪诚猛烈矣,然独夫民贼既可以之压民党,安知民党不可以之抗独夫民贼?至谓百年以来,历史上无革命之事,不过百年以来有革命党之国,惟一革命未成功之俄罗斯耳。美利坚革命之战事,凡历八年馀,则其经营之不止八年可想。向使新民生于美国革命军开战之第七年,亦必以今之语俄者而语美。然则欲以中央之兵力恐吓其国民者,有何可畏?而况中央之兵力万万不如俄罗斯者哉!

据香港《中国日报》(1904 年 4 月 7 日)

致陈楚楠函*

（1905 年春）

楚楠智者大鉴：

　　久耳公名，颇深渴慕。自港来时，黄君世仲①以函介绍见君。兹以事过星坡，初以为可以识思明州之少年同志矣，然微闻内地志士南来，志在运动者不鲜，以是多扰及公。弟以旨趣略殊，恐人一见而以为挟有同等之目的来也，故不复再来见公，公可谅鄙苦衷，毋以鄙为倨傲，则幸矣。胡氛正恶，故国之事鲜有快意可为告者。兹于本日首途往孟加纳，留此以当一面。顺问起居幸福。

弟巩黄即秦力山顿

据冯自由《中华民国开国前革命史》（下）

---

　　* 本函原为陈楚楠所藏，未署时日。据秦力山1905年7月23日（六月二十一）再致陈楚楠函中所述，本函当写于1905年春，在新加坡发邮。陈楚楠：笔名署"思明州之少年"，福建同安人。南洋华侨资本家，居新加坡。1905年冬发起新加坡同盟分会，任会长。

　　① 黄世仲，字小配，别号禺山世次郎，广东番禺人。早年因家计困难，与其兄伯耀赴南洋谋生。时任香港《中国日报》记者。著有《洪秀全演义》等。

敬告缅甸同胞文[*]

（1905 年 3 月中旬）

著者非闽粤人，不能作长言之演说，尘诸君清听，又以不欲为人所知。然北望宗邦，暗无天日，旅行至此，而一掬亡国之泪，更不可遏抑。顷于本月初五日绕马来半岛至此，访闻邦人士在仰光一埠者，虽不及万人，然合缅境内计之，当不下十万。夫十万云者，则四百兆中千份之一也。诸君文明之程度，虽非仆一时所能尽知，然刍荛之言，正不得不急急贡献于众视者。仅就所欲言，逐日投稿于《仰江日报》，幸诸君登焉。

一

诸君经商缅甸，海上之隔故乡万馀里，陆地不通行。故虽国境伊迩，视故国民生国计，恍惚桃源秦隐，漠然无所喜感。诚以本国政府无力足以保护商人，而本国人之习惯，又原以身家为政府之附属物，以政府为国家，自与政府不相往来，遂一意专心于实业，国权之进退消长，遂非其所用心，于是本国之历史，亦以无用而被弃。此势所必至，不足骇怪者也。

---

* 本文原载《仰光新报》，署名秦力山，后收入徐市隐编：《缅甸中国同盟会开国革命史》一书中。

惟自欧风美雨近逼远东,故国版图日以侵削。昔之缅甸,本我附庸;今我本邦,将为缅甸。此等之晨钟暮鼓,在本国各报纸到处畅言之。此地不当海道之要冲,想诸君不常触目,则惊心亦少。诸君若一考查中国之史书,将见爱国之盛心,必更有甚于他埠之同胞者,仆敢断言之也。请略言之。

今日诸君之视缅甸,必曰数十年前,缅甸为我之属国,今则移赠英人也。而抑知数十年前,缅甸并非我汉人之保护国,我汉人之性命土地财产,一举而属之满人,我汉人与缅人同为满人之奴,世岂有为人之奴,而复以同辈奴而邃为己奴者?是数十年前,缅甸尚有国,而我则已于三百年前亡之,缅甸犹愈于我,安得漫以彼为我之附属品耶?既非我之属土,则其存也听之,其亡也应听。故诸君身旅缅甸,而不动权利丧失之感情。自外人言之,则曰诸君无爱国心,然仆固深知不干卿事,亦逆料诸君爱国之热心,异日必有冠绝于亚洲者。则以诸君未尝考究历史,与不知内地亡国之现象,若一知之,则诸君皆为新国家实业界之干城也。

当明末,李贼作乱,吴三桂以明之武弁,奉职于山海关。其爱妾为李党所掳,遂借兵于满人,入关勤王。不料满人入关后,竟覆明之宗社,而我汉三千年之古国、四百兆之秀民,遂涂炭于腥膻陋族之刀兵水火,永劫不复,至于今日。我同胞诸君等,亦曾知我大汉最末了之皇帝被弑于何地乎?则离瓦城六十里之地也。我固知诸君不知此事,若一知之,则必痛心疾首,共同兴亡国之悲感者。吾大汉之亡国在此时,即失缅甸之藩属,亦在于此时,非英人之掠我者也。

以上所言,因历史上之感情耳。至于现在切肤之痛则尤有甚者。数十年前之安南、暹罗、缅甸、台湾,今日蒙古、西藏,皆满人管辖之，满人不惜，以之为馈赆。一为西洋人殖民之后，则其人狼狈不可言状。若以他地言之，则非诸君所知。诸君独不观缅甸为亚洲之一大米仓，极言其出米多。而落得今日之结果耶？诸君！诸君！亦知我内地有已成为缅甸者否？谓胶、辽、旅、大等地。有将尽成为缅甸者否？云南铁路若成，则云南指日成缅甸矣。福建、广东各省之铁路亦将建成，将次尽为缅甸矣。覆巢之下，必无完卵，恐异日诸君将袖手旁观，经商海外，亦有所不能也。仆以此为演说，聊当尽言。此为其第一篇，其他则作为第二、三、四、五续出。言者无罪，诸君其有首肯者乎？

<h2 style="text-align:center">二</h2>

今日我同胞经商于外洋者，不过数百万人。而此数百万人之外，彼之家居于内地者，恒日日为满政府纵虎狼官吏，日日吸削其脂膏，以为颐和园荒淫之资。举所谓曰钱粮、地丁、进口、出口、厘金、盐课、鬻官、赌饷、烟捐、屠捐、房捐，及一切敲精吸髓不可思议之勒索，吾民实已疲于奔命，每饭不饱，儿啼妇怨，鸡犬不宁。其得从容逸豫，逐什一之利于商场者，惟有海外之诸君而已。然而海外诸君，并不可一概而论也。南非洲之华工数万人，被种种之凌虐，鼎镬如饴，求死不得。旧金山、新金山以及澳、美两洲其他各属地，我华人常花数百金之船纸，费时阅日，行抵一埠而不能登陆。今则就最近荷属各埠言之，而有所谓入境纸、出境纸，种种苛例，视吾民若牛马，想亦为诸君耳所习闻，不以鄙言为妄造者。则以商界比较之，亦绝未有如诸君在英属各埠，自由贸易之从容逸豫者也。回顾内地之同胞如彼，横览他地之同胞又如此，则诸君何幸得脱苦海，而适此乐土？予常为诸〔君〕言之曰：缅甸一地有同胞十万人，盖十

万人者,即中国四百兆四千分之一。今若以劳逸苦乐比较之,则以缅甸同胞之力量,而加之以深明公理、急公好义,其必奋发有为而勉赴国民责任者,我知其所必不辞也。

以上所言,但就诸君义务上言之耳。抑或诸君非尽出于闽、粤两省者乎？近日波罗的海舰队东来,久逗留于赤道北二十度内外一带地。风声鹤唳,草木皆兵。今日飞一电至,曰将攻福建之金门,明天飞一电至,曰将占广东之琼岛。夫彼两省者,非诸君列祖列宗邱墓所在,而有父母妻子兄弟以聚族于该地者乎？桑梓之地,钓游之乡,倘使诸君他日衣锦荣旋,而江山易主,无国可归,则他日被逐,如犹太人者,将不能免于缅甸之十万同胞也！

然或者犹为诸君画一计曰:将终老是乡可耳。四海为家,何必故土。殊不知诸君今日之可晏然经商于此者,则以尚有此野蛮政府之存。其亡国之纪念,不过为吾人一隐痛,而尚未全暴白于世界。仆于七年前留学日本,其以亡国奴、豚尾奴、满人奴而相嘲者,则日日来刺激于吾耳。吾恐一旦大局破裂,即彼印奴、黑奴亦将以亡国先进而见夸于我。且诸君独不闻满洲开战以来,日人恐一旦战经年,兵费多靡,国用支绌,而谋所以扩充其商务者,致不遗馀力乎？至以生计界言之,英伦为商界之先进国无论已,近顷十年来,西方之德意志,东方之日本,彼工商界之在太平洋、印度洋沿岸者,其增进如火之烧,如潮之涌。乃复出一发明商界魔王拖那斯者之美利坚,挟长袖善舞之技,眈眈虎视,欲尽垄断全世界所有之财权。然则吾商界同胞,而欲以所有之能力,长插足于商业竞争场,以与彼辈分其馀沥而食之,得乎？不得乎？诸君则不为国家计,独不为子孙计耶？

三

第一篇备述历史上如何,启吾人之哀痛。第二篇备述海内外现在吾人之危机。吾恐同胞诸君或起而责我曰:"汝但知以悚论危言扰乱吾辈之脑筋也,安见以中国之大,人民之众,不有发奋为雄,足固吾圉,使吾辈得优游以蒙其馀泽者乎?自以为忧之深而虑之远,吾以为太多事矣。"曰:是又不然。

国也者民之积也,民财足,则国富;民气振,则国强。民之道德智识程度日高,则国家号称隆治。今吾人不能自力,而徒欲承他人之庥,积众惰而国贫,积众败而国弱,积众人之浇薄而国家号称野蛮。倘使诸君而曰:"吾不过四千份之一部,苟有三千九百九十九部,足以驾此一份之上者,则此一部于国家之存亡有何关系?"然使此三千九百九十九部皆如此一部之所云云,则我国家其终不昌矣乎!虽然,吾亦不必尽以危言悚论而为君等进言也。

今试取一人所乐闻之譬而更陈之。盖义务者,权利之投赠也;权利者,义务之报偿也。不有投赠,焉有报偿。今以交易喻之,苟不有物与力或智识而与于人,则安得而取人之代价?代价者,卖物所得之金也。夫人民之与国家亦若是,则已矣。故我中土而不立国则已,中土而可立国,他日必成一立宪国家,开议院,设代议士,以与闻一国之政事,而得立法上之无上上权。若诸君竟置国事于不理,则他日功成事定,此之一席,诸君将何由而得之?吾恐当事者即念同胞之义,以分其权与君等,君等亦无此力量而得之。说见后篇。吾向者述海外他埠华商,每为外人所苦,其所以致此者,则以无国家之保护。今即有文明政府,于国际上得有势力,其力量原足以保护商人,而其握政权之人与君等素不通闻问,则商情之艰苦既非彼之所知,而君等欲责彼以时时为之尽力,亦多有未便。何也?不能分尽国家之义务,而欲分享国家之权利,吾恐君等将无以自解于他日议会议员之漠视也。

且也今吾人之终能保存土地、生命、财产与否,则专视乎能立国与否之一问题。吾人之能立国与否,其问题决不在乎现政府之能否改革,而专在乎国民之能否自立。吾人之能自立,则专赖海内外之国民联络一致。先谋养成任事之人手,兼尽力乎所以立国之基础。譬之日本与俄国战争,日兵士荷戈于满洲之野者,不过五十万人耳,日本四千万人,此不过八十份之一。而其任国债与任恤兵费者,全国男女无不拔簪投珥,图所以为军国民之后援。然则捍患御侮者,非全国所属有生之伦,例当各尽一份之责任者哉?噫嘻!观于日本之兴,与吾国之所以亡,全在于国民之振拔与不振拔,全在乎国民之有公共心与无公共心,非偶然也。

巩黄曰:四百兆人者,四千个十万之积也。以吾四百兆与满洲之五百万人竞争,即十万人者,所以对彼之十二人。强以四百兆与全世界千六百兆人竞争,则又当以一人敌四。然内地之汉人多数皆倒戈而附于满奴,或反对于满而为其所限制。故他日彼多数人之生存,实赖今日此少数人之拯救。然则吾缅甸十万同胞,苟非一以当百,何能免我国家被淘汰于天演哉?然而诸君之所以尽其义务者,吾尚未之闻也。

四

自物竞之学说发明,始知有生之物,其所以得而生存者,皆由于争竞。上古时代,不知尚有若干奇禽怪兽,与今日不经人见之高等动物,即人类与近与人类之物。因彼此相持相击,其劣者败而绝迹,其优者胜而长存。始则物与物争,继则人与物争。终至人与人争时,则家与家、族与族、国与国、种与种,或争之以兵力,或争之以商业,或争之以学术,无论用如何争法,其败者皆足以破家、灭族、亡国、绝种。今日世界之人种,号称五色。其三色已成过去之竞争物,不旋踵则将至于无。今日斐、澳、美三洲之土人已逐渐减少。其相持未至十分胜负者,则黄白两人种是已。而其地大人多,足以代表黄人者,厥为中国。

抑自帝国主义之行,各国皆以商业将覆灭人国,领有其地之先驱。其最表著者,则英国之东印度公司是也。尝见英人所属之殖民地,其本国之驻在者,辄不满于五千。故以缅甸之同胞言之,则较他埠之同胞,虽不得不谓之少,然于商业上与政治上之成功者,倘以英人比拟之,则我黄人必不能与彼族争。与〔则〕我种他日之必与埃及古骨同时贮于伦敦博物院中,以为考古者凭吊之资者,又其可断言深信也。对此茫茫,能毋百感交集乎?

虽然,凡各国商人得以奏功于他地者,自不得不有一文明政府为之后援。吾人既以狗种而握政权,自不有收功异域之希望,盖进步之通路,实为彼以障碍之故。我海外同胞而苟望国家之生存,并以为异日进取之地也,则不得不回头,而先去其障碍者,复再贾其馀勇于大地蛮触之场。若诸君真能知此办事之次序而实行,则黄白竞争之世界大舞台,未知鹿死谁手,陆沉之祸,可以夐矣。

且夫吾人之所竞争者,非同于乡邻斗狠也,而全在于智识道德之高下。故虽亲若父子兄弟,亦不肯相让一步。则对于外者,或相差甚远也。故仰地之同胞,对于他埠之同胞有竞争,对于内地之同胞亦有竞争,合四百兆同胞,相磨相荡相提携,然后对于同类之国,即日本等。足以固吾疆圉。再合亚洲各国相磨相提携,然后可以与虎视眈眈,而欲于历史上博最终之胜利者之亚利安人种也,即白种。
于道德上竞争之,于学术上竞争之,使黄种与中国继继承承,越世
界累年,立于不败,岂不懿哉!

巩黄曰:对外之争着着失败无论已。若对内之争,则川、湘、
浙、鄂各省自开铁路,而福建无起者。广虽能自争之,而无成绩。
长江流域之工商业,亦日有起色,而闽、粤亦无闻焉。其他教育界合
留学与学堂并计、政治界、军事界等,闽、粤两省皆瞠乎若后。呜呼!
我缅甸十万之同胞,非尽出闽粤者乎?何竞争二字之不适于闽、
粤也?

五

呜呼!调查三百年以来刑罚税敛之浩劫,横览海内外同胞颠
连困苦之灾殃,预料二十世纪吾侪人种竞争之危迫,鄙人之勉力成
此四五千言,贡献于诸君者,岂唯是为茶馀酒后闲谈资料之一希望
哉?诸君视故国之烽鹤与未来之险戏,一若隔岸观火与瓦上惊霜
者也。则鄙人此数日唇焦舌敝,笔枯墨涸之结果,亦犹之乎有贼人
入室,狗力吠之,声为之喑,主人高卧不起,一任贼之窃取而不顾
惜,宁得以佯为不知而自谢乎?然则诸君若恝然置之,则亦非人
心矣。

然则诸君现在之责任为何?

一曰兴办教育也。鄙人在香港时,则略闻仰光中华义学之名,
心焉慕之,及观光至此,而颇惜所见不如闻矣。以百馀人之中学
校,而不得一完全之体操场,且并学校制服及体操服亦无之。其他
各普通学所有者,亦不过十之一二。吾非不知当事诸君已不知几
经艰苦,始得建设至此,即有今日,亦非易易。然全埠人之漠视教

育,已可从此想见。诸君今尚不努力,以谋培其根本,将待之何日耶?前年吾乡友人胡君元倓[1],自日本归里,尽毁家产以兴教育,顷购湖北彩票得十万金,又尽投入学校,以为维持费。夫胡君寒士也,其蓄资不及仰光一少户,而其能若此者,各报盛称其慷慨赴义。然自鄙人观之,则无所为义也,不过胡君得知大体,较诸君为操胜算而已。何也?吾人之见解各为其子其孙耳,与其以金钱与子孙,而令成一废人,孰若以学问与子孙而使成一善士。胡君亦有子孙者,胡君之子孙,亦得入学以共享教育之利益,何愁其子孙之不昌,而又得以博赴义之名,胡何乐而又不为此哉?由是观之,使吾缅甸同胞而能尽如胡君,则彼中华义学者,不过万份之一耳。我知仰地诸君之所成就者,又不仅在教育一事矣。

二曰联络声气也。既培植有人材,则英雄必谋一用武之地。吾人他日之成功,不得不恃内地以为基础。苟一旦汉人得志,则政治与实业上之利益,吾人必得而共享之。吾苟智识不足以及之,则自不得入其中以涸事。无政治上之智识,必不得而为议员,前已略为提及。若资格可以企及,则中原一鹿,仰之同胞宁得自甘向隅,而不尝一脔耶?然苟与内地志士不相闻问,则兴衰成败皆不知之,新建国之人民,视君等非局外耶?至商业上之利权,则现时内地铁道、矿山、田地、工商业等,着着皆渐陷于外人之手,其利益皆什百倍于海外之营业,舍己肥而芸人之瘠,诸公当亦自笑其拙。为今之计,正当设一大公司,派专员入内地从事调查,且与海内外各埠通同一气,以奏实业上之凯歌。则诸公匪独谊不容辞,抑亦以大利所在,不致辜诸君之热肠者。至于政治上之运动,则仰江风气未开,想诸

---

① 胡元倓(1872—1940),字子靖,湖南湘潭人。1903年筹建长沙明德学堂,聘请黄兴等任教。后又创办经正学堂。在湖南教育界颇有影响。

君必河汉吾言,则毋宁待之异日。

　　吾正不知君闻吾言,果有何感情也?犹太与波兰,同受俄罗斯之压制,群思有以脱其困苦,犹太为最富之人种,波兰则以武力与坚忍见称于亡国史焉。然而合两种人之力量,加以无政府党之英名,卒不能颠覆其王家,则以政府文明之程度既高,势有所不能也。吾国则瓜分之祸近在眉睫,政府之能力虽薄弱,而颇欲用采西洋物资之文明,无论政府之兴亡,料五年以后,彼等必足以制我于死地。虽有金钱,必为犹太;虽有武力,必作波兰。而况吾人之金钱并不如犹太,武力之并不足以为波兰耶!故兴作之机会,必当限之以五稔。

　　诸君闻吾言,而有所思耶?抑付之一笑,而以为多言耶?然则吾安得不号呼于诸君之前,而冀或一听耶。

据徐市隐《缅甸中国同盟会开国革命史》下编

中华义学序文[*]

（1905 年 3 月下旬）

天下事乐成易，而投始难。人性狃如故习，大抵如此，是不独吾华侨为然也。始为人类之普通性，即各国进化之初，其任焉者，亦不知几经艰巨，劳心劳力，身为怨府，守以宏毅，始底于成。盖此一是众非之过渡时代，求其能以身为天下先，而任建设之责者，自非希世之杰哲，诚不足以语此也。

仰光在下缅甸之南，华人之旅居其间者，仅七八千人，而此七八千人之中，福建漳泉人亦不过四分之三，以南洋各埠比之，殆在于最少数者。然已能于两年前兴学风潮未起之时，不假外力，而独自成一学校，名曰中华义学。斋舍轩敞，光线适宜，近顷卫生之学日益昌明，谓室内光线不足，则不得以资摄生，而校中尤专重视之。济济祁祁，规模灿备。吾逆料他日此居留地，人材之成就，必言归而为开（关）〔国〕之元老者，抑或得而为新世纪商界之大王，则今日学堂中百数十人之小豪杰，正未敢预量。其所至此，不得不全归功于董事诸君者也。

---

* "中华义学"系缅甸侨商之热心者于 1903 年冬筹建，1904 年 4 月正式开学，宗旨在于培养华侨子弟学习祖国语言文化。秦力山到仰光后，该校进步董事庄银安、徐赞周请秦氏重修该校章程为民族主义教育，秦力山乃有此序文。

国学就湮,宗教亦替,曲阜一铎,侵蚀随之。以东鲁达人之邦,衣冠礼乐亦沦于荒废,而变成伊川氏之墟,为日耳曼人所征服。然则海田云狗,上国且然,而望《孝经》伦理、《春秋》治法,犹存于为附庸者蛮烟二万里之海隅一角,何可得哉?何可得哉?中原文献已不足征,浸衰浸微,何问荒服?乃诸君抗志存古,大愿发宏,能以尊教之心,寓于奖诱后进之内,礼容肃穆,俎豆馨香,昌平之祀赖以不斩,间可为翼教之魁杰,辅世之伟民,为海外各埠教育家之先导者。

不佞于远窜之中,躬逢盛典,得览自发起以至遂成之记事,始则鼓吹,继以提倡,有志竟成,蹊径独辟。谬承委任,使缀序文,并手述其发达之次第,俾为一实录。而诸君一切任劳任怨之经历,仆亦由是得与闻其颠末。大凡一事成立之后,任事者辄有自忘其前日之千辛万苦,不益求其进步,而并失其所以维持之道者。诸君矢勤矢慎,有鉴于此,而急欲不佞代述之,示来者以不忘,不以溪谷为归墟,必行抵于海而后已也。不佞不揣固陋,仅就今日之时势,而陈教育之意见于后,抑吾人畏难苟安者之懵懂为摘发之,使共赴于奋兴之一途,以与仰之同胞君子共商榷焉。

今试语人曰:"汝之子将为不肖,将堕而家声,将坐食而为国蠹,将荡尽而财产,将自放纵而为邪僻,将愚昧而终于困穷,抑将为亡国之民而见奴于他族,甚至不数传而斩汝祀。"则人未有不大事骇怪而怫然作色者曰:"吾以何事而开罪,使君致以此毒口而诅咒我也?"则应之曰:"吾以爱君故。"曰:"君明明出毒言以损我,何反云爱也?"则应之曰:"吾以子姑息之仁,不督责汝子以自立,则吾言必中,而以此一棒醒汝故。"此其理固自不难明也。抑天下断未有自甘其后之不昌者,何以吾华人之不令子弟就学者比比皆是?则应之曰:以无远虑故。尼父有言曰:"爱之能勿劳乎?"盖世固欲逸之,而反使劳者,人生数十寒暑中,苟非甘为乞丐,则必以聪明材力而为捍卫营养之用,而捍卫营养之所需,又恒非将一人之聪明材力,足以发明其方法者。则自不得不赖前人已经发明者,而为之辅,则学尚已。泊至人类既多,于是捍卫营养之范围益广,遂扩而充之,而为经国治务。其实经国治务者,则一人自为捍卫营养之不足,而谋为公同之捍卫营养。故一人之不能自行捍卫营养者必败,一群一国之不知公同捍卫营养者必亡。久而久之,遂立为定法。使各人于孩童时,即准备其分任公同捍卫营养者之一业,并为自行捍卫营养之准备焉,身家赖以保存,国务赖以成立。否则不独难以保存,即且不能自活,而况当今竞争极烈之世界,尤有不遑宁处者哉!故吾谓中华义学成立后,而仰埠之闽人,犹有忍令其子弟之闲散者,则何异自间接以杀其子弟也。吾以为仰之为贤父兄者,决不如此也。

今语人曰:"吾过乎丛人之区,见乎总角而嬉游者,蜂聚而蚁集也。此其人或以无人为之教养,抑或有人而不知教养之法,吾逆料彼他日必为败类之马,将何以为防闲之?"则其人未有不乱以他语,现拒人之色于面者,曰:"吾人自为教育之不暇,而何暇作他人嫁衣裳也?"则应之曰:"吾以爱汝故。"曰:"君明明欲我毁私以奉公,何反云爱也?"则应之曰:"汝苟不速为之拯救,则是蚩蚩者他日必波及汝。由于吾告汝以爱人而自爱故,令使尽人皆有职业,则盗贼与奸宄必无而起。"盗贼奸宄之生,其受害者决不为彼同类而为寻常之富室,其所以波及者一。以尧舜之圣,尚生出不肖之朱均,则断难自信子孙之克肖。自来败家之子弟,其恶习皆自此辈熏染而来,其所以波及者二。以中国人多下流,而文明国之所以相待者,辄另出一种之苛例以限之,而不得以限制一等人之故,别为宽待,其馀玉石共焚,同归于尽,其所以波及者三。第一则害及其身,第二则害及其子孙,第三则亡国之惨,灭种之痛,皆由是而生焉。夫西洋各国之民立学堂,端赖富室以为之担任,而不闻其以此而致贫。美国大富豪,每多捐入于慈善事业者,西洋人所为慈善事业,大半皆投资于教育者居多,比之吾国慈善家以资金养成无数之惰人者,正自有别。其额超出于国家岁入之数倍蓰,而其富日增,以视吾人终岁勤得之馀,留为子孙以为游荡费者,正自有间。吾观于仰埠中华义学,捐集义金之踊跃,可见诸君见理之真,特于此反复详论之。愿诸君勿以此为足,抑亦愿吾同胞悉知此义,知急公则所以保其私,而吾民族之新教育,将普及于海内外矣。

且夫二十世纪者,行强权与帝国主义之时代也。天演之说日中于人心。黄祸之言弥增其嫉妒。以美国之门罗主义,亦一变而突飞,经檀香山、菲律宾,而将染指于东大陆新世界。独我睡狮未醒,局促于膻胡野种之治下,彼不为吾民谋教育,而我民方自为之。彼近者犹以收复贡院,乱吾民之心思。其民间教育之著有成绩者,辄百计锄之,使勿底于成。此皆彼族排汉嫉汉之意见,将以终困吾人者。竞争之现象其相逼而来者既如彼,而彼所以断送我前途者又如此,转不若仰地诸君得施教育之自由。倘曰中华学校之不能规模日启,则内地之呻吟于苛暴之下者,斯愈难矣。

今夫教育者固必有一主义以行之。小学校所授之历史学、国文学、修身学、地理学读本中,其出于立宪之国民者,必于此唤起国民之精神焉。彼欧美、日本之人民,非其脑独强,生而则知爱国也;惟自入学之日起,其所以触于彼童之眼帘者,无非使之独立不倚,以摒绝服从奴隶之根性。不佞留学东瀛,见彼垂髫之子知言征服俄国,叹为绝特,以为彼生而即为军国民。及得见其小学读本,始知其中言俄为日本不共戴天之仇。然则日本之得胜俄，岂惟是恃船坚炮利，与满洲数十万军士一勇之气哉！苟非积之有素，则其成绩决不至此。故吾人欲望此可畏之后生，他日出而为国干城也，则亦必有以激起其亡国之隐痛，与复仇之热念者。彼夫内地教育之主义，仍以尊君亲上四字为专制国笼络百姓之不二法门。将见禹域所有学舍，悉将为他日新奴隶之制造工场。其所以愚我未来之国民，其惨酷殆有过于凌迟与大辟者。今若欲以矫其弊，非望之海外诸君，而谁属哉？仰埠董事诸君，当亦闻吾言而兴起矣。近顷不佞见一论说，曰排汉政见书。为满人之留学日本名为良弼者所作。其言曰：内地各属学堂，当定新规，不许汉人学有用之学。其留学外洋者，不许其学政治与海陆军。又凡可以经国与治生者，皆限制汉人，不使之学。其意将使吾民不有政治思想，以免与之争政权，渐无以自谋衣食，驯至而绝四百兆人之种。诸君！诸君！试问该蛮族已与我生此恶感情，吾人犹得与一朝居耶？近者驻日公使扬枢，已承政府之命，商之日政府，转饬该国教育家，毋以政治之新学说教我留学生矣。此为良弼政见施行之第一着。吾料以后良弼之政见，将逐渐而施行之。而吾同胞之汉奸梁诚驻美公使，复奏请设立贵胄学堂，使满子弟习海陆军，以压制汉人，傅虎以翼，而吾汉人不得与学焉。吾不知仰地同胞得此一警，其又将以何意见以期扩充与整顿此中华义学者。吾不禁顶礼以祝之曰：中华义学万岁！学生万岁！仰江商董万岁！

序者又言曰：创作每生于感情，感情则生刺激。刺激者即外来之恶现象是也；感情者，即感此恶现象而有所难堪是也。诸君以故国之沦亡，受风潮之冲激，情动于中，不能自已。而此之义学，赖以成立。则吾又有以为诸君进者焉。夫刺激，有生自历史上者，有生自地理上者。仰江历史上,吾人之刺激为何? 则中国民族史之终编,大书而特书之曰:"永历帝被清兵迫而入缅甸。"又曰:"三桂弑帝。"盖即吾汉民族三千馀年古国之自此见灭是已。仰江地理上,吾人之刺激为何? 曰:此即英国经营中国腹部扬子江流域之根据地是也。不识董事诸君,观过去而察未来,其将何以维持此初心,使此学校立于太平、印度两洋之风涛簸荡中,而有以挽神洲之陆沉耶?

据徐市隐《缅甸中国同盟会开国革命史》下编

说 革 命 *

(1905年6月上中旬)

吾滞仰光二十日,濒行,仰光之《仰江报》记者萧小珊君走送于赞周之家。余曰:"贵报宗旨正大光明,望力维持之,毋使中变,则他日倒满立国,未始非此五寸之管居然当毛瑟四千也。"记者则应之曰:"谨受教。虽然,阅报者之脑质尚未有一线曙光,同胞犹死守于极东之宗教与伦理,其对于膻胡政府感情至今未变也,诚如是,则吾人一身鲜不为众矢之的。"巩黄闻此言,不禁泪涔涔下,曰:吾今而后,知国家之亡,全不由于人之侵袭,而鲜不出于自亡,抑一族之人民不患在于权利之丧失,而患在乎精神之奴隶。我同胞其犹有未醒者欤,则请观乎吾之说革命。

---

* 本篇亦名《革命箴言》,全文24章,凡六万馀言。当日秦力山投登于缅甸《仰江报》(冯自由书中称《仰光新报》),惜只刊出16章(即第1—12章,16—19章)。据缅甸仰光大学陈儒性先生研究:"《革命箴言》最后的一章出现于报章,是秦力山于1905年6月15日在腊戍所写的。"(详见其《辛亥革命与缅甸华侨》一文,载《大陆杂志》第36卷第5期);而秦氏在致陈楚楠函中又自称:"此书成于十二日之内",照此推算,则本文当作于1905年6月上中旬。本集此次所录,为《说革命》已发表的16章,在国内尚系第一次全文披露。

第一章　革命之定义①

"革命"云者,英语谓之 Revolution,犹之乎星辰日月之运行,春夏秋冬之代谢,与"反叛"二字绝不相混,而为一独立之名词。英语之"反叛"为 Punopoy。吾人若以革命为反叛,则大误也。盖革命虽为一特别之名词,而置于名词之上,即作一动词用。适成为一动词。譬如"食"字然,有时用于食饭,有时而用于食其他之物品,食字不徒用之于食饭也;革命云者,亦若是则已矣。譬如"打"字然,有时用于打人,有时用于打其他之动物,打字不徒用之于人;革命云者,亦若是则已矣。故吾辈若释革命二字,当分为广狭二义。

其广义为何?今试有一物于此,其全体尚未破坏,而有一部分之丧失或糜烂,吾人为弥补之,或更易之,使成一完全之物,是之谓改良。有一物于此,其全体皆腐败,或腐败其大半,今欲修补之,反不如更张之,其资力既省,而效力益神,于是乎弃此而另置一物,其义直同于革命。今略数其事:路德以旧教之腐败,起而号呼奔走,创立新教,于是有宗教革命;华盛顿以美利坚不堪母国之压制,不惮艰难险阻,脱专制之羁绊,以建立共和国制度,于是有君主革命。年代愈降,公理日昌,万事尽新,文明渐启。气机出而工艺革命,解剖兴而医学革命,论理学明而文学革命,均产说起而社会革命,轮舟铁道出而交通革命。甚至移接之术启,而有生之物亦变其本来面目,而动植物亦可以革命。无论一事一物之微,一学术一制度之巨,凡顿改其旧观者,无不可以谓之革命焉。吾支那人闻"革命"二

---

① 原文第七章以前之各章,无标题,皆于每章后书右第若干节(或章);第七章以后,作者则将标题移于每章之前。今为统一体例,编者将第七章以前之各章依作者自书,拟标题。

字,则谈虎色变,若谓非猾贼巨盗,不敢为此。此何异闻动物中有虎,虎为食人之物,嗣后虽见一马一狗,亦疑其将食人,相率退避,不敢向前。嘻,谓非颠痫而若此乎!

其狭义为何? 曰:国家者,一政治团体之脑海也。今之政治学家,既公认国家为一有机体,则犹之一人焉,耳目百体之灵蠢强弱,直以一脑而担负其责任。故近世各国制度、学术、工艺、军事、交通、美术等,以及百般文明机关之发生,皆在于君权革命。此言君权革命而不曰君主革命者,含日本、英、德、意、奥等国在内。以还。吾人当二十世纪竞争剧烈之秋,若欲希望种族与国家之生存,则一国之文物制度,自不得不因新理而革命旧谬。然苟欲达此目的,则不得不先去其障害之物。其物维何? 则现政府是也。巩黄敢武断之曰:旧政府不去,而望新学术与新制度之有效力,诚南辕而北辙也。苟旧政府去,则支那一蹴而跻无上上雄之国矣。今请于下文为诸君详言其理,吾固不欲同于昔作《革命军》者之徒事肆口唾骂也。故吾之著此书,悉主于狭义而言君主革命。

右第一节,释"革命"二字之义,兼明本书所言革命之范围。

第二章　普通革命之理由

自孟德斯鸠氏创三权分立之说,而立法、司法、行政各有其所主,一唱百和,其说遂入于欧人之脑筋,风潮所至,全球披靡。居今日而三权未分,犹全支配于中央政府者,惟俄罗斯及支那二国而已。其他若有不能伸畅民气者,则由内奴而改为外奴,国权永替。革命则生,不革命则死;革命则智,不革命则愚;革命则强,不革命则弱;革命则富,不革命则穷;革命则为二十世纪世界之主人翁,不革命则为人世间活地狱之死奴隶;革命则其兴也勃焉,不革命则其

亡也忽焉。故革命者，为保存今日各独立国诸民族于天演淘汰中
之一灵宝，而吾中国今日大慈大悲救苦救难观世音也。

或谓："英、德、意、奥、日本等国，其元首犹是一世袭之君主也，
其治化之所日进者，皆不过出于改革，不得与美、法、瑞士等同为一
例。倘曰非革命则国不能保，殆一偏之论也。"曰：不然。夫革命有
出于和平者，有出之以急激者。今日革命者，乃改专制政治制度而
为民主制度是也。而其改之方法与手段，则视其国情态之如何。
其可以假改革之名，暗替其君主雷霆万钧之势力。其立一法以限
制之者，则其名虽为改革，其实则为和平之革命。既得免一时民生
之涂炭，而一国中累世文明之积蓄，复得避刀兵水火，而免其灾殃。
今日各君主国之宪法，莫不有所谓君主无责任。盖文言之，曰无责
任；质言之，则直可译为无权，不过以彼五尺之身，为一傀儡而已。
尔时彼既不能左右国政，而皇室之供养亦所费至微。吾人一仆从
之工资、一狗马之刍牧、一鳏寡孤独之饲养、一声色玩好之所需，不
为不多矣。界此区区，以保全无数国民之头颅血肉，庸可惜乎？故
革命而得出以平和，此吾人之所歆羡之、所企望之，而窃恨不能得
此者也。

至若急激之革命，则自常例观之，则有二说。一则其国君主大
臣之顽固阴狠，或其君主之暗弱，或被胁于有权力之贵族与大臣，或被围于
开国之祖制，如俄罗斯皇帝及满清政府之敕诏，动辄必借口先帝，以压倒一世
之人。视其国民若狗马，决不欲视为平等之人。一人极欲穷奢，夺
万民衣食，以供园囿台池如颐和园，经一次修理，亦须费三千万元等之靡
耗，曰此义务也，而人生所有自由之权利悉剥夺之。斯时也，若欲
以一时之舆论、一部之请求，遽肯牺牲其神圣不可侵犯之尊严，予
一国以完全之幸福，世无尧舜，岂肯为此？即令世有尧舜，亦安见

其果能为此！噫嘻，此则仁人志士所以抱膝长吟，无计可出，自抚大好头颅而太息曰：吾安用吝此臭皮囊，而贻国民以终古万劫不复之地狱乎！盖至此，则不得不一变“天王明圣，臣罪当诛”之口，而一诉于炸裂之药、后膛之枪矣。此就政府一面观之，而不得不出以急激之革命者也。

此外则以其国民之根性，或早为政府之军威与警察所惕，而天赋人权之权利已甘心还付于帝天。故无论政府之征我脂膏、徭我兵役，亦曰此固我小民当竭力答报食毛践土之深恩千万一也。若乃教养保护之责，我小民但得免一时之刑戮，遑问及之。而其中之狡狯者，则知极端专制之时机既熟，作城狐社鼠，假政府之馀泽，吸尽一国之精华，自残同种。积数百年之阴霾瘴疠，非得疾风雷雨以扫除之，则天地曷克昭苏乎？此就社会观之，不得不出以急激之革命者也。以上所言，乃普通革命之理。至于吾国之现象，则待之次章。

右第二节，论普通革命之理由。

第三章　改革理想之谬误

公法家谓两独立国，国际上冲突，其初必出于协商，至屡次协商后，而两国皆不能让步，此时已无一居于两国国权之上者为裁判之，则不得不诉之干戈，而为最终之裁判。巩黄读书至此曰：余今可以法理解释“革命”二字之义矣。政府与人民之间，必有权利之冲突，政府决不肯俯与人民以协商者也。人民不得已，乃托之报章或愿书，如中国之所谓上书与禀帖之类。以讥讽之、请求之，此即为人民与政府协商。至屡次协商后，而政府终不悟，此时无一操最高权者为裁判之，则不得不诉之革命，而为最终之裁判。

且夫吾国革命之生，其中所含之原质较他国犹为复杂，即于政治问题之外,别有一种族问题是也。他国以同种人为君主,极其所行之苛暴,不过在于阶级一端,如欧人之所谓不自由是已。至于吾侪之苦痛,则必不仅一不自由。君等试思之,吾国历史中之君主,至于桀、纣与秦皇、汉武,已可谓暴虐之极者矣。然吾敢百口保其必不欲灭绝炎黄之人种,何也?虽极专制之君,亦必赖万姓为之营养,苟一国无民,则君谁与戴?故但望其人之愚,而不望其人之死。若以异族而为之君,则不独其声色货利、园囿台池、一身一家备极奢侈;而一国中大利所在,又必尽数而让与其本国之人民指满族。甚至乙族之人民指汉族,尽奴隶子孙于甲族人民之下,如各省驻防及京师旗兵,皆全国为之供养。则或乙族人民尽为灰烬,而彼犹得挟甲族以自存。世固无不欲牺牲疏者之权利,以为亲属利者,吾等固不得怪厚满而薄汉者之不近公理也。

且也大凡有生之伦,无甘心臣事异族者,亦必不甘心以文明而臣事野蛮。其或不得不然者,则以武力之不足,恐刀兵水火之随其后,而曰吾姑忍是以待异日。至其死灰复燃之心,苟非尽一种族而悉屠之,则此之良知,必历百千万劫而不昧。如波兰之抗俄,中国会党之抗清。一有可乘之隙,则所以报其贪苟残暴者,必不止断头之台、太白之帜已也。事至于此,则政府已势成骑虎,苟欲不苟捐与肆杀,亦可谓愚之愚者矣。倘再为之兴教育、开利源,岂非傅虎以翼、助贼以兵乎?那拉氏之言曰:"宁以江山赠各国,不以之还汉人。"此诚满人应有之种族思想。使吾居彼之地位,其残害汉族之手段,其或有过之无不及者。

诸君不知情势,犹或望燕京政府之改革。是何异虎已入于槛中,人方固其囹圄之不暇,而吾犹日日望其放生。独不思吾苟一出,人之命即在须臾。彼人虽蠢,又安肯牺牲其性命,以殉一虎之不若于幽禁乎！试观各国历史,调查其君民间之关系,凡政府与人民同种者,但望其民自安于草昧;其不与人同种者,惟恐其民之不尽化为尘埃。吾民不知,犹或望政府之改革,或恨政府之贪残。孰不知改革乃彼之自速其亡,贪残为其自卫之一义务耶！燕巢鱼鼎,视天懵懵,真中国维新党之谓矣。

嗟夫,此三百年中屠戮聚敛及箝制之所以为我汉人地者,昔吾犹痛斥其为暴君,今则始知其为大盗。戴盗以立国,尚有昌种之一日乎？我生不辰,逢此丧乱,人之将死,发此哀音。虽然,吾今而后知主张改革者之谬也,国与国可以协商,君与民可以协商,盗与主人非有可以协商者。今试有人于此,其所有之财产被盗,席卷一空,而并杀其父母,无讼费为之报案,乃就盗而商之曰:"尔但还我之物少许,吾决不为尔惨报也。"斯时也,盗有不杀之而绝其根株者乎？是则保皇之徒,惜不生于二百六十年前,以此手段一施之于明室。百日维新,一之谓甚,满人虽昧,其肯再乎。是则协商之说,但可施于同种之政府,而不可施于异族之盗魁。然使其不协商也,则人心犹未死,乃保皇党商之矣。保皇党五年以来之运动,无非上书,或电报或报纸上之协商,人所共知,不必缕列。留学生商之矣,屡次之电报与上书。出使大臣商之矣,如某公使等之奏请立宪。而终不得其一听。然则今非屡次协商之后耶？

巩黄曰:满人之仇汉,公理也,亦犹之乎吾人之当仇满。彼助满者非也,而望满之厚视汉人者亦非。盖公理之于公理,亦自有相冲突者。彼之仇我为公理,吾之仇彼亦为公理。诚以公理者,为权利之代名词,权利不能两全,不在彼即在于我,吾苟欲自保全,宁彼不欲保全乎？世断无以不自保全,牺牲一种族而为公理者。则吾人可勿望满人之改革矣。及早回头,引登彼岸,彼岸为何？曰:惟革命。

右第三章,论改革理想之谬误。

第四章　自治为革命之基础

历观世界各国兴亡之迹,其人民有独立之资格者,恒在于自治之精神。故自治者,国民之元素也。其有自治力量者,即令国权偶失,而法律上之待遇,他人犹不得遽视为亡国之奴。一至其政治上智识之程度既高,尚可希望其自立。合众国认菲律宾人民有宪法上一切之自由。否则弱者益弱,愚者益愚,虽有圣神,莫善其后。至于其国犹未尽亡,则民贼之污暴,专赖此自治以抵抗之;外寇之侵陵,亦赖此自治以捍御之。今欲革命而不先确定自治之规模,则犹之动众兴师而无营伍,蜂聚蚁集,号令全无,即令其民气如火如荼,而一经对垒,如鸟兽散。识者已知其根柢之全无,将不攻而自破也。

今之政论家辄曰:"今日火(气)〔器〕既精,必须有外人助以军火,或能自行制造枪炮弹药,然后可与政府相持。"此言是也。吾非不谓此革命军之所需要,而独虑朝村暮廓之一二亡命与临时募集之多数游民,虽与以下濑之药、长冈之枪、有阪之炮,近世火器以日本为最精,此即其著名者。而无一地与以立足。即有矣,而不过呼啸于万山之中,终守险于方寸地;甚或大局既去,而吾犹在桃花源里为武装之无怀葛天。然则何贵有此革命乎?广西虽非革命宗旨,而其暴动至于数年,于满朝大局毫不见有动摇之状。为问革命之目的究属为何?则不过欲以民间之兵力,驱除现政府之旧制与旧人,布共和之政以一新全国。然全国之幅员至数万万方里,而其革命仅在于一方,当此强邻虎视之秋,使非各有所恃以守之,安见其外侮内乱不至蜂起,而有以待新政府之发号施令乎?合众国与英吉利血战至八年之久,其所以终能成功者,恃有地方自治为之基础也。中国地方之情形如此,使革命而须此长期之日月,吾恐中央政府未倒,而各方面已早瓦解矣。

巩黄敬告爱国之人,须知地方自治为国家命脉,有各地方为腋,而后立一中央政府为之裘,舍自治以言革命者,无根本之论也。至于军事,则不过为革命之一部分。若火器,则又不过为军事之一部分,宁得专恃此以为胜算之操耶?宋江一派人,为大名一府之盗贼,其所以能立足者,以有梁山为之巢穴,否则其党终至立尽。吾人若欲谋一国之事,则非全国皆有巢穴不可。虽然梁山者,无政治上之目的者也,故得一险以守之而已足。若吾人之运动,其形势非以山林呼啸为生涯者也,正自不同。其唯一之巢穴,则为地方自治。

吾尝见某论客为掩耳盗铃之说曰:"支那人者,一极有自治精神之国民也。"乃至以其地方迎神、赛会、治盗、积谷等事为政治之团体,指为地方自治之萌芽。穿凿附会,冒认文明,自以为言之有据、文之成理矣,不知人既异乎四足之兽、二足之禽,虽猎渔耕稼太初草昧之民之群,其日用既有相资,势不能漫无集合,不得谓之(则)〔即〕为自治也。尝有一日本某法学家游吾国内地,出而语余曰:"支那人者,草昧之民也。凡略经进化之民,其修治道路也,如衣之有泥尘,立付洗濯,视为常事;支那则道路不修,其有稍经修理者,辄以所捐之款榜示通衢,意若曰此地方居民之大功德。"吾固稔知吾同胞之尽如此,一闻其言,愧无以答。盖支那人之不知自治,则可以此言尽概之矣。

彼夫欧美、日本之民,举凡选举也、卫生也、道路也、桥梁也、学校也、警察也、救贫也、图书馆也、医院也,皆地方之民自为之。乃吾国(则)〔即〕有贤者起而提倡之,彼民犹以为多事。虽然,此犹不过自治之形(势)〔式〕,至于其精神则全在乎地方议会。盖当国是未定之时,辄能联合地方之议会,以要求其政府一制度法律之兴废,甚或要求其立宪法。若至屡次干请而政府不俯允者,则抗而不纳其粮,且联合无数区域守望相助,与彼政府以兵戎相见焉。而其联络运动其间者,则为政党之党员。此盖今日各列强兴国史开宗明义第一章,而吾同胞所独缺乏之一最优根性也。

按:各国地方制度皆成书,论者多以英国为之祖,因盎格人种富于自治自营之精神与独立不羁之气象,故英国人之宪法与他国不同。他国则立一宪法,合一国人共守之;英国之宪法,乃其自治之习惯也,其民德犹有足称者。今欲知各国自治之沿革与其制度,则非采买专书检阅不可。鄙人行箧无一书本,愧不得为阅者述之,抑亦囿于本书之界限,势不能于此过繁也。

巩黄曰:人民与土地,须有密接之关系,然后能成一有根据之团体。否则虽有华盛顿、拿破仑之后生,亦不能驱乌合之众而争胜于权兼财武之政府。亡友唐君才常开国会于上海,其会员皆为江湖往来之名士。虽其心出于急则治标,吾人不得不谅之,然微论其事之果败也,则侥倖而成,民权亦不得而立,幸则为寡人政体而已。握政权于少数智者之手,谓之寡人政体。呜呼! 吾国革命家,其知所以率由之道乎?

按:国力之强弱,在于自治基础确定与否,固也;然犹有不只此者,则其于民德尤有最大之关系。鄙人以本书之范围专在于革命,故未阐论及之,候诸异日可也。

右第四节,论自治为革命之基础。

第五章　革命,然后新理想可以普及

巩黄曰:何者为斯人先天之根性乎? 则学说与习惯二者是也。蚩蚩蒸民,自非不世之杰,鲜能辨别非韪。而其所以奉为真理者,必合乎其国所常守之学说与习惯。否则虽有活佛挺生,现身说法,而彼等莫之信也。以虎豹为至亲,视夜叉为上帝,方且自谓其信道之笃,若有一二先觉者呼号于其间,反疑为种灾之大厉。盖一国人思想之乖戾,殊非口舌所能为功。噫嘻!此卢骚氏所以穷死于旅亭,而法国舆论之国家,必待廿世纪然后建立者也。然则大梦方酣,除疾雷猛炮以外,宁别有甦魂之药乎?吾敢发一妄说曰:欲中国人为独立之国民,则非弃绝儒术不可;欲中国人之废弃儒术,则非血染亚东不可。非吾之独嗜杀也,盖以真儒指孔丘既经鼓簧于前,其道貌已足博人深信,复有无数伪儒接踵而起,变本加厉。三纲五(说)〔常〕之说,专为扶持专制政体者,其说出于西汉以后之贱儒,阿谀其主。后人不察,俨以国宪视之,虽欲不流于今日之现象,得乎?其极也,养成今日一国虚伪狡饰、放弃自由之弱民,而处今日物竞天择、强胜弱败之世界,推原祸始,则虽谓欲中国之不亡于儒术,即有巧辩,亦不能为之争矣。然此犹曰可归罪于伪儒也,天下断未有伪者犯罪,而科罚于其真者,吾等似不得于真儒有贬词。虽然,吾人试读四子六经,除孟(柯)〔轲〕之天良发见,略有一二民权之理论外,孰非辅翼君权之铁板注脚?孔氏子志在《春秋》,行在《孝经》,而鲁隐元年正月之上即冠以王,开宗明义章谓孝终于事君。又《论语》第三章即谓孝弟之人鲜好犯上并不作乱等等。若从其说,则虽君子欲杀尽一世之人,亦当坐以待毙。噫嘻!此即"君要臣死,不得不死"之谬说所由生也。试以公理衡之,尽一国崇拜此唯一之尊人,即吾种之被淘汰,安得诿诸天命。即至今日,苟有人焉,偶于孔氏加以非议,其犯舆论所不赦,较之弑父者,不得稍从末减。甚至以后儒之谬说,不考究其所自出,疑为经典所存,奉为涉世之鸿宝。嘻!何儒术感人之深,抑亦三千年以来之所保乎?谬种流传,殊非平和手段指演说、报章、教育之所能奏功也欤。中国人之顽固者,不患在乎笃信旧说,所患者,在儒书以外,莫之肯顾。盖唾骂他之学说而批评之、指摘之,可也;弃绝他之学说,不一穷究其是非而唾骂之,则终无开通之希望也。虽有书报,奈彼不看何?虽有演说,奈彼掩耳何?然则新民之术,不得不以革命为良药矣。滇友某为余言,有同乡儒士二人取道缅地航海赴京,赠以新书数部,立返还之曰:"吾但观其名而知为异说,诚不敢观。"盖今日国中此等之人,其势力尚大。

盖开国之君王,辄为一国人所崇拜,以为天纵笃生。彼恐民气之嚣,将有不利于其子孙,则假前代一阿谀君主之学说,以为国教而戢静之,巩固其子孙帝皇万世之业。于是教主以君为尊,君位以教而保,互为因果,互相狼狈。而不料至帝国主义之时代,坐此而君民之力共敝。使一民族终乐此黄泉(稿)〔槁〕饮,以为天下之至甘,倘不有杰者出,先立一最大之功业,令其民信服,复又彼手以矫正之,则民志将有终不可夺者矣。

以上所言,乃一社会先天之理想也。至于后天之教育,则吾得而更申其说。今夫仇国之逆民与束身之乡愿,吾亦无暇语之矣。为问自命爱国之士,其所日夜希望者何在?则莫不曰:力阂教育以培根本也。然吾窃以为其法是矣,而其时则非。专指内地。不识彼之所以教者,将教之作奴隶欤,抑教之作国民也?如欲教之为奴隶,则今日文部设立,而各省闻风兴起之学校,几成遍地弦歌,真可谓千载一时之盛会。如欲教之为国民,则吾以为与其有今日之教育,毋宁不教育。何也?吾人苟欲振起国魂,则非有国民教育不可。国民教育与奴隶教育,不独其办法各殊,即教科书之编辑,其所取之主义亦自有其泾渭。倘曰满政府能使吾人被国民教育之泽,则何异乎抬石自击其头,吾料满政府不若是愚,毋亦诸公为满政府所愚耶。抑今日之学生已由政府承认与以出身矣,其所教者既非,而其所以处置之者又自有道。彼马建忠、伍廷芳、严复诸人者,岂非身受文明高等教育者,安见其果能出彼樊笼耶?谁为后来者之必居上也。一言以蔽之曰:旧政府不去,毋论其如何改革、自革自强,吾中国人必有二种之性质不能改。此二性质为何?曰在上者惟知恋栈,在下者但求保身。盖此二者,即奴隶之劣根性,亡种之惟一原料也。

右第五章,论革命然后新理想可以普及。

第六章　革命可以振尚武之精神

至一千九百五年五月止,俄国陆军之损失于满洲者,既达于四十二万馀人;海军则东洋舰队已去十九,所残馀者,浦港一二破坏负伤之巡洋舰而已。近顷波海舰队东航,复于海门一役悉数歼灭。而东洋三岛之国,既能掌握太平洋海岸之霸权,且伸其势力于大陆,以独力处置高丽。德皇宣言,列国当承认日本以独力处朝鲜。英政府亦宣言,日本此次之于高丽,若有如甲午之役,而干预其辽东之占领者,我英国谊切同盟,宜竭力为之阻挡。然则列国政府之于日本无异词,可概见矣。至于满洲之交还清国与否,虽属未定之问题,要之利权所在,必不肯轻以让人,可断言也。日本国力之增进有如此之勇猛,欧人势必妒忌随之。且彼辈东洋皆有属地,尤必防战胜国复逞野心移戈他向。于是德人于胶州增兵备矣,法人将于安南设军港矣,意大利亦拟增军舰较今多一倍矣,美国亦正在拟盛增其海军矣,英国复改良其战炮、且添造战船矣。即彼身受重创之俄罗斯,亦欲复设盛大之水师,与美国某工师立约聘往黑船坞兴造,期以二年成功。此何心哉?其所念念不忘者,为极东之一块腴地,且以防黄祸之猖獗而已。

夫今胜败之由,岂偶也哉!读十馀年来之战史,除各国属地之争独立外,所谓国与国之交讧,其一为中日,其一为日俄。中国人口过日本十倍,面积过日本十七倍。俄国人口过日本五倍,面积过日本二十馀倍。以湘淮身经百战之劲旅、可萨克名著历史之雄师,而其败也不啻摧枯。合中俄两国之势力,几占全世界之半,而皆不能战胜四千万人一穷岛之国民。中国犹得曰,因守旧不变也。彼俄罗斯于西洋物质之文明,倘非所谓万物皆备者乎?片言以括之曰,二十世纪以后专制之政府,断不能取胜立宪之国民。今观于此二役,不其信哉!

美雨欧风,相逼胡甚,硝烟弹雹,谁为战场?不独弭兵之说乃奸雄之设,是以欺人,抑以见世界未萌之兵祸,日后尤烈。维桑与梓,吾恐各国炮兵工厂之产物,势必尽行集中于斯。斯岂伦贝子理想之海军与今日练兵处一切陆军之计划所能周旋于其间耶?吾言至此,草木皆兵,毛骨为之悚然矣。

吾向者已于前数章畅言吾国君民之不能协商,且备论政府之利害与吾人大为相反。彼既决不能让步,则改革之希望已可断其全无。而新政之行,举所有之各部分,皆有所以相资,断不能以他之无数部仍然守旧,而徒改革军事之势。无论其练洋操、聘顾问、新制造、购军舰,而其将士兵卒举所有学问、器识、襟怀、志气等,仍无以大增于前,充其量不过为今日俄罗斯而已,何足以与列强之国民争生存耶?而况其改革之能力,可逆料其十倍不如俄人也。

或问今政府之不能改革,既已备闻绪论于前矣,至专制政府决不能争胜自由国民之故,则吾犹不能解惑。则告之曰:汝不闻中国兵士之于甲午一役乎,不问其为兵与将,一闻敌人之至,未经交锋,即弃甲曳兵而走。当时吾人犹唾骂之,谓其无勇。至后略知义理,始信其不得不然。彼君主之国,一草一木,无非其朝家之私产,彼有何恩于我,而必以身试险,亲冒矢石以力争之?至于成功受赏,必存其身始得之,若猛勇赴敌,即存亡既不可知,即存矣,而赏之能得与乎,又尚在不可知之数。甚至身经万死,屡建奇功,而所得又不过虚衔一纸,寒不可以为衣,饥不可以为食。然则何必羡此而暴骨于战场也,不如走之为上计。吾尝读《从军苦》之词,而知其专制国从军记室之吟咏也。诸君试观满洲之饿兵,其发途也,别父母妻子而哭之哀;其抵戍也,则逃营者无日无之。两专制国之军人,岂非一辙耶! 至如军国民则大不然,以彼既知国家为民人之公产,其身既有公民权利,则身分已大不同。且身受者,又一国主人翁之教育,须与前章参观之。非复向日愚民之具。毕生不怯于刑戮聚敛等种种苛暴,其胆气又加人一等。又一社会之老幼强弱皆以有勇为荣,其懦者又为舆论之所不齿。虽有惰者欲逃其(君)〔军〕,而苦于欲归不得,地大莫容。日本无不勇之兵。吾意其若如此,必为父母妻子邻里乡党所不容,不独其国法也。盖必其一国之人皆知义理,皆赴责任,其武力乃能如此。至是而犹有不杀敌致果者,未之有也。然此犹其军人直接之勇也。至于间接之勇,则一国之老幼男妇莫不倾其财以为军资,早起晚睡造军用之物以寄戍所。乃至狱囚,亦具禀官长,请竭力制物以补军需。吾尝闻其国民中有不得入选者,辄自击死,以示不幸。此皆其独立自由之意志,得以涵濡而普及,不识阅者以此与专制国之兵民为何如?然则反对革命之说胡为也。

　　右第六章,论革命然后可以振尚武之精神。

第七章　革命然后可整理内政[①]

且彼满(故)〔政〕府亦非不改革也,其名臣如曾国藩、左宗棠、李鸿章之徒,不独媚异戕同,为之扫除家贼,而自江淮荡定以来,戈登英将得建殊功,西人之科学已为彼等所心服。我国首次派往美国之留学生及上海之江南制造局大船坞等,与北京之同文馆,皆曾所手创。左宗棠骄功守旧,而吾国惟一无二之造船厂福州之船政局,亦为其擘画。至于合肥李二,则举凡今日所有西洋物质之文明,即谓皆彼为之(乡)〔向〕导亦无不可也。至于后起之人,如现今封疆中张、袁、岑、赵之流,其好大喜功,心艳西法,与曾、左等殆后先辉映。其于新政之行,已可谓不遗馀力,乌睹所谓成效者耶。而况乎每况愈下,逝者之竟如斯也!

彼夫本国之御史疆臣、文人墨客,于奏议报章为彼一姓谋者,亦云多矣。即东西洋学者及政治学著书立说研究支那问题为之臂助者,亦可以汗牛而充栋。吾虽无暇评论其臧否,要之贤愚同旨,中外一词,莫不曰整理内政宜先也。噫嘻!内政果有整理之道耶?鄙人有真难索解者。

刑法之改革,吾人方自幸为同胞有一线生机,以为伍廷芳虽甘心作奴隶,要未肯枉寻直尺,反其所学以原诬文明。伍之法律原学自美国。然而堂官葛宝华见嫉矣,台谏严参矣指私刑。盖此中原有二难焉:一则其谳官未曾研究裁判之法术,自来惟恃拷吓以得供,一旦不准用刑,殊形棘手;一则教养之法全无,彼民日习惯于顽梗,非极

---

① 本章前附有作者自注:"以上六篇,皆于篇后书右第若干节,划清段落,终嫌不便。今移于后数篇之文前,且改节字为章字,因人后尚有须区分小条目者,务望阅者留意。"

痛苦,狡展尤甚。此层甚轻。以问官有学问者,即令其极形狡狯,亦不难廉得其情,以犯人不知法理,抑亦不及问官阅历之多。虽然,以理言之,断不能因此一时之小滞碍,而仍令国民含冤而死者接踵万千,抱恨终古也。然自此一经改变,不得成功,满政府有所借口,恐此后泰山可移,此案终不可改。鸣呼!人命草菅,尚成国耶!

以上云云,乃言其仍旧准用私刑也。如其不用,则吾恐堂讯无法以得真供,俾真犯又侥幸得生,逍遥法外,其含冤者又在原告,如此是教彼小民日以杀人见劫为生涯也。盖法律者,国家赖以生活、社会赖以维持者也。刑法一端,其难以改变与为人把持已如此,何况尚有宪法、民法、商法、行政法、诉讼法、国际法等之尤为满政府所不知者耶。

其次则请观其财政。盖财政之整理,今日民穷国竭,是不独满政府为难,即共和政府新立之初,吾人亦有不免束手者。美、法、瑞士等国革命之初亦然。要之,满政府之愚拙,虽妇人孺子亦不难知之,诚以土地、民人、国财之母,以彼之奖励鸦片,可谓无微不至。尚有一赫德其人,总税务司,英国人。其所上改革之条陈,复盛大其词,谓每年可包收得土膏税数万万两。若照其法行之,吾恐不十年间而中国之田亩将遍栽莺粟,中国之生人尽啸嗷烟霞。莺粟出则生货谓不经人力制造之物全无,烟兴浓则熟货谓经人力制造之物。生、熟二字,乃财政学专用名词尽绝,而政府不知为民生财,甚而假行新政之名,日从事于捐纳搜括。呜呼!彼赫氏者,为母国谋或得计矣,使吾民尽死于此,则满人亦必得其福。

以上云云,特言其财源已耳。若夫挹盈注虚之法,乃一大专门家,岂有全国漫无秩序,万事龃龉,而独于此最难之一事,反有可以侥幸得中之理。大凡政事必有相资,而财政尤必万事完全无缺,始可言其条理。然至此时尚不能以中等之学问与人才操其券也,何况乎混沌玄黄者耶? 亦不必多论,而其知必不能持久矣。

以上两大端,乃内政至重之事,而因此二者之刺谬,致令其他种种之政事亦有同归于尽之势。诚以无法律,则所有之秩序皆不能维持;无经济指财政,则所有之兴作皆不免废弛,又何暇琐琐以及其他!

教育甫有萌芽,而各省大学堂又拟裁撤,以其经费重兴军舰。又各处之学生闹学哄堂之事日有所闻,盖以青年之智识渐开,不能循循悦服于彼所用之总办、教员等人也。至于京师大学堂新译之书籍、订定之课本,此处请与第五章参看。其不堪造人材,想亦为有目者所共睹矣。其学政之改革者如此。

江南道员统领杜俞所统之军,皆采用西洋军制,其教习士官或聘外人,或为本国留学日本卒业归国者,而其兵丁白昼行劫。又广东之巡警,为候补府方怡,此人号通时事,谨守有为。用全般精神以督办之者,而其巡丁犯奸,屡次不一。其军事与警察之改革者,即此亦可以概见。

以上二条,事属琐琐,无关本书宗旨,特恐前言为阅者所不信,遂随录一二,以为万事腐败之一证。诸君若留心观报,此等之事日有所闻,正所谓山阴道上也。

虽然,以上一千馀言,吾甚自恨其为赘语,并苦其词之费,其不得不琐琐述之者,特恐阅者之谓予武断,乃切领提纲,删繁就简,寻其不能振兴之迹。盖所谓变法以成水泡者,俾阅者观此因现在以例未来,得以早绝望于彼。抑满政府亦并非必欲忍心害理,自误误人,其所以不能振兴者,亦势有使然。所谓覆盆之水,无可挽回,虽尧、舜复生,华、拿再见,亦有不能成其中兴之业者。

今请为吾同胞再言之：大凡变法之际，其政府所行之法、所用之人，必有其一半可以仍旧者，始可以更张之、罢斥之。盖变法云者，正可以详细譬喻之：其灯盖破时，为之配置其盖；其玻璃罩破时，为之配置其罩；其灯心管破时，为之配置其管；其盛油盏破时，为之配置其盏。此不过变其一部分云尔。至于全体皆破时，则断非另置一灯不可。亦犹之乎全体政治无一是处，断非革命而另建一新政府不可。今试问彼之祖制如《大清律例》、《处分则例》、《大清会典》诸成法，有一法可因袭者乎？又试问彼之人才，自头品以至未入流，有一人用之得当者乎？无论其祖制不肯尽废，则废其一条，而彼盘踞要津之王文韶、鹿传霖、葛宝华亦多方要挟。是故欲废一法，而法与法冲突、人与法冲突、人与人又冲突，且无论彼所行之法、所用之人也。即如议裁撤书吏一事，彼户部之书办不过一小试其巨灵手腕，而主撤之本部尚书则更调矣。而何况乎列祖列宗在天之灵所庇护之法与人也！试一调查中国若干县，每县教官二人，其实缺人员三千，其候补者则至数万；州县实缺者半教官，其候补者则又倍之，而文官七品以上及武职尚未计也。此种之人或平日既以文学科牢笼之，使之半世寒窗，备尝甘苦，千中取一，侥幸得此；抑或赚彼黄白之物。今方欲以此大广招徕，若一旦尽弃而不用，则后起聪明之士将何心而谋不轨，且捐局之市面，必至落漠而无人问津，大利坐失矣。

巩黄尤有一言质同胞者曰：今日中国官之无用不尽其小焉者也，而大官尤为无用。若一旦政府知之，能悉行罢官之令，而招彼才德兼备者，俾分掌厥职否耶？今即一小小公司，苟一旦使其伙伴同乡尽去，而另用新人，则经手之事无从过问，诸事亦必束手，何况为一大政府耶？则势所必不能也，而况并不得以去之。君等独忘戊戌变法之往事乎？以后进之士而觊觎政权，不独一章京之位莫保，头颅且掷地矣。无论其如何改革维新，势不得而易其人，纵有一二新进得厕其间，非寡廉鲜耻者不肯久居，居则亦势不得尽染其陋习，且不染亦必不见容。有识者复远而生畏，从事远引。友人某为余言：中国以书院为学堂，新旧相争者数年，始克小就。自表面观之，颇疑其能育人才。及调查其功课，始知所改者一学堂名目，至内幕则视书院或更不逮。噫嘻！此真政府百事俱举之真相也，岂唯是学堂云尔哉！

或问曰："满政府之绝望，吾于内政又有所闻矣，唯问足下意中之共和政府得不蹈其故辙否乎？"则应之曰：东西历史成例俱在，宁有开国之时而腐败者？虽然是说也，君等或疑我语塞而以空谈答之。盖共和政治，必有议会以监督政府，则非法之行自不能为，偶有弊端，则其法律可以随时更改，至无弊而后止，非若今法之一成不变者也。且新建之国，任事者精神亦类能振作，无龙钟之老朽，其不识字、不明理亦不能参预政权，并无贵族与勋爵旧臣等把持其间。孰优孰劣，孰便孰难，两两相较，自能知之。鄙人之言革命，自问不杂丝毫之意气，不过揆之民情国势，有不得不如〔此〕者。虽然，现政府之不能持久，尚有无数方面可以推测者也。阅者如不惮烦，小子不敏，愿竭绵力再尘诸君之听。

第八章　革命然后可收回治外法权

吾方草《说革命》之书，至第八章，其目的以满政府对于本国之外人，其能力决不足以维持国家主权。盖反客为主，由来(旧)〔久〕矣。而不料未经属稿，先于近日新闻上觅得二事，足以为吾说之证据，且为开辟天地以来独一无二之笑柄，可于同胞中依赖政府者之脑盖上击一大棒者。简述于左,以代引论,咸使闻之。

一、外务部堂司各官与德人商议山东事宜,以德人所求过奢,互相争执者久之,不能决。其护从之德兵遂荷枪排闼而入,痛击各华官之首,致有负伤者。清政府恐伤两国交谊,隐忍不发。见《循环报》。

一、俄官在东省请将军以下四人赴宴,其二人以病婉辞之,惟将军与某官同往。是夜将军归,腹痛口渴,心有所疑,急取解毒散服之,吐泻而愈,某官则于同时呜呼矣。清政府恐生国际交涉,佯为不知,使速成殓。见《商报》。

虽然,吾今述此二事于篇首,使稍知中国外交情势者见之,亦必谓此等之事已率见不鲜,未免少见多怪也。顾余苟欲与诸君解决此问题,亦固不得不借最近一二事以为引证,俾同胞中之祖护政府、崇拜政府,与夫反对革命、畏难苟安者终无所借口。然而中国丧失国权之事,固早已罄竹难书矣。往者京津之役,日本人曾著一书,登于东京之《万朝报》,凡续稿至五十馀日始完毕,皆言日本兵之任意妄为。其中言某侍郎之女荐日本某大将之枕席者数夜,旗员,今寄外交重任者。又言宫中有大金鹤数十为日本人持去,又言日兵自昼虏平民鸡豕,穷形尽相,不可胜纪,抑鄙人今已忘之矣。夫以日军纪律之严明,其国人之自述者尚如此,则所谓人道蟊贼,俄法各军又不难想见矣。然此又曰战胜之际也。近事乃广府之何彩言、上海之周生有。此外尚多,然本书特举几例而已。旅顺外人草菅本国人命,彰彰在人耳目,政府曷尚有丝毫权力可以过问?而各国教民恃神甫牧师之把持及外来奸民之助虐,私造银钞、瞒骗关税、包揽词讼、鱼肉平民、反抗法官、伙藏盗贼以及其他种种不法之行为,何日蔑有,何地蔑有!夫以吾人受官府之苛暴,固已岌岌乎不可终日,而更来此剥削,其不逼通国之人而为奸宄盗贼者,殆果戛戛难之矣。将来造出奸民愈多,则国际上愈益多事,互相因果,庚子之丑剧,又不难再演于极东。治外法权云乎哉?吾料国人若有一隙之明,当早以恭行天讨。乃至今日始待鄙人著书提倡革命者,则事之伤心惨目,未有若是者也。

犹忆戊戌之秋,嘉应黄遵宪卸湖南臬司之任,甫抵上海,骤党祸事发,有密旨捕逮,时逻者方近黄之门首,被一寻常英人阻止,遂不敢入,而其后拿问之诏旨遂暗收成命于无形,黄卒以此免究。近岁《苏报》一案,章、邹等倡言排满,为政府所索,章等入上海工部局投首,竟成国际上一大交涉,而公堂之裁判,终非清国所得与闻。夫彼上海者,非所称租界者耶?租界者,于法理上非犹是国家之领地,而为统治权所及者耶?彼外人之在中国者,抗然不服满朝之法律,盖就客观言之,此则以自由之国民,不服他国野蛮法律,其为自卫则宜也。而就主观言之,则天下苟有此政府,是全国人之面目已为彼扫地以尽,抑亦所以开大乱之门,已当声其罪而致讨。矧夫以中国之人,在中国之地,犯中国之法,其无外人干预者,则无论其罪之真否,皆当忍泣吞声受其鱼肉,苟一经干预,则又不问非罪,一概作为罢论。其待人民也如彼,而其对外人也又如此,是不啻以行政权与司法权尽赠于外人之手。谁则犹于此说曰,可以收回治外法权,欺人乎,抑自欺也?

章君枚叔即炳麟在东京时,与巩黄为至友,同室数月,为鄙人所敬服。其辩论满汉种界,主张革命公理,信为支那卢梭。惟于其投首一事,不免为智者千虑之一失。诚以满洲既为本国政府,于外交上代表全国民人,吾人但可内力倾倒之,不可假反动力自外界以损失国权也。吾国志士多以此事为满汉间汉人第一胜利,悻悻然以此自得色。巩黄则颇不以为然，故其时虽在上海，于此案始终未尝与闻。盖满汉间固云胜矣，而无如中外间又自取屈辱，未见其得之足以偿失也。章君狱中答《新闻报》一书，其为文也，诚可为字字珠玑；而就法理观之，则此即其丧失国权一大罪案之亲供也。鄙意章君于此时，若直走上外国汽船，则以国事犯受他国法律之上正当保护而两全矣。法律上视汽船同于其所属国之领土。虽然此一案也，亦足以稍增国民之价值，章君固吾新国民中一大元勋，今日国民之种族思想，皆其所提倡也，吾安得而厚毁之哉？此则责备贤者云尔。还以此质诸章君，想不芥蒂我言也。水复山重，故交珍重。

　　盖其不受我国现政府之统治与悍然干预之讼件，若就客观而论，吾人亦不得深怪之，微论满清无法律也。即有之，而其他万事之倒置，则外人亦不得徒受吾法律上服从之义务，而一放弃其人类应有之权利。盖一国政府保护外人生命财产权利之责，已自放弃之久矣，于人何尤也。至其干预我之内政者，则又可见其施政之颠倒至乎其极，真不得见容于世界也。

　　彼满人之不能整理内政，吾既详言之矣。夫以内政之各部，尚有所以相资而后可行，又安得有内政不修而能伸法权于外人者？请与前章参看。则吾之有此文，实为赘语。虽然，以同胞刻舟求剑者多，夫又安能尽已于言？抑自日人战胜以来，而东方之形势又一大变，今则各国皆以开放支那全部为急图矣。盖使全国得沐交通之泽，使工商得以逐渐发达，文明因之发生，诚不得谓非吾民幸福。虽然，此在法际国，则诚美事矣，而无赖旧政府百废不举，又内地草昧之民骤与外人相通，恐天下又从此多事，安见吾向所述外人一切不法之情事，各地不又将日有所闻耶？盖"政府存则人民亡"，吾今敢以此七字解决此未来之大问题矣。

西国及日本旅居支那之人民,无赖最多,类皆其本国不能见容,而以吾地为有逋逃薮。除少数之资本家及学者之游历外,其为穷民而尝逗留于东方者,大率此等人也。以素行不法者流而又占有优势之强权,其行为盖可想见矣。英人之取印度全部,正以此辈为之前驱,一则可以减少彼本国之游民,一则以为攻取人国之前卒。不图今日又有为全地球下流之海壑更甚于印度,如吾中国者。思念前途,不胜忧惧。开放耶?灭亡耶?然则开放即为灭亡耶,此则满清之能力所能任此者。

侯官严君复者,吾人学界中之先辈,而支那唯一之达人也。于西洋学术之功力,想置之(太)〔泰〕西大儒中,当亦无稍惭色,诚非鄙陋如巩黄者敢作游夏之赞。其论中西刑理一节,于中国租界之弊言之甚详;且彼所视为国家大患者,亦势有所必至,吾人之必赞成其说,而为学界所欢迎,自不待言。惟鄙人之不能为名流讳者,则以严氏之卓见,尚阿谀此无能绝望之政府,则其他之下焉者更何从责?其谓政府宜驰回书于诸邦,折衷各国,造一公允法律,宁不知彼奚足以语此耶?不从本原立论,使我民利用彼之敝而自兴,反于其末路,上中兴之条陈,恐严君虽智,有终不得杜吾之口者。且无论彼原不能,吾亦当从此自谋也,则不幸满清果能发愤为此,是以彼所谓公允者而治外人,吾人犹继继承承,亿兆京垓年被统治于彼《大清律例》之支配下耶?支配犹言统辖。

至于伍廷芳今日所兴修之律,吾人虽未得即知,而其必不能脱旧律范围,是又不必蓍龟而即决。不然,则伍又将为举朝所不宽假,行见其功名与性命又将与新法而同尽。与前章参看。吾又疑外人非易与者,恐亦不得因此即帖然而受治。五十步与百步,于法权究何增损耶。

　　噫嘻！若伍者，位高禄肥，其学亦并非出类拔萃，吾无问焉矣。独怪明达如严君，又为全国学界所崇拜之唯一巨人，其不能忘情满洲尚如此，倘真所谓二百馀年深仁厚泽耶？可见一身之禄位与利害，其印入于人之脑也，有非圣贤豪杰所能出其藩篱者。而何怪举世滔滔，与夫效忠异族一姓者，屡见不一见于志士之林也耶？然则吾之以革命鼓动同胞，其不为人目笑存之者，真万幸矣。表同情者，究属何人？余不禁词之费而声之哀也，爱国之君子！

　　附录严氏原文，以备阅者参考：其上无关本题者，从于删节。

　　　　中国自与彼族交通以来，讼狱一宗实为大梗，此其辱国害民有不殚语者。凡国皆地律相尽。地律相尽何？地之所在，法所必行也。譬之法民入英必守英法，英民入法亦然。独彼之至吾土也，则悍然不服吾法，则其人有罪，非吾吏所能制，于是乎有领事之设。原请各国亦有领事，所治者商务而已，不理刑讼也。有领事之设，则其人不能与国民杂居，于是乎有租界之立。租界不止一国也，于是乎有各国之领事、各国之租界，樊然并兴，日以益众。夫国有五方异族之民，至难治也。所恃者，国有大法以整齐而已。乃今吾一国之内，有数十国之律淆行其中，如此而不终至于乱者，未之有也。往者东方日本尝与我同其弊矣，癸巳、甲午之交，力争于各国而革之，非以其兵力胜也，刑政更张，有以平其心而关其口而已。而中国之事独何如？巩黄按：以上所言，字字金玉。今犹有不知吾国在世界上之地位者，正可以此数行隔及得之也。窃尝谓：使吾国终于苟且之治则已，假不如是，则虽不能为日本，亦尚有其次者之可图也。驰国书于诸邦，曰：各国民集吾土者，既以吾律为严而不就吾范矣。王者制为刑典，世轻世重，各有所宜，而皆以救世。而数

十法阂然行于一国之中者,固不可也。吾今将集各国治律之
学者,杂议公允造为一律,以专制来属中地之外国人,勒为成
宪,每若干岁吾受遣一员,号总理各国讼狱大臣,巩黄以为此名
丑极。而各国属华之民,亦公举一员与杂治,巩黄按此办法谬极。
继自今凡中外交涉与夫各国交涉之词讼,皆治以此官、断以此
律,不得为异。其前前之领事官理刑之权悉去之。如此则各
国未必有词以拒我也,而吾民将从此受其赐。巩黄窃以为未也。
舍此不为,巩黄按:以上一大段直可谓之痴人说梦。通商之租界益
多,领事之设益众,行将有权重者来而统治之,巩黄按:此即今人
之所谓开放,严君此虑极是也。则所谓瓜分之势成矣。

第九章　会党者满洲之司命阎罗也

东方自来无言群学者,群学,日本译为社会学。故欲考支那会党
之起原,初无史乘,惟可于其万难征信之口碑中,譬如考古家测度
动物古骨者,借彼一二之口头惯语,从事推考。则虽为今日遍禹域
拜盟结社为政府所指为不轨之民者,皆生于逆族之主中原,亦无不
可也。姬周封建政府时代,国人皆从事于国际竞争,其无平民兴起
组织团体者。苟征之载籍,无论何历史家,亦不能自无而求其有,
不待言矣。六国春申、信陵之徒,皆以贵族收养死士辄至数千人。
其时科学亦渐萌动,使无雄杰如嬴政者崛起其间,成此短时期轰轰
烈烈之专制政体,亦不必有杰出者因势利导,即听其自生自变,则
彼等数人,或竟为中国政党之祖。是不独吾黄帝子孙已于二千年
前,早进于欧洲今日之文明,或全世界竟有统一于支那民族,建造
黄金世界。而彼高加索人种即今日兴盛之人种,并含印度等亡国在内不
过留其祖先之一二枯骨,作吾人考古院中之藏品,亦未可知也。惜

乎天不诱衷，生此巨梗，自是以来，艰步至今，加以野蛮悍族之蹂躏，而千钧一发，生殖犹滋，彼田野农民尚得保存三代之末耜，则人力、天幸兼而有之矣。

论者或谓，当时狗盗鸡鸣，即为今日会党之鼻祖。而不知秦禁偶语，踪迹全亡。且战国纷争，各务养士，大率彰明较著，无所忌讳，而必行其秘密，则性质又绝不同矣。必欲穿凿史书，求其类似，则黄巾之起，其殆庶几。然自失败以还，越至蜀汉，中原鼎足，日事战争，民无宁日，绝迹随之。循是更溯，列朝屡以会党之首位登大宝，每一定国，则杰者辄位王侯，其党又以胜利而解散。递至明室之兴，亦同此例。明代黑暗殊茫，而民愚又为黄帝以来所独无。是又有宋伪儒倡说左道于前，犯上作乱之戒，斯民已于先天饮其鸩毒；更有元虏作践于后，闾阎思念同种旧君。故朱氏之兴，人民感其光复之伟绩，犹深爱戴。直至甲申，清人在北京称帝之年。更及丁丑，永历帝死于缅甸之年。是蚩蚩者不独于彼朱氏毫无怨尤，而愚夫妇之悬梁陷井自命效忠者，尤不可以虫沙计也。则当时民情风俗又可想见。然则欲作支那会党史者，当以何代为纪元乎？

嘻！吾知之矣。然则明代以前无会党乎？曰：有，即《水浒传》之作者是也。余恒有言，中华为古文物之邦，而其小说之足以影响于政治社会、为一代风潮之原动力者绝少，名与实殊不相称。今若欲求之，其《红楼》与《水浒》乎！其他除一二典雅之曲本外，皆为粪土。盖数千年文学之成功，亦卒无与此二书相颉颃者，不独小说为然。折足以称王于文学界，是诚国粹。顾《水浒》为政治小说，《红楼》为社会小说。《水浒》之罪，不致掩功；《红楼》之功，不足掩罪。《水浒》之铁案为诲盗，《红楼》之冤狱为诲淫。盖以智识之程度衡之，则《水浒》之于《红楼》，犹垤之于泰也。说者谓作《水浒》者，鉴于赵宋之衰亡，民族从流下而忘反，一身不足以救劣败于生前，遂挺身执笔为本国建造革命风潮之祖，期立功于生后，然其人并虽略有平等之思想。巩黄要未敢遽附和也。然而欧陆文明忽焉东渐，二五年之萃，妙合而凝，是由化学以两质相融和，其性忽改。是故论罪，则数百年为盗与被盗者之被害于《水浒》，其性之猛毒，虽不亚于汞线化学中毒物之王，而他日之乐国，亦毕竟以此数百年民生之焦厄交易而来，是又可以预断也。至于《红楼》一书，其中斥君主、斥贵族、斥阉宦、斥伪儒、此节尤见出类拔萃之才。斥宗教，而于法律、财政、风俗、学术、道德、伦理、工程、美术、乐艺等，尤足以推倒周秦以来所有之专门学家。其主义在以深奥之哲理，发聋振聩，高尚一世人之性情。至其文章组织之妙，亦得不谓之无缝天衣，是诚壮观乎？然以民格卑污，纵令尽支那万有不齐、贤愚杂出之眼光，其看法皆不足以恍惚撰述之宏旨于万一，致令全国淫秽，转以之为导源。即有一二略具善根、超以众外者，又误入乎歧途，不出禅门魔孽。故《红楼》之罪，虽曰作者陷之，然予亦无法为彼曲解。是则吾国小说家，遂不得不以制造盗贼者，侥幸而居首案。以上一段，虽以两书相较，然终嫌过琐，与本章书旨多不相关，确犯名学中牵涉一例。然以经天纬地之宏著，洛阳纸贵，几数百年，而其书之真际与价值，犹不发见于人间世，鄙人欲不词费，何可得哉![1]

　　调查中国各省会党，万种千名，而莫不混合于最著者之三派：曰哥老、曰马贼、曰三点。以地理分之，则扬子江流域，哥老会之势力范围也；黄河流域，马贼之势力范围也；珠江流域，三点会之势力范围也。此三者名号虽不同，然有一不约而同之宗旨，即为"反清

---

[1]　以上为本篇第九章之第一节。

复明"四字。且其宗旨上之目的又极为简单，不过以政权外力图光复，即如小说中所言均产如劫富济贫之名词，亦罕闻焉。至若叩其来由，则众会一词，远祖溯自梁山，近宗则有所谓五祖。据称：少林寺八百僧人被害，仅存其五，奔散四方，教授拳棒。其所收之徒众皆为会员，以兄弟相称。是五人者，即为今日结会开山之祖。吾今以臆断决之，彼《水浒》中之宋江等，要之其一举一动，必为施耐庵之思想自由，别生出一理想之世界。此又小说家公例，不得谓其果如今日会党之鼻祖也。若必谓其然，则何以反清复明为彼等独一无二之宗旨？吾调查其海底，约自抄本十六册，其中所言虽俚俗不堪，然无一非伪视清朝者。则彼团体之结，非结自前代可知。且海底者，含有历史、法律两种之性质。我以是知其不独非梁山宗祧，亦决非其犹子。

盖当亡国之初，满贼杀人盈野，以惕于其兵威之凶暴，而有父母妻子亲属至友之死于兵祸与极刑者，一时虽有报复之念，而力薄不敢谁何，于是其中之有文墨稍通者，遂助流扬波，欲以《水浒》之理想行于实际，极力为之鼓吹，而会党于是乎起。厥后天下荡平，而才智之士日见笼络，移其性于仕途，如开鸿博科、修会典等事。而不共戴天之仇，惟愚莽者得以口说传之子孙。继而三藩用兵，其撤戍后归来之民穷无得食，从中之势力又稍稍加增。其宗旨依然，而办法虽不得不一偏于劫掠。苟穷民不绝，而会党之基础终因以稳固焉。洪氏倡义，肇迹金田，数年之间，糜烂半天下，然而不能成功者，则以才智之士皆为政府所用，而以著述销耗其聪明，清朝非有此秘诀，何足以至今日乎。抑富贵与贫贱，两不交通。故当洪氏起迹之初，其功人功狗，皆属边鄙野民，不学无术。至入中原以后，虽不少清国遗贤中之伟杰干谒而来，然以内乱仓皇，时防奸细，洪氏本非有过人之识，足以选拔真才为辅，而功臣既众，资格犹严，且以妒忌随之,格不得达。故洪氏之败,势为之也。洎乎群雄授首,江表肃清,满政府以为带砺金汤,可以高枕无忧。而其待遇汉人之薄,肆情纵欲,几乎翻中外之史乘,无与伦比。独不知寓败于兴,后祸尤烈。盖以长发之军既经解散,而湘、淮各军功成之后,不过以功牌一纸酬其劳绩,遣散归田,怨尤益甚。兼之边衅继起,故辙重寻。今日哥老会之山堂,其头目多为吴大澂、魏光焘、李光久营中之士官。当时在关外开山堂至五六十。此则须个中人始知也。复以帑藏空虚,国债山积,而各省朘削,两广之赌风,皆为盗贼所以广其势力圈者。之数事者,有其一不可复当,而况南北各省之会党,尤以川、湘、粤、桂、滇为最。于二十年前,即惟有少数之官场与士子谓其局中人哉!①

或曰:不然,清廷御外侮虽不足,而防内乱则有馀,况以彼会党之无意识,何足以困彼也?则应之曰:中国会党,皆下流之所归,睢睢狂狂,状若鹿豕,详第十四章。是诚无力以直接推倒政府。虽然,君但知其一,而不知其二也。往者百里之外,渺若蓬山,今则交通之机运渐开,不出五年,全国若户庭矣。加以书籍、报纸、演说等之煽动,安见会党之智识不将呼应而起,而大发挥其宗旨?且内地农工商业,其生货与熟货输出者日少,而输入者日多。国内之母财,不问上下,已成涸鱼,清廷势不得不求之于民。此则以彼固乐于此途,而政府又以穷极无赖不得不迫之使速者,安知其不如水之就下?且彼不必其有恢复旧国之志也,一为饥寒所迫,则任意骚扰,政府不能听之,势必(提)〔缇〕骑四出。由是一部乱起,而供饷与为兵者辄为数十倍。广西之乱,不及两府,即陆亚发之四十八洞亦不及五百人,乃调七省之兵,耗千万之饷,攻之三年,始克奏功。是一部暂平,则其他

---

① 以上为第九章之第二节。

之数十部又将继起,循环往复,虽地大物博,容能支持几日？

夫人固无生而嗜乱者,若以困穷而兼游手,盖有不期然而然者。细为清廷思之,亦实逼处此。吾人不在其位,不谋其政,又安得徒笑人拙哉？然而又有虑,何虑乎尔？曰:虚无党之主义,已渐行于新学社会,彼等投身于会党,为其主动力,吾恐会党被动者之势力,将千万倍过于昔之自动者也。何者？兴中与保皇庚子惠州之乱为兴中会,其主动者远隔于海外,不过以金钱运动之,其仍无思乱之心与致乱之力,殊不足怪。今则为其主动者,其行为与言语已绝不异其被动者矣意谓无隔膜。加以满政府一日刑戮,已不知若干万人,子记父仇,弟含兄恨。溯党派被戕之历史,亦莫不作而曰:"吾宁粉身碎骨,歼彼独夫。"而况身承其殃,铤而走险者耶。

友人孙君之谓余曰:"吾昔在伦敦,每日入图书馆,考查欧洲会党发达之历史,思为本国人谋其改良进步,知其不可以压制除也,冀有以利导之。"惟各国党派皆起于政治上之恶感情,其立志宏,故其发达也较力。然而我国虽式微,即彼野蛮会党,其初起时曷尝非政治上之目的,抑亦有种族之关念存也。巩黄身患危难,从事研究,七年于兹,恨至今尚无成功之希望。虽然,自客观言之,则机会莫妙于今矣。盖以中外交际日即于频繁,政府畏邻国之啧言,势必倾全力以平内乱,兵费既巨,而敲精吸髓随之,一波未平,万波旋起。至若从宽抚字市之以恩,而满目疮痍,又非一万馀万两之岁入可以填彼等之欲壑,则必出于杀之一途,无疑义矣。然而民不畏死,愈杀愈多。如曰任其所之,则彼等更无忌惮,益事横凶,甚至牵起外交之葛藤,而民生焦然,不能自保。凡有中人之产者,必相率而徙他国,则其结果较赠地为尤苦。至于国内之乱,亦必愈不可究诘。呜呼！时势之所以谓英雄地者,至矣尽矣。苟有华盛顿,其兴起哉！①

第十章　革命然后工商业可望发达

鄙书本篇一出，凡袒满者必从而为之驳曰："朝廷设立商部，其所以奖励新事业之进步者，不遗馀力。粤中巨贾张振勋、闽中巨贾林维源等，皆先后赏加侍郎衔，陛见之际，颜色有加，而其他之荷殊恩、邀异数者，尤不可胜纪。此正英雄建功立业之秋，而吾子不避族诛，必率天下之人而尽入于行险侥幸，则又何说也？"

虽然，是驳也，吾既已成书十章，不下二万数千言矣，革命之大义已昭然揭日月以行。而彼以奴性未除，究然诘问，此正所谓举隅不反，似不必再为说辞。然芸芸众生，根器浅薄，众生罪孽，皆佛罪孽，无论如何，则虽将吾七尺之完躯，立刻化成千万块，烧吾躯之一块，立刻化为千万尘，亦所不敢顾惜，而何况乎口舌馀事哉！吾虽欲不言，其何能已！

以彼法律、财政之混乱，盗贼、兵役之横行，以可为工商业生一大梗，诸君试将吾前数章一为参看。试问居于如此之国，其尚能兴业否乎？即或偶有之矣，吾以其必不过一二矫杰奸商，利用政治之无秩序，偶见一隙可乘，居奇以攫取多金者。容或有之，不独非全国工商之福，抑其业之繁昌并不足以常恃。前数年忽然风潮突起，伪行新政，一时海上之书贾，尽购得所有不通之稿本，不二年，而新书之出版不下二千种，其实皆无一关乎实学者。当时各书肆中之讹言，谓虽甲年之时宪书至乙年亦不难销售。然至读书者闻书多无用，辄又以耳代目，并善者亦不敢购，一时书市又为之大冷落。可见输入文明者，则所以阻滞文明。至以商务而论，则书店主人以向所有之母财与赢得之利子，展转悉变为货物，无人过问，然则究

---

① 以上为第九章之第三节。

为盈入乎,为虚出乎?则虽欲不咎政府之无法律,亦不可得矣。鄙人之所以引此者,不过举一以例馀耳。因吾国无商政,虽有伪物,政府亦所不知。其结果,必至并真与伪悉受其害。至于南北各省道路不通,行旅艰辛,怀璧其罪,其为吾所闻之最著者,如粤盐之入湘、滇土鸦片之出粤、蜀绸与土之转运于长江下游,恒为盗所苦。而北方各省之皮革及其他贵重货物之入京者,尤必须所谓镖手者数人保护之,此天下之所知,不假仆言者也。哀哀吾民,终岁劳动,苟得致其货以入市场,不知须赌性命于蛇缠虎咬、棍击刀伤之中者几何日,而此区区之本息与佣资始得出也?斯时也,怅然归途,尤怀懔慄。此外则合家性命断送于深潭巨壑而并不得吾人之一叹者,尤不得以海水量也。一诏之下,辄自为怀保小民;一政之兴,又以为泽及禽兽。即令许〔诏〕谟训诰悬遍道途,而吞声饮泣、灭门破产者仍如故也。纸上苍生,抑何补耶!焉有仁人在上,而坐令无辜之民冤罹此殃者乎?

以上所言,已于前数章既言之。其特重演此说者,特以今世界之立国,尤以工商业为富国之所从出,不得不更郑重之也。至于秕政之直接而害及工商业者,可一一条举之于下。

一、钱币之淆乱。吾甚怪世人称吾同胞为善经商,白种尝称支那为经济国民,忍辱耐苦,而东海岛国民尤妒忌之。而独为人所绐骗。如十年前有资本十万者,已陆续为人暗盗其三万。此事吾骤言之,诸君或不肯信。惟试问十年前,银价值几何?今仅值昔价三分之二矣。十年前银价昂值一千七八,或至二千内外不等,今仅得千三百馀矣。此皆举行新政者攫取之者也。十年中改铸币者,吾已不一见矣。前五六年,铸一种圆形厚银饼,名为关秤一两。近则又改铸龙洋,又铸铜币。要之铸一千元之币,其铜质及他质之杂入者与其炉费,必不能值其定价三分之二。赵尔巽拟将铸币所赢之金充学费,可知其定价决必远过于原值。彼满官者,以为政府铸币,无论其金之真杂轻重,一经命名,即作此数,惟此为铸款染指之妙法矣。殊不知今日互市时代，苟其币之成色低下，则所值仍只能照其成分。而受祸于无形者，即本国之工商也。且一国之中，以国币论之，不啻分为十数国，各省用各省之银元，甚至铜元亦不能用之于他省。广东不用长江各省之铜元。商贾往来，每一举足，辄用兑换，而两赞之店，乃得上下其手，借以侵渔，其不便孰有过于此者。

抑吾犹有虑者，彼满政府已欲仿西人版克之制开设银行，而不知法律既无，又兼穷极，势必虚填无数银纸，甚至所出之银币过于所存现银数倍，或数十倍，满政府必不顾也。充塞市场，而不知银币出多，则一元之银币，其价必不能复值一元。承其币者，则在本国，商工等充于市，大凡市上有一物多过于民间之所需，则其价必骤然降劣，而持此者，辄至于亏本。银纸为百货中通行之物，百业皆持之，一旦骤多，则所有之商民皆致损失。今若欲言此理，则罄数十纸亦不能明。诸君但默识鄙人此语，以待政府开设银行后，验吾此言不诬否。展转循环，其祸非至于使全国之商民皆至没其所有不止。呜呼，事孰有惨于此者哉！此尤政府所行新政害民之最酷者也。

案，吾同胞读以上一条者，如遇政府所出之银纸，须谨防勿用之。

二、奸人之觊觎。满政府一旦恍然大悟，与民虚与委蛇，为言改革，立一皇皇然之商部于北京。吾初以为若各国之商务省，将有所为也；继而每阅报纸，则见甲报效若干，兴办何道路；乙报效若干，承办何公司，甲赏顶戴，乙受荣衔，政府既得现银，部中亦得规费。吾不得不羡彼等之各得其所也。殊不知甲乙虽拙，亦并不得于满奴末运，毁家荡产以购此虚名。出此巨大之贿资，是必将有所取偿，抑亦于其中必赢得非常之厚利。此非操有胜券，必不肯为也。诸君谓彼之本与利将何自出乎？今欲兴一非常之业，其人虽富,必非一手一足所能支,势必出于招股。后日其业若果兴也,苟所谓甲乙者之欲壑未满,则本与息均无望其掷还;甚至业并未兴,而席卷以去者,肩背相望。满政府既无能力使之不贪于前,复无能力阻之不逃于后。一经逃后,虽近在辇毂之下,彼囊橐盛满,钱可通神,官府吏胥唯其所命。盖彼之欲得此官爵者,非有好于末路之功名,乃习知夫吾民性质,非有此,则股本势不能一朝聚也。呜呼,新政之行,岂非俑哉!

案:读过以上一条者,凡遇某官所开公司之股票,须防勿购之。

三、无一定之度量衡。东家尺大,西家量小,凡熟于支那商情者,每至一地,必先询此。盖几几乎等于入国问禁、入门问俗者。盖自表面观之,此之受害者,必在乡间之愚民,而不知其祸最烈者,尤在于商界。何则?度量衡可以大小之,则凡新营业者必有最长之资本,先行任其持入大半,迨至信实之名既已公认,而后可设法以回复之。而其至于数十年者,辄以一二家垄断全埠,否则同业故低其价,名为平沽,其实皆小其量,彼愚民趋之若鹜,而一二家资本不厚者,势不能坐食以任门前之冷落。斯时也,低价则赔累不堪,若同而小其量,又致名誉全败,不能得求者之信用,则所有之同业,将同归于尽矣。至其一二家之得垄断者,则以民间信之有素,销行能速,取利甚微,以所得之利相抵,不独无失,反能有馀,待至同业财力罄尽之后,彼又能高其价以独市。如此则全国商业之可进步者,未之有也。满政府既无法令以使之齐,而各地之官秤与银币复溷杂若此,已不啻政府为之表率。今苟知为要图,为出一令而一律之,吾恐民固不肯奉法,而吏役之得以需索于其间者,其扰害商界又不知何所底止。苟非其人,则欲革其弊适以大滋其弊。斯言也,今吾尤信之矣。

右所举之数则,乃彼改革时工商业之受害为尤酷者。鄙人以非专门计学家,抑于商学向未研究,吾知所言必多隔膜,有难免见笑大方者,务望深于此学者有以教我,则亦羁旅无事中之一赏心乐事也,抑亦吾人急须研究之一大问题。

至于间接之有苦于工商业者,则有两大端。一即百物捐约,未免过多。因物本乏增,其价加昂,销路顿滞,凡一物之入手时,虽同一价,其于一月内销完者则赢利甚丰,而迟至两月三月者则遭损失,以时日既久、占利独多之故。吾同胞遇此辄自怨运气不好,而不知皆苛敛有以致之也。又其一则大局扰扰。虽有欲兴业者,恐一遇兵祸,则货物之滞重,不能携之而遁走,于是埋金于地下者有之,贮于他国版克银行者有之,而一国之商工业,转不得不以此大利权拱手付之他国人矣。此吾所以北望燕云,磨拳擦掌,咬牙切齿而草此文者也。

至于旅居外国华商之财产生命利权,满清之外交与军力之足以行其保护否?此事以屡经人道,毋庸余之赘言也。

或问:"据子所言,则今之工商业,必无一可为者,然则全国之商人其当何为乎?"曰:子商也,吾请与子而语商。今子苟有十万之本欲兴一商业,视其业之为何?势必先赁一屋,鸠工厇材,一新其门面,玩具饰品有加。开市之日,甚或悬灯结彩,以自为贺。诸凡所费或去数千,此之母财,非以置货。或者以为此资之投于空也,而不知大谬不然,必于此以震一埠之耳目,而后可以广招徕。一周年时,兴办(视)〔祝〕典,又复如此。文明商业,往往而然。事固不可以刻舟而求剑,而善经商者,尤能得此秘诀。吾语诸君,今日屋且未赁,安得遽曰兴商?地基尚无,何得遽云赁屋?故吾辈今日觅地之时也、造屋之时也。漏屋不可以作居庐,顾可以作商店耶?修葺不行,急宜另造。至于落成之日,则是区区者造屋之资本,行将于货物中本利一并取偿之,且以立一源远流长万年不拔之基础。此商店为何?曰:吾暂欲秘之,不肯告君,恐吾侪亡国之民骤闻之而乐死也。

第十一章 革命问答

问:革命之名词,始于《周易》,革卦,汤武革命。而殷周以来君统易姓者已非一家,然则前代所有之禅让篡争,皆可以谓之革命乎?

答:西国史家于中古王朝之更易,亦特书曰"革命"。然自近世革命之风盛行,各国大率皆至宪法成立后,而一国之基础确定,而臣民之篡夺与列邦之觊觎者亦由是断绝。故世之历史与政治法律学上之所谓革命者,其字虽与昔之更换朝代者相同,而其性质实有所异,盖改易政体之专名也。

问:西人辄以自由平等之名词鼓动民心,实因中古专制阶级之制尤为民所深恶,故一发此论而一倡百和,如以千万针之近于磁石,无不为其所吸。今我民于不自由、不平等并未有非常之恶感情,故倡之数年,彼民如瞽者之视色,目无睹也;聋者之听声,耳无闻也。保皇之为过去事实,可无论矣,攘夷则尤有所不洽。章炳麟之为"光复"二字,于中国之历史似乎相合矣,然愚民见之,骤有不解不知。可别有一说以鼓舞民气者乎?抑以吾民之萎缩,实无法以动之也?

答:革命之兴,必求一说可以刺(击)〔激〕民之感情者,以提倡之,此言信然也。虽然,亦视其志士之果能实心任事乎,至诚所感,金石为开,何况血气之伦,焉有不就范者?古人云:名不正则言不顺。若以不正之名错杂其间,则流毒固自非浅。苟其名正也,则彼民虽一时不解,然一旦而开通之,当必无难者。吾中国非民智之难开,其病盖在无一实心任事者。

问:吾中国自秦以来,尝以一君主统治天下。今欲骤改民主,恐大反乎历史与习惯,于施政转形不便。

答:无论何国,未有自古为民主者。今日之列强,皆无不经革命而来,合平和革命与激烈革命并论。其当初亦殆与今日相等,吾子若谓不合乎历史与习惯,则是其国之历史与习惯为野蛮,当以开化为不便矣。晏子曰:"爽鸠氏之乐。"此言可三思之。足下之智,视之齐景公,殆又不及也。

问:国民并普通智识亦无之,能享有参政权否?

答:西国史家以欧洲近世文明实中古之压制为其主动力,凡半开化之国民,必经干涉始有进步。谓历史上煜耀有光彩者,莫专制若也。虽然中国今日之政体于民间进化并不有其干涉,实不得谓之专制。章氏辄称之曰"客帝",吾谓不如直称之曰盗酋。今日之革命,实革盗酋之命,非革专制之命也。然则革命后仍宜行专制乎?曰:乌乎可。虽然开国之始,非有十年予以大干涉,则进化仍无望也。

以上所问答,皆平日一般同志所常讨论而无一定之是非者,急举出以解其惑。然同人此外之疑义,其经质问于鄙人者尚多,大率皆无关于宏旨。鄙人之所以作此者,盖欲以省笔谈与口辩之烦琐也。

吾以某君一言所动,而欲一论革命之理,投入新闻。当初拟以三数篇文字了之,而不图一缕情丝殊难骤断,文成累万,而馀义尚不知其几何也。且本书作至八章以后,始拟扩充至二十四章,大约一半关乎宏旨,一半关乎办法。今既成十章,而理论上之挂一漏万者,尚不知凡几,皆由鄙人原无意欲其成书,每于夜间以一二小时之力,奋笔乱写,率成一章,以致淆乱若此。今以关乎理论上而为前十章未备者,仿子虚亡是之体,作为问答,补所不及,以与爱国诸君子共商榷焉。

第十二章　国际公法与独立军

事有原不可行者,而必欲强行之,不仅徒劳无功,人或笑我以不量。事有原可以行者,而不敢径行之,不独时机坐失,人或薄我以苟安。事有非不可行者,而卤莽灭裂以行之,则不独身为恨事之罪魁,抑且断绝其恢复之路。

吾人今日之言独立,幸则为法、为美、为瑞士,不幸即为波兰、为布亚、为菲律滨。荣辱殊途,死生异路,成败利钝,在此须臾,非可为儿戏也。寄语爱国诸君,如其所学不足自信,则至此舞台之上,与其冒知以快私,毋宁安愚而暂默。若遇一事而自料才力不及,不如另认一稍易者而尽其心。使普天下之志士皆不自用自专,即令不得大有所为,于事实上有所裨益,而他日民族中兴,吾不得不心识其再造之功,为因原于自量。诚以自古之亡国,其败事于志士者,实多于常人也。故此三者之中,各于其最后者,尤为生畏。

中国之志士有三等。甲种则深明大义,而条理缺如,不问其时机之可否,必欲一逞以泄其积恨,而不知鹬蚌之争,乘其后者尚有一渔人也。乙种则亦以办法不明,无计可出,而一味主于实力之说,谓当再待时机,殊不知实力乃所以养成,不谋所以养之,而惟诿之于一待字,犹之乎瘵瘵之疾,投以清凉饮片,似乎原无所伤,而其所以致死者,则以渐也。此二者其为谋虽各有不同,然吾并不能谓其不爱国,惜乎无学以济之,而不得爱之方法也。至于丙种,则大抵皆以年少意盛，略读一二本翻译之书，开口自由平等，有时仍欲以一二似是而非之文字，举以教人。己尚不知，还欲以开人智耶？不知潜力以用功，而以为新学之义理、社会之现象，我无不知之，诳骗乡愚，自命贤者。究之其所知者，不出于一知字之范围以内而已。则或遇有一沉挚之专门家，不肯遽以其所能者而自炫，彼反欲诳称能者以给傲之。此时之丑态，真有令人竖毛酸骨者。然天下滔滔，此辈多矣，愚者不知别择，辄奉其谬说以为典型，吾至此始知新学之有害人害国者矣。

虽然，吾以惩斥志士之故，疾书数百字，至此尚未入于本章之论题，吾料阅者必讥余立言之屡犯牵涉。然吾侪一论及本国现今之问题，辄苦其过于繁难，虽欲不牵涉，亦有不能者矣。盖吾之说国际法而先论志士者，则以独立军之第一难题皆在于外交，而志士之每每败事者，亦卒以国际之问题为多也。

按国际法中，凡有两独立国开战，他国皆自居于中立，而认彼二者为交战国。交战国有一种应享之权利，谓之战权。中立国政府有不助饷械、不借兵员，与其领地不予交战国通过兵队之义务。交战国有拿捕私运之权利。此外关系甚多，余不过略举一二以示梗概而已。然则革命军得享此权利乎？若以成例推之，今不必再及于他，即如英美之战争，亦可以为吾人壮气者也。然而吾国人自治之根底较之美国，既不啻乎云泥，则其能享有战权与否之问题，决不在于理论，而在于事实。革命军之意识，果其能自信文明，其文明机关果完备，其占领地果能保护外人生命财产、自由通商，则实有以平其心而杜其口，岂唯是战权而已，得一省之地，则可望其承认独立，互遣公使。反是，则以义和团之举动，而强以革命之名，吾安见可以此之二字阻止各国之联军也。亡友唐氏以军械储于西人租界之内，吾人若起义军,必先以租界为中立地方,可断政府与外洋军事之交通,否即领事不与以搜捕,而其于吾成功后之为政府助力者,尤为可畏。张之洞报知领事,立予查封,且捕其人杀之,而称之曰盗贼。事必不可行而强行之,往事正可殷鉴也。然吾人他日战械军需,断不能不望他国之援助,吾非谓其果当援照公法,一毫不假,不知外人果肯私助,则彼必设法以隐瞒吾之政府。则令输入军器,苟不为政府之所拿捕,彼之领事即被政府所诘,彼亦必力言其无。此中之妙用,非吾之所敢先事预断者也。

若乃貌认审慎,而曰内战之起,恐各国以阻害商务为名,加以干预。持是说者,吾虽不敢谓所虑之非。要之,彼所谓办法者,实不外乎坐以待毙,其阻挠进步实非浅鲜,即令有最良之机会,彼亦不敢起而行之。虽然,吾人亦不得不以彼所视为大题者,一为研究之也。至于三点之志士,则彼之心中,但知图一时之口便,为非口操革命二字之音,不足附丽于大雅,而从未一闻其利害。甚至以英雄之能事,不出乎造反,杀人放火,分所应为,而不知革命之军,其恪守战规,尤宜过于寻常文明之兵卒,方得免列强之干涉。否则,咎由自取,扑灭随之。抑尤有要者,兹事学问与阅历,与报章上以平等与自由鼓动人民者之论说,正相背而驰。盖军事既尚服从,而游说尤为致乱。吾料他日若有智者起,必有一法使地方不乱,惟驱除旧政府之官吏与兵役,或俘虏之,而于一地方之民政与其他之文明之机关等,同于一日中而齐起就绪者。于末数章中与阅者一商究此问题。盖必如是而后可以止外人之垂涎也,特观其条理果何如耳。

今请于国际法中,择其有关于革命军之理论者,节译于左,吾亦稔知同志中之欲闻此者甚多也。

私战与内战之区别。战权惟独立国家始有之,以其为国民发达计,必有不能屈从于他国之反对者,而衅端以起。由是观之,则党派与私人之不关与国家事业者,固无战争之权利。盖在中古封建之世,亦有身非一国之主而有交战之权利者,故必区别公战与私战。然至于今日,则除代表其国家,或受国家委任者外,苟为一个人,则不认其有交战之权。

注:但一个人或私党为国家所委任,而行正当之战权者,古来亦有之,如英吉利政府于一八五七年解散东印度公司,以镇抚土民之权委该公司是也。又以一八五六年之巴黎宣言,不许以私船作拿捕之用,以后命私船在海上拿捕者,皆不许之。

不为政府所委托而擅开战端者,其在国内者,可以刑律而坐以妨害治安之罪;若其对于外国者,或由外国对于犯罪者处分之,或要求其本国政府坐之以罪。通例:惟独立国家有战权,而为国民之一部分者无之,虽然,此常经也。有时亦有所谓内乱者,即国民之居于一部分团结之成一军队,力抗其他之一部分,虽于一国中而决其胜败,然亦视为一种之交战者。盖内战与私战不同,有时本国政府尚以暴徒叛贼目之,而外国政府亦有视为独立交战者。此时分别其为私战与内战之法,惟在于一点:(则)〔即〕其本国政府单以镇抚内地之机关自内政上处分之乎,抑其暴动者羽翼已成,政府不得已离其内政上之关系,与革命军互争胜败乎之二者是也。事既如此,至以将来之政府为公敌,而前日之暴徒一转而为自主之交战者,虽尚未有一独立国之体面,然既有独立之意志,以实力决其必行,是全合乎战争之定议,故以之作为一种之战争。

一国中有暴动之民时,将以之作为盗贼乎,抑作为内战乎?其中不无疑义之存。此时不可不分为二者:一自内政上判断之,一自列国国际上判断之。在内政上者,则自其暴动之原因推之。虽以反抗正当之政府,看做为犯罪者,而有不能作为独立公敌之理由,此外自政略上之理由,现在即令有以实力互争胜败之事实,终始可以乱贼目之。然外国则无酌彼内政情实之义务,唯有从其现于外形者之实力争斗而随意判断之权利。又自其国之历史言之,一面为正当之政府,而以一面为叛乱之党徒。然一国内部之历史,非于外交上列国之所得而与知,外国但能就目前之事实判断之。苟彼暴动者果以实力求其意志之彻行时,则以交战之权利归于两面,亦无可奈何者也。虽彼本国政府于大义名分之上以乱臣贼子视之,然以不得使第三诸国守其中立之义务,其政府每有不便,于是不得已而公认为独立两敌国之资格者亦有之。以有此等之理由,而战时公法上,虽一国内部之内战,亦有时公认为公法上之战争。至其判断之者,则一准于当时之形势。

以上就于一国内部之举兵者论之。而用于联邦一部分与其他一部分间之争斗,抑或为主国与附庸国间之争斗,即以其有独立之意志互相争斗之事实,此时诸外国于公法上可以彼作为交战国,譬之美国南北战争及一千八百六十六年之奥普战争是也。

注:开战时与平定后,其看法正自不同。现今瑞西及北美合众国,开战时则分离郡及南方诸洲之兵士,可依于战时公法办理。至于平定之后,则不作为独立交战,而作为叛贼处分之。

以上译法学博士有贺长雄《战时国际公法》第十二页。

路德曰:"兹有一特别研究之者,即内战是也,即一国之中政府与人民之间,或人民之甲部与乙部所起之战争是也。"

巩黄按:中国南部各省每有聚众拒捕或肆行掳掠者,又闽、粤、湘、赣之间,尤多乡斗,以其无独立之意志,不得谓之内战。

巩黄又按:世界既进于文明,则所谓独立军者,无民政与军事

及外交上之文明机关者,外人虽不以彼作为内战,亦不能怨尤之
也。何也? 独立军云者,必先自信有组织政府之能力,而后其举动
为不诬。若区区地方政事及军事等尚漫无条理,又安有建设政府
之能力乎? 故庚子之惠州与汉口详论于下章不得有内战之资格也。

有时以此之争斗作为真之战争,由是认彼有战权者,概照战时
国际公法办理。虽然,当至何时而认为真之开战乎? 此为事实之
问题,不可以一言了之。

今必欲研究其问题,即不外予左之二者,即一、其本国政府与
之对敌,而看为交战者乎? 即不看做为可以处罚了事之叛民。巩黄按:此
问题可以政府用陆军与否,一言解释之。政府如用警察解散之,则不能视为交
战者;如用陆军,则一望而知为交战者无疑也。巩黄又按:广西土匪开仗至于
三年之久,满政府调七省之兵以与之对抗,似乎可有交战者之资格,而列国应
守中立矣。然而法国屡声言欲代为剿贼者,何也? 则以彼等以劫掠为生涯,并
无丝毫独立之意志,且有时扰及法领边界故也。二、外国对于两面守其中
立否? 二者是也。

惟有以少数人背叛政府者,政府以强力镇压之,则以谋叛暴乱
论,其本国或他国无有与之论战律者。至于其一面之势力既大增
长,不能以刑罚之力制之,则自然分为两党,两面皆以兵力从事,若
有政治上之意识,而又能组成军队,是既有交战之事实,其入于战
争之范围无疑矣。故公法上称此等为内战。其所以如此者,则以
其于人道大有关系。何也? 若有此等之内战,而不作为内战者,则
恐其互出以过激之压制与残暴,巩黄按:此殆虑其用毒药、毒烟炮及公法
上禁用之小开花弹子等物。此一事也。又国际法上以在事实上专行其
权力者,为独立国家,盖法理之所必然,此又一事也。以是内战不
独与战争同一办理,而其有一定之条件者信为战争,则以其在事实
上专行其权力者之一点。俟其争斗之范围及其两面之势力既达于

一定之程度时,不得偏袒一面,分其厚薄,而其两面专行权力时,即其两面专停止普通之最上国权之时也。由势所必然,遂成为此等办法。故不问其开战之原因果属如何,但凡其有政治上之目的,而欲争其独立组成一国者,即名之为内战,而一准于公法办理。此论始于诺灵公法学家之名,为一般公法家所赞成者也。何也?以不问其起于他之原因,与起自政治上之目的,皆如上文所论为事实上之关系故也。至于其内部是非曲直之如何,于公法殆无关涉。

附庸国与母国之战争,亦与内战及联邦诸州之战争,同一法理。

又内战者之一面,亦有不(尊)〔遵〕守战规,而失其交战者之资格者,是全属于他之问题。复合国诸邦之交斗,亦有作为内战者,何也?以其各部不问彼前共为一国与否,而皆服从于中央之最上权力,苟一旦于内治之方面而有冲突时,而成此内(乱)〔战〕,则其必为独立而争,无疑也。中略。一国之中交斗,所以视为公法上之战争者,有时亦用之于联邦部内之战争,即近日中千八百七十四年瑞西联邦之战争、千八百六十一年乃至五年北美合众国之战争,及千八百六十六年德奥战争是也。

以上译蒿清德甫第四卷第六十二页。

巩黄按:以上所译者公法原文,不过证明公法上确认革命军得享有战争之权利,而为畏外之革命家一解其惑。惟公法上之于内战,皆指为事实上之问题,若己之办法不善,而实力不能充足,抑或己有此资格而又显犯战律,则全由于自误,非公法之不曲尽公理也。是在任事者。

巩黄又按:以上所译公法,皆为法理中之深密者,其中尚有关涉于国法之处者。此非学专门者不能解其原理,普通人必有不能索解者。盖鄙人之译此者,原以专示内地之留心法学,而不能读他国书籍者也。诸公幸勿以闷乐视之。

巩黄曰:今之爱国者,欲考究革命军所得外交上之待遇者多矣,每论及此,以鹬蚌自待而视诸国为渔人,且畏其兵威,不寒而慄。岂知公法上之所以顾及人道与保全独立者,已可谓不遗馀力。且也国事犯之保护,其在法律上者,几等于公使,以视交战国兵员,在中立国以被圈禁或宣誓归国者,其礼有加焉。然则有何困难之问题乎,顾公法可信者也。而政略实为可畏,各国虽有野心,而决不肯显违公理,吾苟有以灭其口,则彼之横逆,何自而生?所虑者,办事之人能力缺乏,军力废弛而骚扰随之,则虽彼以联军对我,我复何词以怨彼乎?故外交非难也,所难者莫尤难乎内治;人后数章容商讨之。对敌非难也,所难者莫尤难于整军;占领地方非难也,所难者莫尤难于民政。至于驭众指士官兵卒、护民、侦敌、柔远,以及临时一切之准备,吾固料非向之倡言流血者所得而恍惚者矣。呜呼,英雄之事业,岂所谓矜奇立异哉!一言以蔽之,知人器识,布置周密而已。吾非谓外交无难,盖谓其尤难者,在彼而不在此也[1]。

第十六章　学生与政治上之关系[2]

今欲言学生,不得不先略述其历史。

---

① 以下第十三至十五章已佚。

② 本章及以下第十七、十八、十九四章,新加坡《中兴日报》后于 1909 年 8—9 月间予以陆续刊载,并在本章前加如下按语:"力山君为革命之先觉,之健将,尽人知之矣。丁未游缅,著作颇多,而以《说革命》二十四章,尤为鸿篇伟论,上半十二章,曾于某报刊登;下半十二章,因他故未登,稿存陈甘泉君处。及甘泉君仙逝后,遍觅此稿,仅得十六、十七、十八、十九四章及《论中立条规》一篇。虽残编断简,亦不得不宝贵之。兹由仰光友人寄稿前来,特亟录之,以供爱读诸君共相研究。《中兴日报》编者识。"

第一次派往英美之学生，多于中途撤回，其中虽不无通材达士，要之于政治上无甚关系，不必论也。至日本留学生，大约始于李经芳为日本公使任中，至李盛铎任中始滥觞焉。巩黄以己亥至东京，是时留学界尚不过百十人。一为南洋官费，约三十人左右，共赁一屋居之，榜其庐曰日华学堂，至读书则各习专门，朝去暮归。学校不一。一为两湖陆军，学生三十馀人，居成城学校；此校为陆军预备科。一为湘、粤之自费生，约十数人，居大同高等学校；一为公使官费生，居同文书院。此时学生中绝无政治上之运动也。是岁腊月，吾以拳匪事起，往天津观战。明年二月，经上海至汉口。自是不在日本者一年，而留学生之理想与事实，乃于此岁大增进。日华学校中归国者，则有黎君科、郑君佑周、蔡君蔚文，不知去向者，则有安君煌琼。此君性最激烈，汉事败时，正在中途前往，皆疑其已自尽死。大同学校中归国者，则有死事之林君锡珪、李君炳寰、蔡君述珊、田君均一，不知去向者三四人，入险得脱者五六人。成城学校中归国者，则有死事之傅君良弼。而同文书院之□□□、□□□君，亦以脱险而侥幸免死。呜呼！以区区之小数中，而冒险赴义者，竟至如此之多，合全数者例之，殆不下二之与一，不得谓非极一时盛事，有可以愧今之多数者矣。而次年正月，即辛丑。巩黄复至日本时，则在留诸公之所成就者，励志会之成立也，为死事诸君在时所发议而未成立者，会章五条，为纯粹之革命主义。《译书汇编》之发行也，孟德斯鸠之《万法精理》、卢梭之《民约论》，皆附于此编而输入于祖国。盖西洋精神文明东渐支那之始。《国民报》之发行也，亦纯粹之革命主义。洋洋大风，殆观止已。自是以后，来者日众，品谊不同，继长增高，三倍于昔。然志趣虽歧，尚能谨守小节，绝无辱及国体者。

岁六月，满政府忽下一诏，伪言维新，励志会会员乃稍稍解体。

于是两广总督陶模亦有罗致学生之意,尤为进步一阻。□□□遂开一国民会以救其腐败,卒至不能成立而罢。然而革命风潮之撼至内地者,不问赞成与反对之两方面,皆以此时为最甚。此时学生等颇欲挽回政府之感情,遂于壬寅之冬,运动公使蔡钧开一学生会馆,告成。壬寅春夏之交,章君枚叔等十人开亡国二百四十二年纪念会于东京,内地及香港等处志士遥应之,震起国人种族观念。然而此时学生全体之腐败,几乎一落千丈也。但是岁国内风气大开,学生之新至者数百,又加之上海南洋公学之风潮,其中退学以自费来者,尤为铮铮铁。此外除北洋袁军遣来者为旧国武夫不计外,大率不染先进者之习气,而最有名誉之《汉声》、《浙江潮》、《江苏》等杂志,亦发行于此等人之手。其中之事实,则有吴、钮二君领班与公使冲突一要件,此尽人所知,不必详述者也。是年冬,巩黄离日本。次年学生最著名之事实,则有所谓义勇队者。此次之运动,识者已先谓其不能脱倚赖政府之根性,卒之终无所成(救)〔就〕。

近年以来,几五六千人矣。其游学也,多含有保举之目的,故人类不齐,棍骗及宿娼之事,所在多有。然其中亦有为学生放一光彩者,则新组织之暗杀党,虽尚无成绩,而逆料他日之成就必能后来居上。至去岁十月,湖南华兴会之谋独立,则东京学生已不下千人以上在其中,事实上之进步,亦较然可睹。其详载在各报。

然近岁练兵处兴,其员弁悉用旧时之卒业学子,各省军队亦常有之,而外、商两部及庆、袁、赵、张之流,亦多以学生为部员,或罗致之幕下者,亦不乏人。则素切齿学生之张之洞,近亦且聘学生周□为财政顾问,而向为政府所逻捕之某人,亦屡在大教员与大顾问之列焉。嘻!可谓奇矣。至欧美学生虽有千数百人,而大率皆派往不久。其自费生中,志行卓绝而为侪辈西航之先导者,则有在伦敦之吴君稚辉等若干人。其学问优异而于祖国外交上著有成绩者，则有美国耶路大学之王君宠惠等。吾国人在美国考取博士者，惟王一人而已。此次调查各国法律条陈与美政府争路权者，王君具有大力焉。盖至义勇队事寝后，学生之以团体而与政府交涉者，亦由电争路权、电争工约、电请复辟、四川学生中之一小部分，为全体反对者。电争矿产，以及为清政上中兴之条陈者，亦所在多有。而取急激主义者，抑复风涌云兴，无东无西，现象皆然也。

刚毅有言："学堂之兴，适所以制造汉奸。"章君枚叔亦言："学堂之兴，适所以制造汉奸。"此二人者，一为满族中第一之顽固党，一为汉族中有名之革命家。刚之志在排外，章之志在排满。刚之反对教育，在于望汉族之作真奴隶；章之反对教育，在于恐吾人之作伪国民。其用意虽异，而其立言偶同。巩黄以此二语印入吾脑者，三四年矣。今就现象观之，举国无敢附和刚言者，足征支那人文明之进步；举国鲜有赞成章言者，足征支那人文明之退步。夫以学生加多，而曰文明之退步，阅者必怪我立言之甚奇。然使支那人全国皆成为学生，而无不死心踏地以助满，楚材晋用，徒以资敌，则章说是也；且既可以君金、君元，而君觉罗氏，安知不可以大英、大法、大日本而大俄罗斯？则刚说又是也。吾服章君，吾尤服刚毅。巩黄旧有言：全国岁纳数万万金以养民贼，乃倾归墟之水，仅得滴此一勺馀润，以为国家培植人才之用，是此少数之学生，不啻费国家数万万金以为求学之资，其责任固何如者？见《国民报》之《支那灭亡论》。博士或学士一衔，文凭或证书一纸，较之昔鹿鸣一歌、琼林一宴有馀荣矣；然苟仅执此而骄人，则毋宁踊贵履贱。吾见天崇间以帖括陋士，尚不乏杀身以殉民族者。虽然，阖闾之死，夫差不忘报仇；太公之烹，刘季许以分饮。英雄见地或有不同，吾亦不愿全为事满者非。所愿他日遇于中原,为之苗(贯)〔赍〕皇者,勿以楚卒相告,则诸君之所以报同胞者,已至厚矣,而况乎其更有进焉者也。五陵依马,君自轻肥,幸谢故人,慎毋为念!

虽然,此不过最小之一部分也。此外十之三四,或持其专门托足工商,而取于中立之地位;或寄身于教育,以冀所处之两全。盖以时势论之,某窃不能不向诸君有所进言矣。虽然世愈文明,则愈趋于分业,此一事也,亦决非千万人杂沓而趋于一途,所能望其成功者。则诸君今日以直接而建造其根柢者,(相)〔想〕有之矣;诸君他日以间接而臂助其成功者,亦定有之。风雨如晦,鸡鸣不已,言犹在耳,口血未干,盖大小之雀,终非我以之相量者也。然而尚有十之三四焉,同病相怜,此巩黄所终以之亡我国家,抑亦向来志士所以使此目的蹉跎而至于不一蹉跎者,则以吾人矫世之志过强,自信之心过力,遂并力而共趋于唯一之手段是也。

夫宗旨不可变者也,而手段则断不可不变,且变之惟恐其不速。吾辈不解历史上之成大功者,其主动辄不过少数人,而吾之足以主动者,亦并非无人,而卒不能得其一当,是何也?则以吾人革命家,其少数可以实行者均醉心于直接,而其他无数方面之当以间接从事者,皆不屑为焉。其遇败也,辄自解曰:非其时机。殊不知自来得最妙之时机者,皆以间接为之,旁敲侧击,一俟其既熟,然后从直接以乘之。吾人平日不先有所运动以备之,辄于一时间当以螳臂,一经丧乱,则又付之无可奈何,吾恐至有天然之时机时,又未必可与吾辈以独力而得收其成功也。吾敢断言之曰:俄国之民党,今日尚未有成功之希望,而惟日日为之造时机。以言语文字之力解散民心,或自财政上与军事上及设其他种种之方法,以困政府。彼盖知其全力尚不足以当政府,惟不时剥削之而已。俄国政府之力量较之盗朝,不嵜天壤,故民党造之百十年,加以外力,而时机仍未能至,若以吾国之政府而当俄国之人民,恐不足以当其一旋转。然则吾人当急解图矣。抑巩黄尤有譬焉者:甲乙两乡人斗,甲恒以弱而胜乙强,其法俗谓之借力打力。吾曾研究其术,大率乙直击之,则甲横曳之,甲横击之,则乙直冲之,抑或以法而引之使来,令承其敝,其中巧妙,不可言状,然可蔽以一言曰:击其弱而避其强,劳其强而使之弱。军事之中,其术尤多,不待言也。而吾人之尤要者,则先在于平和时,为造风潮以牵掣之,使彼疲于奔命,然后再试以一击,则庶几稍有希望矣。夫以乡人斗狠,其用法尚须若此,而吾人负救国之责任者,自处弱之地位,而唯知贸贸然加以一棒,则虽欲不为其践蹋,安可得耶?天意若曰:吾正欲佑助汝等成功,奈何自败乃公事。呜呼!吾辈安得不自悔前此之卤莽,而急宜与爱国者共研究,而时时取中于此斗术也。俟河之清,国寿几何?回望神皋,有馀哀矣。

巩黄曰:吾前述学生历史,五光十色,班驳陆离,欲为之取譬,而不得其近似,强名之曰"山海经图"。脑痛且晕矣,继而冥心孤往,苦思力索,晨光忽熹微于窗牖间,吾以脑疾达旦不寐者二十馀日矣。喜而跃起,形与影交相贺曰:吾向者赞成章、刚之言,持此说而现之笔舌间者至四五年,今乃恍然自悟其非,此后吾知解矣。无论学生之全体皆不无爱国心也,即或间有不然,则举吾所谓旁敲侧击一法,吾人之势力既弥漫于各省,已足以畅行其志,何况乎此机一动,其因此引筋引机器之皮(袋)〔带〕而旋转者,尚有无数方面,并不仅在此区区学生之一部。然以学生之力量,则虽有千百满政府,已不足以当之,即今日非所谓造时机之一绝妙好时机哉?而吾向者之所以自误者,则正以一心专驰骛于其直接者之故指军事。虽然,此又非吾一人空想象之所能得其端绪者,其条理则言之在后。

第十七章 立 党

过去之党派,若不为改造之,使一刷新焉,则必不能以直接而收革命之成功,已可断言之矣。虽然,吾固不敢望遽经开化之国民,即有组织政党之资格也。然平心而说,今日风气固已大开,其稍动爱国之感情者,较之三年前已不啻千倍,则决计牺牲一身以报国家者,亦不啻什百。是则昔有所谓党而惜其无人,今有所谓人而忧其不党,吾恐革新之运动,不能一致而群策群力,则效力恐终难望也。今试举其流弊:

一、凡事之经营,必先有其先后次第,否则杂乱无绪,或竟以矛盾而害其成。

一、方法与阅历不能互知,则枉用心力。

一、意志不同,则不能互相补助。

一、走散四方,则消息不能互达。

以上数条,就寻常交际言之,已极形其不便。故支那人不欲新其国则已,若欲新其国,则决非联为一致不可;若欲联为一致,其非有一国民总机关不可,此不必言革命也。即欲以平和之手段而使之日有进步,譬之监督内政、如贪官恶吏及极不便于民之法律,而以平和手段运动之,使罢斥或删除。抵抗外侮、如近日之抵抗美国工约。要求自治、要求立宪等,亦必有以总各种社会如商会、学生社会、劳动社会、秘密结社等之大成,而别立一有政治上意志者之大团体,否则终不能以直接而收其效力也。吾见数年以来,志士皆以结党为畏途,此中原因复杂。反日趋于单独主义。学生社会,此风尤炽。其激烈者,日趋于暗杀主义一途。此中有二焉:一则以小团体中志节之腐败,遂刺激而(杂)〔离〕其群,不得已而欲以独力一泄其孤愤;一则多由外界对于本团体感情之恶,不欲以众浊而混其一清。而此二者中,尤常互为之因果。此近日之立大党为志者,殆绝无也。盖以智识程度及民气论之,作者书至此,适有香港之日报来,其中多言各省以不购美货抵抗工约,皆能实力行之,不禁投笔自慰曰,不图民气之进步如此之速,吾人即死,亦可以瞑矣。若同胞循是以往,不出五稔,必居然一大国民,岂唯是得大胜利于是区区者已乎?固已将渐达于高潮,然而党派之思想,较之数年前退步矣。《清议报》改为《新民》,是由党报而改为学报,而《中国日报》亦几销磨其向之意识矣。新出之上海《时报》、香港《商报》,虽旧日党员为其主动者,而究非一党机关之性质。学界中之《国民报》停止后,所有后出之报虽大进步,然其实皆为学报。盖物质与精神俱进步矣,而精神之精神,则不得不谓之退步。此则理论上之一方面也,至于实事则更不必论。昔有党而无人,今有人而无党,殆所谓千载一时之机会,而交臂失之!月白风清,有肴无酒,此亦吾国二十世纪劈头一大杀风景事也。他日读支那进化史者,其不废书三叹者几何矣!

过去党派不能成立之原因,有由然矣,吾得而论列之,作吾国有志继起者之一后车戒:

一曰首领为旧国专制习惯所濡染,而误以党员为一人之附属物也。夫以数千年沉梦之卧狮,其人才大率皆为道德〔指旧道德〕、习惯、法律、功令所束缚,杰者不知公义,但趋附于私利一途。以今日之民智悬殊,大率中人以上者,可任意而得自取于最优之地位,不得牺牲权利而为此;其他碌碌,一去一来,谅无增损。必其人有天然高尚之理想,其眼光可以刍狗一世,其魄力可以推倒群伦,始足以冲决藩篱,解脱关系,而自立于旧世界之外,是则此人也,但可以服从有秩序之法律,必不能被治于不规则之个人。否则出自草昧,而仍入于野蛮,自非沽客屠夫,又安肯效顺一人,以暴易暴哉?是故略言之,则一运动之设施也,一经济之出纳也,必有以示之征信,而个人之交际,亦决不可以设阶级、分厚薄于共大难、定大计、临大节之人。盖今日英雄,非可以笼络得之者,亦不得专以责备行之,惟合之以大公,始可合以宏济。否则必望望然去之,此后则终不得徒拥一般有脑无力、有魄无魂之猿鹤虫沙,而洒扫应对进退以立天下之奇功矣。巩黄曰:吾向者亦犹是党人中之一份子也,自顾蠢材,行能无算,默计终不足以为天下利,与其龙门骥尾,毋宁濯足沧浪。然以吾卑卑不足道者,尚且如此,则上焉者,又可从而想见。噫!此吾国之所以至今无党也。

按:以上所列,亦不专指何党,天下滔滔,大率如此矣。明眼人见之,毋以为有为而发。虽然生平痛心疾首,几乎舍此而无馀哀。盖足迹几遍历亚细亚温、热两带,蜃楼海市,所见甚多,几乎不见一可语此者。若欲述往事,虽磬万山之竹,亦不足以尽书;然其人昔有与我关系者,今但论大势之所趋,意欲以为来者补救。至其事则今并不欲言,盖既往不咎,亦恐阅者以我执有成见,反并吾说而一概抹杀之也。

又西国党派,乃合一群人共守一宗旨而团结之,曰虚无党,曰社会党,曰盟主党,曰烧炭党,大率其首领以公推或以积功所谓积功者,其人常为该党之主动力,或其事非彼不办,自然不得不如此。而得之,其后有才长于彼者出,而众望过之,则其人之更易,有不期然而然者,非必一成不变者也。吾国之党之原动力,辄发起于一人,故称之曰张党,曰李党。吾不知其一人苟死,则既不能同于君主世袭,无论其时之胜败,皆当解散之也。抑既称之曰张党,曰李党,则党事乃一人所私有,又安见一切党员肯维持其团体之成败与名誉耶?此故其不得成立之要素也。

一曰党员误解自由、平等、独立诸理论,而遽欲行之于事实也。

夫此等名词之界说,究属为何,则吾今既非作西哲学案,既不得于此论事文中而牵引汗牛充栋之学说,自不待言。要之,一经事实,则必以权限论,有权限斯有责任,有责任斯有服从,则虽至黄金世界,亦卒莫能易此,我敢断言之也。不然则坐言可也,起行万难;原人即太初之民,各自谋生者可也,团体万难。吾辈但人人欲为首领,此固因其首领之非实行家,而心有以薄之,虽不能专责党员,然内讧必生,团体终散,(世)〔势〕所必然也。吾恐群龙无首之希望,今非其时。抑吾为同志进言曰:与其谓首领为一党之仆隶,毋宁谓为一党之傀儡。刘季傀儡也,而作事者为张良;运筹帷幄,决胜千里。项羽傀儡也,而作事者为范增。良在而汉兴,增去而项死。然吾人今日之时势,则有所不同:以范增为傀儡之功名,吾人则为民族之成败,增一去不为过;(党)〔吾〕人若得一项羽,必先有以使之不疑。虽然,"言之匪艰,行之为艰",行之匪艰也。以一切支(耶)〔那〕众生,皆精于为此,而一二有志者力矫其恶,其性质遂与之大反对,浸久遂成为风气而不可救药;至于无此暴戾之气,而能身体力行者,则又并其精神而为傀儡之仆隶焉。故首领与有力者之党员,均之难也。盖自此二者之冲突,姑无论党之不能成立也,即有蜂聚蚁集者,悻悻然自以为有党,吾忆极此一部分人之所长,充其量不过成彼一部分之事业,不特所有特别之运动或几乎息,即此一丘一壑中之条理,或又竟不能成其秩序者。虽然,今日之现象,既无发大愿者之领袖,而志士又有无限之恶感情,而欲成一团体,吾恐五年以内,必不可以力致。然而国家之赖党以为进步者,虽来日方长,而目前尤属至急,无已,则不得不变一法以处之矣。其说详本书第十九章。

第十八章　秘密出版

以中国官吏之冥顽不灵,即日悬一旗以示之曰:"革命!革命!"彼之目原若无所睹此余之所尝试,非我特意轻彼,抑亦问诸各省之书贾皆能道其一二者也。苏报案以前,常有非常激烈之书输入。然而有奸商焉,常承贩志士所发行之书籍,约卖后归款,俟其将售尽时,辄运动官吏使禁之,遂得吞没其款;又有为虎作伥焉,一见此等书出,即行报案,类皆因私仇、私怨,或其言之有不便于己者,特中伤之。此沪、汉等地所以屡兴文字之狱,而使今日一般书贾气馁者也。

伍廷芳所修新法中,有所谓报律者,想必本于复仇之法理法理学谓专制国刑法为复仇主义,而限制国民言论。若其法律颁行后,于一二年之内,或竟欲认真办理,亦未可知。彼政府虽未必有此能力,然有时或竟与吾人以不便,未可知也。

然而吾人苟欲革命种子之发生,则固不得不恃书报以为之助力;否则于运动之开始,即行掣肘,无已,(即)〔则〕莫如秘密出版。

今请言秘密出版之妙用。尝谓吾人苟不爱国则已,若欲爱国,则不得不从事革命;苟不欲革命则已,若欲革命,则不得不下手办事。然而国民无办事之心,我辈若以为无可奈何,谓独木不能成林,付之一叹,则既负初心,其用心行事亦未免太拙。诸君试思我辈何以想办事,不过因心境稍明;又试思心境何以得明,不过因看过书籍。是则革命之第一着,则在于推广革命之人;若欲推广革命之人,则以使多人得见革命之书为第一要义。此办事之秩序,莫能外此者。

虽然,吾人之理想略高,大概略解国家、民族等理,所读之书非普通人所尽知、所乐闻、所能鼓动其气者,则断不学彼辈新闻主笔一味以自由、平等诸字样,虚空敷衍,徒然厌人听闻及对牛弹琴也,急宜以浅白之俗语,因势利导。譬如对军人说满清如何薄待武夫,往往百战成功,不过得虚衔一纸,提镇见督抚,尚须跪接营门,稍有贻误,立即斩决;譬如对会党说,满清二百年来杀过洪家弟兄不知若干万,某人如何英雄,如何被拿,某人如何慷慨,如何见杀,某次何事,如何被其侦探,某次何方,如何被其征剿;譬如对商贾说,某次搜括若干税,某次移挪若干银,某次铸坏铜仙,内地叫铜元。银价涨高,使市面有钱者如何耗折,某处出空钞票,钱价骤起,使同行存银者如何寂寥。诸如此类,一面动人之感情,一面教人之大势。如遇着招兵勇,则极力运动民人莫进营;如遇着开银行,则运动商家莫做来往;如遇着捐官,则运动人莫买执照。此亦困彼之一妙法也。此等之事,在作者临机应变,对着何机会说何事情,对着何等人谈何职业。有时遇有特别事情,则四散谣言,虚者实之,实者虚之。若时时用心,则遇着一事,必能凭空出一妙主意。解散彼之势力,非此不可;联络我之团体,亦非此不可。一省之中,但有二三人为之,则造出事件既多,彼必应接不暇矣。

巩黄曰:万金之压力,甚至数十人不能移转,使有言几何学者求得其中心点,则以至微之力起焉。有蜀人某副将者,深染官场习气,而杂以奴隶精神,似已为不可开化,余与之素昧生平,初见时不过数语动之,彼即抚剑疾视,誓歼贼满;继而约吾曰:“他日君等义旗之下,必容吾为马前卒。”余虽未敢信彼,然其人之心已大动矣。然则平等、自由之言,直谓之隔靴搔痒可也。抑吾人又安事以少数之头颅,而鸿毛其性命以对敌于彼?反动力之奏功,常较直接为大,苟不先解除其势力,而径欲与以肉搏从事,以小敌大,以弱敌强,是终身无成功之希望也。然而吾侪率相将以卤莽,则又何说?

巩黄又曰:吾人办事之第一着,则莫如秘密出版,可利用时机顷刻造起最大之风潮。凡遇一问题,或使成为无数波折,辗转以达吾之目的者,常有之矣。譬如前次广东之闹船捐,若有人焉极力鼓动之于上,又极力而冲激之于下,或竟得以数语而使之演非常之恶剧焉,亦未可知也。又两广督抚间每生意见,亦未始不可以立操左券,使生龃龉,苟其政令偶淆,则不难以数次之言语运动而陡起绝大之冲突。其收发之权,皆可操之自我。若一年之间风潮迭起,而我再加以其他无数方面之设计,纵使天欲延之,亦安得以持久?西谚曰:"英雄造时势。"又史家之论格兰斯顿者曰:"公一生力量,在于造起舆论而利用之。"历观往史,无东无西,凡有欲以民力而建大事业者,皆无不以此为唯一之秘法。其起点自此,而其成功也,仍必赖此以为一方面之助力。窃甚怪吾人终日读书作事,而见彼机要若瞠目无睹也。譬之弈棋,满盘三百六十馀位,其直接攻取也,辄不出一二子,此外则处处设伏,使敌人终无法以为之防御,若直接为之,则着着皆可防御,着着皆致失败,如前之富有、华兴等是也。一至吾与之直接时,则必使彼如梦初觉,无所措手焉。流血之惨,非万不得已,必不出此;抑吾与彼两方面,非荠之能使彼应弦而落,一举手即有十分成功之把握,亦必不出之。吾国有智者起,他日断不能离乎此途。某甚愿与一二知心人,共探究此枕中秘也。

按:以上不及秘密出版所以布散之法,而其所以设计作书之法亦不详,因鄙人多不敢畅所欲言,畏首畏尾,诚恐以资虎伥之侦探也。此不过千万之一,但言其效力非常而已。抑此等之事,每应机而使,决不可以预计之,是即作事者临时自有妙用,不待余之烦言。巩黄附志。

第十九章　总机关之设立

党派之急切需要,吾于十七章陈述之矣。顾揆诸志士之感情,则又万难成立，世事乖异，断难强融。夫以一二人之分合尚且如此，而况于大焉者乎？以彰明较著之营业，尚不免于此，而况于秘密者乎？故吾以为匪特不能也，即强为之，亦必生最恶之结果，无已，则另有一法：

甲、避党派之名，其始以俱乐部或某某字号上海多有各埠字号之代理人悬此牌者之名目进，而免外来之疑难，使赞成者多，而官吏亦不能加以破坏手段。

乙、虚首领之位，其始惟公举总庶务员数人。

丙、其初见诸实行者，惟司同志之交通各事。如在港、沪等处代寄信件、代购书籍及文具用物等事。

何以必避党派之名也？曰：吾人作事，贵在实践，名实不副，前车可鉴。往者，并无所党派，而一二任事者悻悻然时以此夸耀于人，遂至断送无数之头颅，而一事不能成立。大凡秘密之事，最忌浮嚣，而聚议尤为外人所瞩目，姑勿论有所谋也，即无之亦将疑为不轨。故总荟之地，至多不能过三四人，而其中或能得有家室者居于其间，以上所谓三四人者，指书记也。内地租屋，无家室者辄为人疑。尤为妙着。此地但三数庶务员可以往来，所藏惟重要之文件、册籍、寄信地址、账目、书信而已。凡到此者，一切皆须谨守法度，言语举动，不可造次，异衣异物，尤为严禁。所有重要党员以最谨慎缜密而与有关系者为限书信，悉向此寄。信面悉照商店写法，不可写怪式怪字，并须盖□□字号书柬戳记，不可用外国信封。其由海埠寄入内地者，不可寄此。而有重要问题，或外埠即不在一埠以内者党员至时，可许十人以内在此开特别之大会议。限于总庶务员以内，其新至者则限于深明大义、绝无乖张性质、而于本会有责任者。此总机关设立之一年或半年中，但办丙项所举之事件，以及为他事之准备而已。

何以必虚首领之位也？曰：平等之观念，既(沽)〔沾〕滞于同志之脑筋，若不虚此，保无互生疑忌，惟事在实行，决不可不负责任。鄙意以后有立党者，必当以庶务分为四部分，而各举一总庶务员掌之：

一曰调查侦探部。调查以学生社会当之最宜，初办时各人调查其地之政事、军务、商业、地形能绘图者绘之、出产等，一一报告之于总会。至侦探则京师、省会政界中，每处必得数人，不限人数，有则皆可。而每处必有一常驻者。其运动费由总会略与支给。临事侦探之一大部，详在后章。

二曰会计书记部。凡文件、书籍、寄信居址、账目、书信等，皆为其所掌。其人必居于总会内，而不可常游行于他之机关处所，以所掌者皆有证据之物，恐为外人侦得。前此败事，皆由于此地为人所知。若书记不(长)〔常〕与他之党员聚会，外人自无从侦得。苟无凭据，则纵令败事，亦不过最小之一部分。其可以败坏全局者，惟此而已。世有办事者，当切记吾言，而以全神注在于此。又官场、商业中人，其有富于爱国心者，每欲于财政、侦探等一为尽力，而辄恐任事者之出以轻浮，致事不成功，反为所累。近日风气大启，此种人更多，而每鉴于前车之覆，所谓爱莫敢助。然使办事者具有条理，实有可以使彼信为审慎者，断不愁势力之不能推广也。

三曰稽核联络部①。

据徐市隐编《缅甸中国同盟会开国革命史》下编

---

① 　本章未完，之后第二十至二十四章（即全文最后五章）已佚。

中立条规

(1905 年 6 月 16 日)

往在香港时,草《公法与政略》之论文一篇,略谓国际上之法理当济之以政略,而神明于法律之外。然吾国肉食者鄙,大率榛榛狉狉,不异鹿豕,规矩尚且茫茫然,矧夫其外者乎?数月以来,辄欲草此,作彼辈之一速成教科书,俾毋败乃(久)〔公〕事,而殃及于全国。以风尘仆仆,未遑宁处,有志未逮。顷滞缅滇之交,日长无事,辄译一二,邮寄港报。此地蛮烟瘴雨,邮政尚未大兴,极东风云,有如隔(此)〔世〕,沪、港各日报至速亦须两月始至,不识东南滨海一带及中央政府与各省政界之现象如何?波队覆舟,传闻有日,然欲得问其详,则非待之一月以后不可。甚矣哉!避地中之日月,此身虽适,而灵魂则何以异乎图圄也。辑中立条规一二章,借以送日。幽尔巴之荒岛,大西洋之扁舟,一则终忧患之余生,一则绝无穷之希望,兼此二象,情感不殊。

一千九百五年六月十六日巩黄志于缅甸北部之蚋烧。

第一章　局外中立

第一节　局外中立之例规

局外中立云者,乃一国对于他之一国或数国间所起之战争,而立于无关系之地位,原为对外自主权即独立权之一作用。所谓他国有战争时而不关与之者,乃属于一国完全之自由然,但不关与其战争,而非与交战国全然断其交通。此时中立国仍可向交战国为平和之交通,即交战国与中立国为无关战事之交通,亦为公法之所不禁。然曰平和之交通,曰无关战事之交通,(与)〔于〕理想上虽不难明了,而于事实上则多有不能判然者。交战国可阻止中立国毋为有益于敌国战事者之交通;中立国因彼两国之交战阻害商务之进步,受种种之损失,此时对于交战国可收得之利益,仍可收之,惟自此战事上之交通,全然中止。苟非判别之,则国际上之责言必至纷起,是启乱之门也。公法家为明析之,于是乎交战国与中立国有所遵守,共受利益。盖此之中立条规,乃依于国际间自然之合意而定之者也。

局外中立之理论,自克诺细亚以来即有之,然其实行之者,则在于自一千七百八十年至于一千八百年武备中立联合之时。而第十九世纪之初,有拿破仑之战争,此时合众国取于中立之地位。其于设立局外条规,亦大有力。

第二节　局外中立之权利及义务

局外中立之权利及义务,虽为世人所恒言,而于其想念,似未判然明白。正言之,则义务云者,乃中立国对于交战国不为其关于战斗行为之交通是也,而于此范围之外,则有互相交通之权利。自来公法学家,非无区别其权利义务者;然其大多数之学者,皆以中立国对于交战国不为其所不可为为义务,交战国对于中立国不为其所不可为为权利。此之所谓权利,不得谓之权利,实义务也。盖使交战国对于中立国为其有益战争之行为者,即为中立国补助交战国之背于义务。故甲之著作家加于权利中,乙之著作家又试加于义务中。

普通之区别法,指其不关战事之交通,曰中立通商之自由。

第三节 局外中立之宣言

在交战之初所发中立宣告,凡有二种:

第一,示其所主张之交战国对于中立国,当战争中所得为之事及其所当守之义务。

第二,宣明中立国之取于中立之地位,及中立国之权利当令交战国遵守之处,又使自国臣民知有所守。

以此目的布告者,公法上谓之中立宣告。

交战国与交通频由之国,大抵虽发其中立宣言,然不过明其外交上之地位及其所认之中立原则而已,非依于此之宣告始为中立。中立宣告者待交战之初始发之,或平时以法律此法规乃国法,勿误解为公法发布之,至战时执行之。

按:各国所发中立宣告甚多,自应译录一二,奈逆旅中不得此书,容他日成书时补之。今但明中立之条理可也。

第二章 中立之义务 (甲)陆上之义务

第一节 在中立地内募兵

募兵调舰,乃一国主权之作用也。故许他国之在己国募兵者,即为默许其侵袭主权,公法上以违反中立论。

瑞西昔公许其士民之为外国佣兵,今厉禁之矣。

克利美西战争中,英国驻美公使及领事在合众国内募兵,合众国政府以其侵中立之权利,向英政府开谈判。

一千八百七十年之德佛战争,法国在《纠连屋新闻》上,登一促瑞西境内之法人组织—对于普军之义勇军团之告白,瑞政府阻止之。

在于中立国、交战国之人民,其许彼应本国之募而出发者,不背于中立之义务,何也? 以彼等原为外国臣民故也。交战国驻在中立国内之外交官,传令于其国在留之臣民,分给旅费,使之归国者,亦为中立国之所不过问。

合众国于一千八百一十八年四月二十日之《外国应募禁止法》第二条:"未归化之外国人在于例外。"至于一千八百七十年,许德法两国人归国,不禁止之。此时法国政府有一无条理之诘责,美政府不理之。此时美政府若应于法政府之要求,即为违反中立。

第二节　在中立国内通过军队

中立之境域,原在于战争之外,自不待言,故不得令交战国之军队在此通过。然或中立国虽不表同情于此之通过,而甲交战国之一面而以暴力通过之,则乙交战国之一方可视为违反中立,何也? 若有如此之举动而尚认为中立时,则肆行暴力之一方面,比之谨守公法之一方面,其利益多矣,孰不欲行其暴力乎? 如此则国际上之秩序必至纷乱,而此乱必无底止,抑亦非所以示公平也。今试有中立国于此,任甲之交战国通过军队,则乙交战国亦必起而占夺其港津关隘,此大乱之道也。

中立国内进军之禁,即在交战国一面同盟诸国间通常往来之道,亦为公法之所严禁。

德法战争时,瑞西之处置可谓至当。巴典滨岸地方居民赴于北方之常路,即自康斯坦至于巴雪之铁路是也,此线路有数处经过瑞西境内。又纠连屋湖滨居住之沙伟人，若往法兰西，必经过纠连屋首府。由是而德法两国之兵卒其不得不经过此等之地而各赴于其军者，此自然之势也。然联邦政府禁之，惟许其不着军衣、不带军器者通过而已。其后法国政府在巴雪设一衙门，送叶儿沙士之为兵士者，经瑞西而往法国之南方，联邦政府认为违背中立，并其不着兵服、不带兵器亦禁其通过。

中立境内之进军及俘虏之输送，若果许之，则是明与胜者以便利也。

一千八百五十九年，澳大利任德国搬运法国俘虏经过巴典地方，法政府严词责之。（未完）

据徐市隐《缅甸华侨革命史》

蜡凤三绝句*

（1905 年 6 月 20 日）

莫怪顺民多,将军亦倒戈。三桂至缅索桂王,曾屯兵于此。不堪椰
油后,缅北野人以椰油酿酒。汉族黍离歌。

鸦声令人慄,连夜鸦声狂呼达旦。三桂殆前身。吾有感于缅地以汉
人为伥于他族者,故云。更有若敖鬼,啼饥在水滨。水滨二字用楚昭王
故事。

我亦逋逃者,蛮烟自古今。招魂哀帝子,涕泪发哀音。

商纣害虐蒸民,姬发正以太白之罪,复封箕子于宋,诚以帝王
之后,不忍听其斩祀。暴嬴无道,专制之尤,而轵道之旁,系颈以
组,不过自为此状态,以示服从耳,非子婴以终罹斧钺也。近世灭
国甚多,亦不闻有屠戮其元首者。印酋尚滞伦敦;缅酋寓居孟买;
脱兰斯哇完总统之丧,礼炮至二十一发;菲律滨元帅雅金亚度,至
今在华盛顿无恙;至安南王及巫来由之苏丹,尚俨然称君于其故
乡。然则彼黍离离,大夫丧乱之感;麦秀渐渐,君子去国之悲。孰
有如吾明室子孙之扫地以尽,徒令吾人缅怀故主抚此半僧豚尾,恋

然恨无以见祖宗于地下者也。宁吾汉族之罪独加人一等耶？大地之上，唯此一天，苟有人心，谁与共戴？

一千九百零五年六月二十日巩黄泣血附志于蜡凤

据徐市隐《缅甸华侨革命史》

金缕曲·蜡凤旅次感怀二首

（1905 年 6 月）

一

多少销魂事。最难堪，文明古族，人心尽死。依旧河山呈带砺，城与廓，今犹是。问豚尾来从何自？漠北夜郎游牧种，莽中原，窃入鞭捶里。狐狗辈，称天子。 宵魂惊触鸡声起。恨频年，狼奔豕突，了无成绩。交尽人间同地狱，落得两伤乖异。弄一曲，吴箫咽市。无限风潮偏簸荡，把孤身，当作春萍徙。开府赋，哀何似！

二

生长愁城里。数年华，苏恂发愤，而今自始。遇尽风波探尽险，阅历尽，人间世。问亡国干卿何事？情愿牺牲身命尽，遍天涯，到处来寻死。声不恶，夜中起。 刹罗人寿河清俟。问苍天，生民一样，容谁骄子？试讯都兰开国侯，可让故将军李。射毡虎，居然没矢。几辈华拿刀下尽，只馀生，妄自沾沾喜。有为者，亦如是！

据徐市隐《缅甸华侨革命史》

寄梅痴子四绝句

（1905 年 6 月）

阅报知君早断弦,潘郎此日尚呼天。应知惨恨偏多害,第一鹤驷怕损年。

爱情感杀风云气,儿女悲叹最困人。死去足征天祐助,庆君赢得好闲身。

年华四七待婚女,就木难逢不淑人。一寸情丝吾已斩,清魂从不梦真真。

巢倾怎事求完卵,镜破仍堪照一身。努力盍拼毛瑟队,文坛姑振武精神。

据徐市隐《缅甸华侨革命史》

答梅痴子讯病二绝

（1905 年 6 月）

我病绝无他杂感，只因驰骛造风潮。脑筋损耗年加厉，夜夜天明睫不交。

此事岐黄应束手，脑病药不能医，一得即以此生为终始，中西之一也。并无奇痛却能狂。脑病无他痛苦，但夜不能寐与不能多言耳。病深时则健忘，再至知觉力全坏时，则生颠狂之疾，不足以致死也。辱寻远问多多谢，答复来书此数行。

据徐市隐《缅甸华侨革命史》

兰 谱 序

（1905 年 6 月）

吾国有一习惯，则朋友中有至相洽浃者，遂视年之〔长〕幼，结为兄弟。其结之方法不一，而其最普通者，则联所结各兄弟之名，汇为一册，书其世系籍贯亲属年龄职业等于上，而称之曰兰谱。兰谱者，殆即"其臭如兰"之义也。

张君石泉既订交①，出其兰谱以示予，属为之序。余踌躇屡日已，几几乎无所为言者，继而文思大进，如黄河之水，来自天上，不可得遏。

由前之说，则以吾中国自秦以还，以儒学为一统，而所有伦理，无一不为专制之柱石。君纲本无与立也，而以父、夫二纲扶翼之，极之兄弟朋友，亦与君臣不能无间接之关系。于是贵贱阶级，长幼之意见，遂弥满于四海之内。虽有达士，若偶有不同，亦不肯下交，宁非专制之厉阶耶！故虽朋友一伦绝无牵制，亦不能自由以精神相接。六经四子适以养成虚伪狡饰之国民，求如古所谓游侠之风者，已遍九洲而无闻矣。盖兰谱二字，原为一至美之名词，而黄炎

---

① 张成清，字石泉，云南腾冲和顺乡人。同盟会会员，曾任缅甸《光华日报》撰述。著有《缅甸亡国史》。1908 年在缅甸组织"死绝会"，谋驱英独立。事泄，为英人所枪杀，时年 30 岁。

子孙,浸成木石同居、鹿豕同游之世界,故兰谱云云,不免令人色变于谈虎。此吾所以狃于兰谱二字,无以为张君进言者也。

由后之说,则世变至极,东洋所有之伦理,言之令人短气,使世界三分有二之人类,尽成奴隶。今欲改革社会,则贱儒之所谓为五伦,惟朋友一端,中毒尚浅,犹不难转移风气。全世界生人未闻之义理,生人未竟之功名,殊非一身一脑所可达其目的,而况吾辈身受压制,一饮一啄亦难自由。此正当合一大群,与各种动物相争竞于草昧之天,而建造一极乐世界者。

张子志奇而伟,慷慨好义,有古游侠风,而辅之新智识,安见数千年人士所沾污之"兰谱"二字,不又将从张子以刮垢磨光耶?

一千九百零五年六月巩黄序

据徐市隐《缅甸华侨革命史》

蜡夙杂感十首 *

（1905年6月）

三字微名五尺身,亦儒亦墨亦新民。年年蛮烟触天地,野马尘埃了一生。

山残水剩万民屠,国脉亡之命矣夫! 亿兆同胞齐俯首,卜年三百作囚俘。

载鬼一车皆素识,独留荆棘一铜驼。可怜名士多如鲫,何异秋灯扑火蛾!

半生猿鹤又虫沙,缺恨弥天待女娲。食到莼鲈魂一断,终身无刻暇思家。

唇焦舌敝命都磨,说法其如不听何。可是众生根器浅,鲁阳无计为挥戈。

石烂海枯性不改,声声舜日与尧天。东胡王气依然在,禹甸茫茫匝地毡。

几辈风云付散流,有时闻报更虔刘。不堪人鬼多游侣,独对天风泣马牛。

蛮荒草长不忘忧,猛忆昭王此旧游。明永历帝死于缅甸。即问苍

茅肠已断,缅为明之附庸。史编亡国溯从头。自永历死,而明遂斩祀矣。

一死难拼万姓生,何如姑剩苦吟身。愿身化钻穿金石,手创球东大帝民。

虫声唧唧屋之下,唤醒诗魂惊五鼓。收笺蘸墨梦共和,一瞑不视万万古。

据冯自由《革命逸史》初集

致陈楚楠函*

（1905 年 7 月 23 日）

楚楠先生侠鉴：

往岁在港沪间，尝闻有思明州少年者，非常倾慕。今春道过星洲，在港起程时，世仲再三言公见义勇为，嘱必奉访，并致书乃兄伯耀①介绍。不料抵星后，骤因病发，滞仁济月馀，从未尝出门；又因言语不通，公邸复远，俟病瘥后，匆匆下船，但以一书交邮道歉，想已达览矣。交臂之失，罪在不赦。是日已与公相见，公在仁济抱少君就诊，至去后始为告知。

鄙人以己亥秋间东渡读书。明年，北行运动拳匪，不果，旋南赴汉中，与林君述唐创富有一局。秋间率偏师举旗大通，与满师转战三次，寻败，继而汉局全堕。其年九月，以逼处不得已，烧彼南京之大军械局马鞍山。是时网罗日逼，遂来星埠见圣人②于庇能，始知其为拐骗，乃绝交去。又至日本居两年半。归，创设《少年中国报》，以短于资本，不数月罢去。遂往来长江两年。去年往来广东

---

* 本函原为陈楚楠所藏。未署年份。据秦力山行踪及函中内容考订，当作于 1905 年。

① 黄伯耀，广东番禺人，为黄世仲之兄，时在新加坡任《图南日报》记者。

② 圣人，指康有为。

三次,腊月在省城被李准搜索,疑为保党之所为。行时又仅存一人,所有行李净尽。今年,原欲入龙州,因友人梁君镇堂二月初四被捕,所谋成水泡,遂来滇省。顷拟由陆入川,所谋数事,未得十分头绪,将来能往与否,须数月后始知之。

近得港中新闻,阅悉为诗仲①辨诬一段。《中国报》所载者。诗仲、弟向不见面。秋间,《叻报》②大肆簧鼓,弟在坡时,已在贵报③与驳诘数次,不料保党复以相陷。康徒毒焰久已燎原,弟于此尤为深恨。顷著有《说革命》,已寄赠仰报④。贵处原有仰报,故未寄来。仰报当销数千份。此书若在贵报重登,仰报无版权,系弟赠与者。或得照邹书一例,能翻刻成本,送人尤妙也。共有六七万字。惟此书成于十二日之内,以弟先欲入川,恐赶不及。多有理论未完全之处,将来公如肯俯就一灾枣梨,望嘱诗、耀两兄为之校斧,或于同胞之理论与条理,均不无小补。弟因邹书徒事谩骂而不言理,故不得已而有此作也。书中驳诘康党之处甚多,可一惩其烦焰。

馀详伯耀函中,不缕不缕。敬请毅安。

　　弟秦力山顿　中六月二十一日自云南边界

孙君逸仙自巴黎来信,言六月过星,约相待一见,惜弟已来缅甸矣,想足下已见之矣。又弟以行止未定,前途茫杳,如承复书,竟无可达之处。如目的已达,即将由滇而蜀,复自长江东下,否则将来或有见面之日也。

　　　　　　　　　　　　　据冯自由《中华民国开国前革命史》(下)

---

① 诗仲,指陈诗仲,前任香港《中国日报》记者,时任新加坡《图南日报》总编辑。

② 《叻报》,新加坡守旧派所办之报纸。

③ 贵报,指陈楚楠、张永福集资创办之新加坡《图南日报》,1904年春出版,为南洋华侨革命党机关报之鼻祖。

④ 仰报,指陈甘泉、庄银安等出资创办之缅甸《仰光新报》。

《缅甸亡国史》序*

（1905 年 7 月 30 日）

吾住蜡夙七十日，又将去而之他。濒行，腾越张君石泉①谓余曰："吾之欲作缅甸史久矣，人事旁午，有志未逮，足下去后，将竟此志，深欲得足下之序，以为吾两人订交之纪念。然以足下之萍踪浪迹，不识吾书成时，又遨游何所？曷先为我构成之也。"

巩黄曰："有是哉？虽然，君有命，予宁肯默？"世人争著兴国史，而著亡国史者不多有。世人或著古文明国之亡国史，而著未经开化之亡国史者不多有。由前之说，则所以叙进化之陈迹；由后之说，所以摅凭吊之情感。盖兴国史多矣，若者政治史，若者文学史，若者工商史。此等之著作，上之可以寻人群发达之迹，下之可以开万世之先河。或其风俗可以为军国民之先导；或以某国人之侠烈，而有独立之意志；又或以某宗教之伟大，可以化被无数种之人民；又或以某技术、建筑、历算、美术等有功于世界之进化。凡此数者，

＊《缅甸亡国史》，张成清撰，后改称《缅甸史》，连载《云南》杂志 13、14、16 "历史"之部。秦力山所作此序，李根源又收入所编《永昌府文征》，并加按语云："案巩黄，素工乐府古诗，困居干崖时往往为此，以道悲愤，今已无存，仅收得文一篇………"

① 张君石泉：张成清字石泉，云南腾冲和顺乡人，同盟会员，曾任缅甸《光华日报》撰述。1908 年在缅甸组织 "死绝会"，谋驱英独立。事泄，为英人枪杀，年仅三十岁。

必居其一。否则西域、匈奴之传,班书①以为附庸;邶、邶、鄘、卫②云者,吴季命共观止③,矧夫其逊焉者欤!

然则石泉之作《缅甸史》,何为也?曰:以支那立国之久,面积之大,人口之繁,声名文物之盛,而读十九世纪以前之世界史,曾不得与有若干之关系。则缅甸史之不独与世界上绝无关系,即于东洋史上,亦不得与有关系,昭昭然矣!虽然,吾人亦不得以其小而忽之,则以缅甸之一国,虽于人事之进化,绝无可言,然于吾人亡国之纪念,亦自有其关系者。盖吾人之兴亡,虽未必有关缅甸之历史,然吾读《明史》,其于甲申以后之事不详焉,而其结局之一卷,则固不得不借缅甸史以存其实录④。石泉之志,殆欲以补《明史》之不详,而以证《明史》之不实。然则此书一出,其或可以增吾人之亡国之悲感乎?

抑缅甸邻于印度,印度者,佛教之母国也,缅甸受印度文明之征服,其感染于佛教也最深。盖自缅之地理言之,金沙江自印度西行,沿岸而达孟加拉。其与印度通也,必早于中国,中国则万山阻之。然以印度自古偏尚于宗教与哲理,其政治思想与武力皆至微弱,故缅甸恒以中国为主国。印、缅之亡,皆至易易,读其史者,可以知神权迷信,有可以灭族者焉。

---

① 指班固之《汉书》。

② 邶、邶、鄘、卫,均春秋时国名。《诗》有"桧风"、"邶风"、"鄘风"、"卫风"诸篇。

③ 全句典出《史记·吴太伯世家》,"吴使季札聘于鲁,请观周乐……歌邶、鄘、卫,曰美哉!……自邶以下无加焉。……观止矣,若有他乐,吾不敢观。"言所见者,尽善尽美,无以复加也。

④ 按清顺治三年(1646),杀南明唐王朱聿键于福建。桂王朱由榔即位于肇庆,是为永历帝。翌年,永历帝奔桂林。其后清兵进迫,永历帝经梧州、云南奔缅甸。至顺治十八年(1661),缅人执送于吴三桂军前,明祚遂绝。秦力山故有此明朝结局借缅甸史之说。

石泉能读英、缅文，又以久居其地，习知其俗尚，将欲萃其史而编译之，其志远矣！吾谓石泉，凡作社会发达史者，必先考原人之状态。缅甸俗去原人无几，正可以为实地之考察。若以西洋历史学家与社会学家之眼光观之，则此书成时，将来作宗教史、社会史者，此中或不无材料之可取。其有功于学术界，亦岂寻常耶。

惜乎！吾以人事匆匆，不克久留，得以先睹为快。黾勉书此，兼以志别。千九百零(二)〔五〕年七月三十日①，巩黄秦力山识。

据《云南》第 13 号 (1908 年 4 月 28 日)

附:《缅甸亡国史》序例　张成清

(1907 年 10 月 6 日)

欲览六洲之往事，考人种兴废之陈迹，非求历史，无由得其梗概。历史者，所以考已往而戒将来，譬之照身之镜，摄影之机也。鄙人辑缅甸史，意欲藉朱波过去之惨状，作中夏未来之明镜。读者谓缅甸亡国史，即安南、朝鲜、印度、波兰、埃及亡国史可;谓为李龟年渔阳三叠，明季扬州、嘉定等记，亦无不可。例文列下：

一、缅甸之史汗牛充栋，多荒唐语。是书为英人高等教科缅史之最善本。

一、是书成于缅而译于英，其中英缅交涉、战争胜败之处，不免稍事抑扬;然百年往事，非吾人之所目睹，不敢武断，阅者意会可也。

一、是书译成于万山杂沓、马背郎当之际，年月日时，皆从西

---

① 此处"千九百零二年"中之"二"字，实为"五"字之误。按 1902 年，秦力山先在日本东京，后归至上海，协助办《大陆》杂志，尚未出国。

· 217 ·

历,不暇参以中历,阅者谅之。

一、是书以鄙人之菲才,译原书之本意,词意不无谫陋,而庐山面目则不少易,为最可伤心、最可慰快之事。

一、书中人名、地名皆从其音,逐次按月载《云南》杂志,再印成单行本,发行务期普及。

一、是书文法、词旨诸多未善,博雅君子,惠而教之。

丁未秋八月晦日,腾越张成清石泉识于缅甸亡国之京城旅次。

据李根源编《永昌府文征》"文录"卷二十

致陈甘泉、庄银安、徐赞周函 *

（1906 年 7 月 5 日）

春元、银安、赞周①诸兄鉴：

顷接五月二十四日手书，敬悉一切。诸子②颇能恪守规则，此皆仲赫之力居多，惟不甚笃学，然思想已略开辟。所恨陈仲平不践前约，竟不肯来。据沛兄③来函，所需之教习亦未聘定，因觅人甚难也。想不久即有人与若连④来也。

巩自入夏以来，两足因手指抓伤，延烂甚宽，经九十馀日而始愈。近日此间气候不佳，瘴气逼人，雨水甚多，偶晴则亢热异常，故功课亦听诸子之自便。盖寻常此刻原为暑假时期，此间既不放假，故功课亦暂取其轻，俟入秋以后再行加重可也。

---

　* 本函未署年份，据秦力山行踪和函中内容考订，当为 1906 年作，时秦力山在云南边境干崖办民族学堂。

　① 陈甘泉，字春元，福建人；庄银安，字吉甫，号希复，福建同安人；徐赞周，原名根藤，号益黄，后更名市隐，福建思明人。三人均居仰光经商。陈于 1907 年逝世，庄、徐二人为缅甸同盟分会之发起人。

　② 诸子，指随秦力山赴干崖办校之五位华侨子弟，即陈仲赫、陈守礼、李贞壮、陈仁和、谢玉兔。

　③ 沛兄，指刀安仁(1872—1913)，字沛生，云南腾越人。傣族。1891 年起承袭腾越府干崖土司世职。秦力山赴干崖办校，即应刀安仁之邀。

　④ 若连，指卢若连。时受刀安仁派遣在仰光为干崖民族学堂招聘教员。

　　此间沛既远去，其弟绝无主张，有幕友彭某顽固陋劣，而又加之以贪鄙，此人与老宣抚沛之父为至友，在此已十数年，故对沛生等居然为一老前辈，遇事把持甚力，是不独有阻文化进步一言难尽，且将来难免崖地终陷于危。东家暗弱，既不能因彼之把持而信任彼，故巩自彭来后，对于政界之事，始终未尝尽一言，故现在此间无事不现其黑暗与草昧，即此人阶之厉也。

　　此间学子大半长于巩者甚多，虽稍识数字，而略知文理者绝无而仅有。至于学理、事理又未尝一经梦见，而风俗习惯又非常败坏。故欲望学生之一二能成立，犹之北往而南其辕，巩在此盖度日如年也。夫既当此无谓之责任，又不得即时而解散，天下至难之事未有过于此者也。其中曲折，非寸楮所能达也。

　　沛生景况亦甚不好，而贸然任铁路股东二百万金，伊意欲仗海外义士之力。然路权谁属，尚未确立；即定矣，究为官办耶、抑商办耶，亦未可知。而彼乃遽以托公等而代招股，是可见中国人无条理之一左证。贤者如此，况其他耶？云南路权即内属，亦决不能为商办，因云南商力至小，见识亦绝无，断不肯出而任事，终不免为官办，则恐吾侪同志未见肯入股者。公等不妨一函询其办法。

巩顿首　六月初三日

据冯自由《革命逸史》（初集）

附　录

祭秦先生力山文并序

居　正　陈仲赫

（1908 年 10 月）

先生事迹,不知其详。谨将从游于先生之见闻所及略陈之。

先生姓秦,字力山,又号巩黄,湖南长沙人也。年十九,父欲为之受室,已纳采涓吉,先生慨然曰:"男子志在四方,娶妻适为累耳。"遂不告其父而出。奔走扬子江上下,与唐浏阳合谋,专从事于光复事业。庚子之役,唐在汉口,运动满奴张之洞以勤王为名,就中反正,已成约矣。适张之洞有幕某诘其事,张不应,某遂耸之曰:吾固知大帅不为此,事败受祸无论,事成未必唐某英年肯下于大帅。张默然,遽收唐浏阳诸人下狱。唐事既败,而先生亲率大通之响应军,势难骤退,会清兵至,先生身与之战,杀退清兵,进据形胜,坐待康妖之接济。时康妖在南洋,以勤王为名,已运有巨款,除充私囊外,只以少数汇诸所委办粮台之狄楚卿,而狄楚卿又复吞尽。康妖贪鄙背盟,全师瓦解。先生孑身走洞庭,匿于芦苇丛中,凡三十三天。

当时清奴大索先生,先生竟无恙。然夜行昼伏,劳苦实甚。潜至日本,留学三年。毕业后,返上海,与朱某共办译书局,甫数月,朱某一病不起。先生心伤之,又闻广西陆亚发起义,先生乃将其书局招顶与人,束装南下。才抵香港,闻陆亚发兵败,身为岑汉奸所

戮，先生大失所望。《中国日报》耳其名，欲屈先生。先生以不能实
行杀虏为憾，区区口诛笔伐，非其所愿。且闻海外热心爱国者甚
多，欲大为运动，卷土重来。航至星洲，大受欢迎，先生亦有所建
白。复闻缅甸仰光大埠，有一中国伟人甘泉公者，即日泛舟抵仰。
晤甘泉公，一见如旧相识，挥笔谈心，夜以继日。先生见缅甸之华
侨，明民族主义而又能实行如甘泉公者，实所仅见，于是乃著《革命
箴言》二十四章，凡六万馀言。出版后，风动一时。旅缅华侨，民族
心理之萌芽，实由此始。是时为先生之莫逆者，尚有银安、赞周二
人。仆之得见先生，亦于是始。有时于甘泉公及银安、赞周同志聚
谈，纯用笔代。先生以一人而应三人，犹多馀暇。

寓仰数月，会星洲有同志创办日报，力请先生任编辑，先生义
不容辞，乃就道。及至星洲，为事所阻，报未成。先生返道来仰，与
同志谋入内地实行，将首途，而吴烈士炸五清奴之事发。满贼风声
鹤唳，各处通商口岸查禁綦严。先生以道路梗塞，遂转方针，入中
国边境，萃该处居民，以办民族学堂为入手。从先生者五人，仆亦
与之。至该学堂成立，时丙午春初。开课时，学生三十馀人，所授
之功课，悉发挥民族大义，学生咸为动容。

居无几何，以不服水土，先生与仆皆染瘴气，病甚。越数天，仆
病痊，而先生之病时愈时发，犹复力疾上课。迨十月九日，病益加
剧，至十一日，竟溘然长逝。呜呼痛哉！

先生自十九岁离家，卒时二十九岁。此十年中，一以光复为任
务，并未忆及家事。先生之志坚行单，洵足为革命党模范。生平著
作甚富，不自收拾，无由搜集。然只鳞片爪，已可宝存。梓而传之，
以俟异日。

先生葬于干崖之地。客岁以旅行故，拜先生之墓，见坟身破

裂，葺而封之。复以酒醴奠于墓前，为文以祭之。

　　呜呼先生，产自衡湘，天赋聪颖，倜傥非常。痛彼建虏，盘踞中原，毒我汉族，天日为昏。力图恢复，以报国仇，乃走江淮，与唐合谋。岁在庚子，虏丧北京，乘机大举，功几告成。汉奸保妖，迭相破坏，死灰复燃，倒悬莫解。关逾伍员，浪破宗悫，居东三年，克勤厥学。毕业返申，撞自由钟，秘密结社，荟萃群雄。广西义起，仆不旋踵，登高一呼，天下震动。星洲播种，未竟其成，复耳仰光，有甘泉公。共振木铎，人道昌明，实行进取，开化土民。方图根据，卷土重来，昊天不吊，泰山其颓。呜呼哀哉！先生革命，尽瘁鞠躬，生为人杰，死为鬼雄。英灵在天，不爽不昧，俟抵黄龙，献俘大祭。呜呼哀哉！伏维尚飨。

据《中华民国开国五十年文献》"革命之倡导与发展"（八）

悼秦力山并序[*]

邱炜萲

(1910 年)

庚子,自立会员、湘中少年秦力山因在大通起义,失败逃亡,致名捕,旋由缅甸间道入云南,遽死于瘴疫。噩耗传来,久乃征信,中怀惨恻,追悼以诗。

几日沧江散发行,澜沧江,地名。君早剪发,化装和服,避逻者耳目。招魂真欲到边城。蛮烟瘴雨嘘金蛊,败甲残鳞掩石鲸。初觇长途传不实,直怜季世命都轻。少年如子谈何易,惭愧吾徒号老成。

据邱炜萲《菽园诗集》初编卷三

　＊ 此诗无年月。据《菽园诗集》"卷三",末署"起庚戌讫壬子,三十七至三十九岁",参照秦力山死期,当为 1910 年(庚戌)作。

秦力山墓碑文

（1912 年 3 月 8 日）

革命党员秦公力山鼎彝之墓

公字力山，假名陈子力，湖南人。因革命事入滇，教习干崖，爰殁于丙午年阳月。今中华光复，同志等恐年久名湮，乃建墓表彰之，以志不朽。

同志弟　李根源　寸海亭　刘品三　同立
　　　　刀静安　杜韩甫　马右白

大中华民国元年三月穀旦①

据李根源编《永昌府文征》文录卷二十

---

① 此处"穀旦"后，李根源加注云："韩甫、幼白亲往干崖祭奠修墓。碑字，幼白所书。"

秦力山传[*]

章炳麟

秦力山初名鼎彝,字力山,故江苏吴人。父文丙,客食湖南,遂寄籍为长沙人。力山少慧,为文数千言立就。尝师浏阳谭嗣同,入南学会。未弱冠,补县学生。督学徐仁铸奇其才,遣游学日本。八国联军陷京师之岁,唐才常谋起兵汉上,力山与同学林圭、蔡钟浩、毕永年归,赴之。被推安徽前军统领,将缉私、水师、巡防诸营,据大通盐局,与芜湖防军相持七昼夜。兵败,走免,督部营务处陶森甲独保持之,得返日本,而才常与圭等皆死武昌。力山日呕血数升,虽病,志未尝挫。

才常者,本与梁启超合谋。启超时在日本横滨,军兴,馈饷皆关其手。力山亡命贫困,求假贷不与,力山亦以才常起兵用勤王号,名义不顺,欲力振刷之,遂与启超绝。自作《少年日报》,道汉族自主义。时香山孙公方客横滨,中外多识其名者,而游学生疑孙公骁桀难近,不与通,力山独先往谒之。会余亦至。孙公十日率一至东京,陈义斩斩。相与语,欢甚,知其非才常辈人也。诸生闻孙公无佗犷状,交渐与亲,种族大义,始震播横舍间。余与力山起中夏

　＊ 此文,李根源后收入《永昌府文征》,文末并附按语云:"民国二十二年,根源与右任、觉生、协和、烈武、亮畴、道腴、天民诸公联名具状呈政府,请褒恤。"

亡国二百四十二年纪念会,和者虽不广,亦不怪也。沧州张溥,时年二十,游学,与力山同舍。力山独伟视溥,为余言状,余因得与溥交,溥即今张继云。

自是力山或在日本,或微行入皖南,谋再举数年。孙公以黄兴等集中国同盟会于东京,以力山主安徽事。力山至安庆,与巡抚卫队营管带孙道毅结谋,自安庆下薄江宁,据形便为根本。事泄,亡奔香港。复以言撄主者怒,西去,与胡汉民之仰光。而腾越张成清自密只那来会,为序其《缅甸亡国史》。

力山既遭名捕,不得返中国,业避地仰光,乃客干崖土司刀安仁所。时往来野人山,短衣负铳,为其民道汉族光复事,冀藉边裔为窟宅,因以倡义。安仁故夷种,亦本离中国自立,力山数诮之。然终知其不为己用,时作乐府道悲愤,往往若自嘲者。久之,果为安仁所害。及武昌倡义,云南应之,而力山不逮见矣。

安仁集诸土司揭旗,称兴夷灭汉。师长李根源自腾越遣使莅问。安仁窘,诣南都自归。云南发其叛迹及杀力山状,乃锢之陆军狱,数月,传至京师,病死。

根源已定干崖,求力山尸不得,为之立祠,腾越与云南死难者并祀焉。无子,以弟钧彝之子修竹为嗣。

赞曰:孙公之在东国,羽翮未具,力山独先与游,自尔群士辐凑,岁逾百人,同盟会之立,斯实为维首焉。及谋举江宁不成,窜迹蛮左,不忘奋飞,岂谓藉是可以定大业哉,亦致命遂志而已。抱奇无施,卒遭阴贼,悲夫!

据《太炎文录续编》卷四

秦力山事略

冯自由

　　秦鼎彝一名邮,号俊杰,又号力山,别号遁公、巩黄,湖南长沙人。赋性豪侠,好与会党中人游。戊戌一八九八年,湘抚陈宝箴创办时务学堂,延梁启超、唐才常掌教,力山与湘阴林锡圭、邵阳蔡艮寅后易名锷、慈利李炳寰、田邦璇、武陵蔡钟浩、浏阳唐才质等,同为学堂高材生。己亥一八九九年秋,梁启超设高等大同学校于东京,函招时务学堂旧生从学,应之者二十馀人,力山预焉。

　　力山既莅日本,日读法儒福禄特尔、卢骚等学说,及法国大革命史,复结识孙总理、章炳麟、沈云翔、戢元丞诸人,渐心醉革命真理,种族观念油然以生。是年冬,梁启超赴檀香山,延力山分任横滨《清议报》笔政,力山借以发抒政论,文名由是渐显。

　　庚子一九○○年五月,义和拳祸作。时爱国志士中颇有主张乘时游说拳党首领,使改扶清灭洋标帜为革命排满者,力山亦此议之一人。遂只身至天津,求见拳党大师兄痛陈利害。拳党斥力山为二毛子,命牵之出。力山以拳党顽固无可合作,乃至汉口访林锡圭,参加长江自立军运动。因与安徽抚署卫队管带孙道毅友善,愿独任池州大通发难之责,由唐才常委充自立军前军统领。

　　及至大通,赖孙管带密助以军械,水师营弁亦多受约束,又由皖省哥老会头目符焕章在大通、芜湖、太平、裕溪和悦州等处散放富有票,招人入会,大通及附近居民附和者充塞于途。原与汉口机关部约期七月十五日同举,讵唐才常以待海外保皇会汇款,展期数次,力山因长江沿岸戒严,未管军报,仍进行不辍。至七月十三日事为大通保甲局委员许鼎霖所闻,立督局勇拿获党人七名,铜陵县魏令更电皖抚王之春告警。王先派武卫副前营傅永贵督勇一哨附江轮前往弹压,继闻盐局已被党人占据,乃续派武卫楚军及定安军七八百人赴援,并令沿江各地戒严。力山知事机已泄,遂令党人于十五日立即起事,并四处张贴汉口所预印之安民告示。文云:

中国自立会会长以讨贼勤王事:

照得戊戌政变以来,权臣秉国,逆后当朝,祸变之生,惨无天日。彼己亥十二月念四日下立嗣伪诏,几欲蔑弃祖制,大逞私谋,更有义和团以扶清灭洋为名,贼臣载漪、刚毅、荣禄等阴助军械,内图篡弑,不得则安然与中立为难。用敢广集同志,大会江淮,以清君侧而谢万国。传檄远近,咸使闻知。

【宗旨】一、保全中国自立之权。二、请光绪帝复辟。三、无论何人,凡系有心保全中国者,准其入会。四、会中人必当祸福相依,患难相救,且当一律以待会外良民。

【法律】一、不准伤害人民生命财产。二、不准伤害西人生命财产。三、不准烧毁教堂,杀害教民。四、不准扰害通商租界。五、不准奸淫。六、不准酗酒逞凶。七、不准用毒械残待仇敌。八、凡捉获顽固旧党,应照文明公法办理,不得妄行杀戮。九、保全善良,革除苛政,共进文明,而成一新政府。

先是,力山运动沿江水师略已就绪,水师参将张某闻变,立派炮划四艘率兵渡江防堵。讵所部多与党通,甫至岸即与党人联合一气,张参将竟投江而死。于是水师尽入力山掌握。随以大炮轰击督销局,据之,局员钱绶甫逃。继占领货厘局,释放被逮党人七名,驻大通防营管带萧镇江则守中立。皖抚王之春初派傅管带永贵率兵赴援,因见党人势盛,不敢渡江,乃加派省城防营管带邱显荣及芜湖防营管带李本钦各领所部会攻,仍未得利,被党军以大炮击沉炮艇八艘,小火轮一艘。十七日芜湖吴道续派衡字军三营应援,清军势力顿加,力山挥兵奋攻三次,卒以兵少不敌。乃率馀众向九龙山方面退却,旋探悉汉口中军事泄失机,唐才常、林锡圭等均遇害,遂解散所部,潜至南京,谋焚毁马鞍山军械局,事亦不成。于是买舟至新加坡,访康有为、邱菽园计划再举。因而尽知汉局之朦,罪在康之拥资自肥,以致贻误失事,遂对康宣布绝交,愤然再渡日本。时湘、鄂志士陈犹龙桃痴、朱菱溪诸人于事败后多亡命东京,群向梁启超算账,梁不胜其扰,竟移寓横滨避之。力山乃与戢元丞、沈翔云、雷奋、杨荫杭、王宠惠等创刊《国民报》月刊,高唱民族主义,风行一时。壬寅一九〇二年三月,复与章炳麟、马同君武、朱菱溪、陈桃痴、王家驹、周宏业、李群等及余十人发起支那亡国纪念会,孙总理、梁启超咸署名为赞成人。清公使蔡钧闻之,遂向日政府要求禁止开会,此会卒被日警署临时解散。《国民报》以款绌停刊,力山乃至上海助戢元丞续办《大陆报》,复与同志筹办《少年中国报》,以短于资本而止。甲辰一九〇四年至香港,寓《中国报》,日与陈少白、郑贯公、黄世仲等谋,欲运动驻粤湘籍防军反正,尝往来广东三次。是年十二月,被清提督李准派兵搜索,狼狈逃港。

乙巳一九〇五年春,乃至南洋,访尤列、黄伯耀黄世仲之兄于新加坡。尝至《图南报》谒陈楚楠,以病不果。居坡两月,遂赴缅甸,谋取道入滇有所活动。既至仰光,寓陈甘泉宅。

先是,康有为于数年前曾率其徒侣至缅,设保皇会于仰埠五十尺路。华侨误信其说者,颇不乏人,闽人庄银安其一也。既而保皇会棍骗之真相次第暴露,侨胞亦因而觉悟前非,陈甘泉、庄银安、徐赞周、杜诚浩、林国重、陈金诸人于癸卯一九〇三年冬组织一中华义学,以教育华侨子弟;后二年,复创设《仰光新报》以启迪民智。闻力山自祖国来,众咸招待优渥,一如旧好。陈、庄、徐等乃请其修订中华义学章程为民族主义教育,力山于修订章程外,复为撰序文三千馀言,阐扬民族主义,透辟无伦。此文旅缅华侨至今犹有多人能琅琅朗诵也。力山又著《说革命》二十四章,凡六万馀言,皆经验有得之谈,登诸《仰光新报》,仅刊至十六章,馀稿八章,竟为该报顽固派股东所毁弃,阅者罔不引为憾事。

是年①春三月,力山自仰光至缅甸新都满德礼,与滇人李瑞伯筹商云南起义方法,居数日,再进缅边蜡夙,投张石泉处。张任英官译员,富有民族思想,与力山极为相得。力山在蜡夙赋诗多章,均寄登《仰光新报》,录其一二如次:

《蜡夙杂感十首》,力山遁公稿(略去——编者)。

是年六月,力山得孙总理自巴黎来函,言六月间东归,约在新加坡相见。其时力山已离缅赴滇边干崖担任教务,不暇他适,来函告陈楚楠请向总理代达意见。

先是,力山由蜡夙返仰光,拟即变装赴北京实行暗杀,行程未定,而吴樾炸五大臣之事发,且得同志蔡鸣岐函告各地戒严情形,切嘱慎勿轻进。适滇边腾越干崖土司刀安仁沛生倡办军国民学堂,特派卢若连至仰物色专任校长,徐赞周以力山荐,力山欣然就道,

---

① 此处是年,当为1906年。

学生陈仲赫、陈守礼、李贞壮、陈仁和、谢玉兔等五人随行。刀土司得力山助,乃使其弟摄理政事,自率男女学生十馀辈东渡日本留学。力山自刀去后,深觉办事棘手,颇有去志,时移书陈甘泉、庄银安、徐赞周三人云……(略去——编者)。

徐赞周等于是年秋七月组织一调查会月刊,以鼓吹民族主义为主,振兴实业为辅。初延滇人张石泉、闽人萧少珊主持笔政,以风气闭塞,销数寥寥。乃得力山书,知干崖地僻人愚,不能行其道,乃函邀力山返仰担任该报总编辑。力山得书,遂别择教员代其职务。将行时,忽染重病,因误投药饵,竟成不治之症。冬十月十一日,逝世于干崖,享寿二十有九。同行学生陈仲赫等为营葬后,同返仰光报丧,旅缅同志咸为哀悼不已。

力山未娶,有聘妻谢氏,闻力山凶耗,竟守贞母家不嫁。力山仅有一同母弟,曰钧彝,生一子名修竹,现充南京军医处药剂师。民国二十一年六月,国民党中央党部以力山奔走革命,死事惨烈,特赐给一等一次恤金一千元,以慰忠魂,生平事略宣付史馆。

据冯自由《革命逸史》(初集)

东京《国民报》

冯自由

庚子冬，湘人秦力山在安徽大通起兵失败，遂亡命至东京，与沈云翔、戢元丞、杨廷栋、杨荫杭、雷奋、王宠惠、张继诸人，发刊《国民报》月刊，大倡革命仇满学说，措辞激昂，开留学界革命新闻之先河。初虑清公使馆干涉，爰就商于余。余乃介绍力山、云翔谒余父镜如于横滨，以余父生长香港，可用英商名义，避免清吏鱼肉。余父允之。故《国民报》遂以英人经塞尔（Kingsell）名义为发行人。经塞尔即余父之西名，中西人士凡曾侨居横滨山下町者，无不知此名为谁何也。报中文字由力山、杨廷栋、杨荫杭、雷奋等执笔；篇末附以英文论说，王宠惠任之。是时汉口失败诸志士多逃亡日本，群责康、梁拥资自肥及贻误义师之非，力山尤形激烈。故此报列举康、梁种种罪状最为翔实。寻以资本告罄停版，出世仅七八月而已。

戢元丞于《国民报》停刊后，辛丑一九〇一年在上海发刊《大陆报》月刊，仍延秦、杨、雷诸人担任笔政，鼓吹改革、排斥保皇尤不遗馀力，实为《国民报》之变相。其批评梁启超文中，有警句曰："娇妻侍宴，群仙同日咏霓裳；稚子候门，共作天涯沦落客。"闻此文后为张之洞所见，大为击节称赏云。

据《革命逸史》初集

东京《国民报》补述

冯自由

《国民报》发刊于辛丑一九〇一年五月十日，事务所设在日本东京小石川区白山御殿町百十番地，编辑所设在麹町区饭田町六丁目二十四番地。各记者常驻编辑所内者，有秦力山、王宠惠、卫律煌、唐才质等四人。编辑室中，四壁悬挂庚子汉口殉难之傅慈祥、黎科、蔡丞煜、郑葆丞四烈士遗照。报中内容类分八门：一社说，二时论，三丛谈，四纪事，五来文，六外论，七译编，八答问。各门作者咸不署名。篇末英文论说后，载有秦君力山著《暴君政治》不日出版之英文广告一则，略谓："本社总编辑秦君力山，自庚子七月在安徽大通起兵，谋倾覆满清，事败逃亡日本后，现与本社各记者编著'暴君政治'一书。内容计分八类：（一）中国必须彻底革命；（二）叙述满人虐待汉人历史，举扬州十日、嘉定三屠为证；（三）批评清朝九代谕旨；（四）满清刑罚之黑暗；（五）暴虐政治之史实；（六）满洲详纪；（七）中国人之特性；（八）自传。不日可以出版"云云。英文论说出王宠惠手笔，中有批评中国刑法一文，极为精彩。此报仅出至四期而止。访诸各地老友，均已无存，只王宠惠手存第二期一册，诚革命史中秘宝也。

当时《国民报》秦力山、戢元丞、沈云翔等，因励志社及留学界

中优秀分子渐醉心利禄,时为清吏所收买,遂拟发起一国民会,以
救其腐败。其宗旨,在宣扬革命、仇满二大主义。拟运动海外各埠
华侨与内地志士联合一体,共图进行,即以《国民报》为主动机关。
及报既停刊,会亦因之搁浅。至壬寅—一九〇二年冬,留学界始有青年
会之继起。

据《革命逸史》(初集)

国民政府褒扬先烈秦力山令

（1942 年 2 月 16 日）

先烈秦力山,曩年参加革命,创立学会、报社,宣传倡导,劳瘁弗辞,乃志事未竟,亡身异域①。追怀遗绩,轸悼实深,特予明令褒扬,以阐幽光而彰正谊②。此令。

主　　席　林森

行政院长　蒋中正

据《国民政府公报》1942 年 2 月 18 日

---

① 此句中"异域",李根源《永昌府文征》中作"边荒"。
② 此句中"幽光",上引书中作"国光"。

樊锥集

题江建霞修书图四章*

（1897 年）

一

片纸趣破裂,积屋耗精血。横扫沧海虚,放恣神鬼折。乾坤旷寂寥,往来倏消灭。草草孕书子,区区意不屑。皇皇太史公,咄咄奋此烈。持幅索尚书,老笔分秀杰。画取修书因,禋祀流风绝。掣眼窥瑶华,盥手读《论》《列》。网罗夫如何,誓欲有所雪。

二

安石学商鞅,很很变新法。变抑不及骨,胡以劈赢乏。莽莽六万年,卵土一泡插。团团六大州,胎膜一片夹。五千载雄雌,八百兆鹅鸭。梦幻纷多难,儿女蹙悲怯。凿破新战场,夭却小魔劫。黑水倘可漂,赤血何足歃? 丈夫固不测,拂尘看青氈。

三

万古修书虚,一旦用书实。无虚更无实,日夜弄不律。著书如

---

* 《题江建霞修书图诗》长卷,原件藏上海图书馆。

散钱,修书如串质。散钱入串质,大用绝边帙。莫穷于无人,莫弱于无术。书以使之有,修以使之逸。百鸟一鸟奋,万马一马率。尝胆古所有,食肉胡所嫉。英雄见当谐,志士事竟必。

四

寥寥阴山苍,瑟瑟秋树碧。插架十万青,虚室一分白。了无红粉儿,徒有丹黄客。初日划清晓,明月烛幽夕。浩浩怀古欢,郁郁挟新策。错比阮子堂,不是扬子宅。何曾似六朝,未免耸一席。安得回日月,风力跨金石。揽此全球子,拱与天子拍。

据《题江建霞修书图诗》

读临湘吴獬凤孙题江建霞修书图诗

（1897 年 6 月）

读吴子诗，有味乎其言，题四句。丁酉五月中。

屈曲横空古味幽，三千精骑射风流。便知长吉心肝呕，莫使寒郊肺腑愁。

据《题江建霞修书图诗》

附：临湘吴獬凤孙题江建霞修书图诗

世间只有读书乐，如渴得酒病得药。所恨滋味自咀嚼，旁人一滴难领略。公乐与人当著书，使枯受沫饥受精。又嫌倾沥苦肝肺，坐今头白牙齿疏。有读书乐无着苦，除是神仙坐官府。神仙我福官我权，吸是山川吐云雨。更借修书变浮华，前阮仪征今建霞。吾知中丞未知趣，画作寻常编撰家。

据《题江建霞修书图诗》

开诚篇一

（1898 年 3 月 9 日）

今夫新学与旧学相水火也，新政与旧政相欧亚也，此不可责之吾旧，此当责之吾新。今夫吾之所以不能不新、而不忍不新者，非独为一人之美名也；非独为一人之私利也；非一哄之市，而专以嚣风气取宠也；非纵横其词，淫故其说，而腼然以六国之处士自秽也。然以此沸腾之而不能辞、不忍辞者，则何也？其意不过止于存中国，保教种，勿使数千年神圣之区一旦殄灭以澌尽，蹈波兰、印度、阿非之覆辙而已。

然则此意抑无大恶于天下。而世之老师宿儒、正人君子犹或有非之者，则以其为美名、为私利、为取宠、为自秽而已。而其寸长微意之是处，似未之谅。然而不忍罪彼而罪此者，所谓自怨自艾，自反自问，以冀挽回于万一，以期相济于通同，则吾之道必犹有所未尽也，则吾之中必犹有所未足也，则吾之所以处此，必犹未能倾肝沥血，垂涕泣而道之，卧薪尝胆积重诚以动之，以深白于坚朴浑噩之宗族，磝结于百折不回之豪杰也。则吾甚不可以盛气相辨驳，以巧言相钩距，以其所学而傲之以未知未历，以其所见闻而傲之以未闻未睹，以其所磨厉炼达、恻怛慷慨而傲之以所未有所未及。吾惟有也，吾必力检而自除之；吾惟无也，吾犹必力开而远之。夫吾之所谓公者,而或犹以为私也,而吾力察之;吾果有未公,吾力除之,以白吾豪杰,吾豪杰其幸谅之以图新,以安吾公,危夫! 吾之所谓通者,而或犹以为塞也,而吾力察之;吾果有未通,吾力除之,以白吾豪杰,吾豪杰其幸谅之,以图新,以存吾通,亡夫! 吾之所谓同者,而或犹以为异也,而吾力察之;吾果有未同,吾力除之,以白吾豪杰,吾豪杰其幸谅之,以图新,以易吾同,险夫! 吾之所以恳恳如此者,岂为己哉! 岂为彼哉! 为中国也。

为中国何以必如此? 吾岂为新侪乎? 何以必恳恳于旧? 其意有二也:

其一,以天下之最不可易变者,其骨必至硬,其神必至悍,其力必至厚,其量必至远,其志必至正且卓,其气必至郁且固;而其患之创之,苦之痛之,必不忍灭其所谓孔、孟诸圣之教者,必不忍斩其所谓三皇五帝之种者,必不忍绝其所谓九州五湖之国者,而较之吾人之叫号呼吁之恒情浅谊,必且什百千万辈流而亿兆之也。然而至计未定,而不肯苟同者,则以天下之风尚未真且实,而惧其丧己以自贱也。而使真知其时势所迫,运会所趋,不穷则不变,不变则不通,不通则不久,不久则中国几乎绝也,则黄种几乎斩也,则孔教几乎灭也,则将蹙然以振,翻然而悔,皇然以惧,奋然而起,而趋惟不先,而变惟不捷,摩顶放踵之不惜,履汤蹈火之不辞,新其所新,较吾人之所谓新,必尤勇且猛,旷且大,速且神,精且美焉。学其所学,政其所政,较吾人之所谓学,所谓政,必尤进而愈上,综而愈实,信而愈效,挈而愈备焉。是真足以策吾新也,补吾新也,益吾新也,完吾新也。然则不新,吾何忍也;倘其竞新,天之福也。尸之祷之,何日好之;祷之尸之,何日期之。其不新抑更甚,其新之抑更甚,固吾湘衡岳、洞庭之往气率然者,如今日之新学新政,崭然出九土之头角,倡万党以开先。虽其成与不成,尚未敢稍自恃,尚汲汲待群力,而其机已见,义不容已。以醯鸡负地球,以黍米塞沧海,不顾一切,殚竭愚款,而子而孙,而孙而子。中国一日存,吾一日必图以济之;黄种一日存,吾一日必图以济之;孔教一日存,吾一日必图以济之。吾岂敢逆其济,吾其必图也。吾其必合四万万民以会图,此吾不一刻忘一人忘也。此其气如此。乃其先则万夫一词,深闭固距,务欲以正气折之而不图其术,务欲以一拳碎之而不图其器,魏默深则诬其疯狂,郭筠仙则骂其书憪,曾劼刚则以瓦片掷之、以非种詈之,何相反如此也!所谓不新抑更甚,新抑更甚,往气率然者,非耶?今吾诸豪杰,吾抑敢料其必如此矣。何则?人谁无良,特未之思,如其思之,抑未之甚,如其甚思,则孝子为父母求药,不问其凉热也,问其当病与不当病也;慈母见孺子入井,不问其人之亲疏也,而惟求其救之矣;同舟共济,风浪险恶,不问其人之恩仇也,惟相保以性命而已。然则今欲保教,而惟热药之不服耶?今欲保民,而惟疏人则不呼耶?今欲保国,而惟仇人则不容耶?而况其不至如此也。今语以艰危,则曰是;语以保教、保民、保国,则亦曰是。此在凡有血气,当无不以为然,而安得不勉为孝子,而安敢不自任慈母,而安往非同舟也哉?故以为诸豪杰必思,思之甚,必如此矣。

其一,以强宗横族在外,而门内之家人当屏气稳虑,合力偕心。妇人挺身,孺子奋志,翕雨呼云,济济腾腾。无事则发愤以有为,各忍其辱,各忍其气,各耐其烦,各耐其苦。衣食盐米,各瘁力以尽其能;勤惰邪正,各循名以核其实。勿曰彼非也,吾不服之;勿曰此非也,吾不服之。恕其劣而庆其优,纠其长而勿专攻其短,务使转衰族而为之兴,务使转弱族而为之强。如是而万一不幸而有事也;如是而同其议,而同其气,而同其能;如是而度其德,而量其力,而审其幾，而乘其微；如是吾犹不足也，吾又姑忍之、姑待之，设法以善全之，以俟吾足也。如是而足也，则惟吾之所以毅然安其行，纵其所为，而吾之量不穷也。如是而彼强宗豪族，虽千百万林立于吾前，吾恐其食之不下咽也，吾恐其不能无骨以横其喉也，吾恐其不能至喉，先折手挫齿，反而噬其肤，不可料也。今也不然，家人嗃嗃，妇子嘻嘻，此非彼是，汝争我啄，诟谇之声，捭阖之向，在堂满堂，在房满房，而其一切之疲顽无论焉，其一切之骄放无论焉，彼外人其窥之审矣。其一二有心有血者，则未尝不为其所困、所扼、所扞而废然思返也。如是而欲保全其家，保全其国，虽十尧、舜不能，虽十周、孔不能，无他，则势使之然也。如是而十之中有三之不合，则虽幸而全之，而其费则多矣，其器不知几何矣，则今日之日本有之也，而况其万不如乎！夫以堂堂之九土，而至万不如区区之三岛，岂不大可羞、可憾、可愧、可愤哉！夫其可羞、可憾、可愧、可愤，非必以良心风俗不如彼，礼义廉耻不如彼；其不如彼，则以其不能同气同议而同能也，则虽谓之良心风俗不如彼，礼义廉耻不如彼，非过也，宜也。何则？彼人人有国，而吾人人无国也，此真可为痛哭流涕长太息而不自已者！夫船重则水深，山洼则泽注，人多则力雄，众和则事举，势使之然，无足特异。今诸豪杰如不欲存中国则已，如欲存中国，则不可不和众，不可不多人；如欲多人和众，则虽有异者，吾无妨焉，吾取藉以存国耳。所谓廉颇、相如，其初不同，其为赵则一也。夫吾华立国最古矣，立国最古，则积习更深。积习于上，则上无所新，虽新而如不新，此其故，天下皆知也，虽积乾坤之重力以移之，可过言其不胜也。积习于下，而新者一二，不新者千百，阻之者又亿万；以一二之新，求胜千百之不新，而重以亿万之阻，可谓不自量矣。此所以日日呼号，求友声于繁林蔚木之区，而思转百舌以一之,汇万汇以谋之,而不惮其猥且屑而劳且顿也。

夫万议不如一为,万言不如一诚。今不破去一切琐文小故,一举而为之,而日日议政学,议变法,则真宋钘、墨翟,无补于六国之危亡矣。然竟一概昧昧然,而不深究其所以,而昧昧然为之,与昧昧然而弗为,此抑非所谓悲天命而悯人穷、障狂涛而东之者之所为也。今夫苟非其人,道不虚行,无真热肠,无真血性,无真能去门面,去名高,去一切私利取宠自秽种种之恶习,则虽罄南山之竹,决河海之口,唇焦舌敝,户谕里晓,而不足以动天下之心矣。然抱头自闷,闭关塞闭,仰屋而叹,扼腕以吁,火燃及眉,不呼杯水,而但知跃跳也,虮蚤丛穴,不谋脱换,而但苦爬搔也;则将焦头烂额,垢污瘠枯,而无人惜之矣。然此中之者,止此一人二人,虽千万人,吾何必苦为如是也。吾惧其胥天下而为所误也,则非独旧者有罪,而新者抑与有罪也。其罪伊何?则忠告而或未能善道之也。夫天下之理,天下公之;天下之事,天下公之。天下者,天下公之,公天下而为之,为之而效之,效之而成之,虽不新可也,不新犹新也,虽不同可也,不同犹同也。而天下无义夫任士起而倡之者何也?其抑孤欤?其抑忍而任人之鱼肉奴仆我欤?今一言曰:如有能力使中国不亡、圣教不危、神种不险者,不问其如何,吾愿举天下以从之。

据《湘报》第3号,光绪二十四年二月十七日(1898年3月9日)

开诚篇二

（1898 年 3 月 19 日）

咸、同之中兴也，以曾文正、胡文忠最为洞开门庭，疏通血气。积真意以动世，布至公以济事，去官场之隔阂，联疆臣为一家。自三江两湖，及西北东南诸省，除文移公件之外，函商之文，手致之草，无月无日，不有险阻艰难，无事不共，屈伸消长，无况不俱。已而天下皆化，意见相消，上至督抚，下至营卒，靡不外托寮友之谊，内结骨肉之亲。其稍有扞格者，则未尝不尽情敷合之；其大相阴阳者，则未尝不苦心周旋之。此人岂真能洁然一无所私哉？其所以克之压之，汲汲焉惟不及者，诚不忍以一人之私，而危害天下大局之公也。去其私，图济其公，非为己也，非为人也，抑非徒为大局也，为此不忍之所在，直不能一息或绝，如有所驱焉，不容已也。其卒也，于大局益，于人益，于己更益，使天下万世称之，兆民怀之，国家尸之，子孙享之。功垂于宇宙，精贯于靡极，兴起乎后贤，而观法乎来哲。则是公乃真所以为大私也，则是真私者乃真天下之至公也。人之于身，九窍四肢，互相济，乃足以生。其所以济，则以血轮之流注而绝无一毫之滞也，以气筋之贯达而绝无一毫之塞也。今使不周于手足，则必有偏枯之症矣；今使不周于耳目口鼻阴阳诸窍，则必有聋盲暗核涨阨之症矣。使人而无手足耳目口鼻阴阳诸窍,则为乾坤之废物而已;数者缺一不畅焉,则非全人矣;偶而中此病,则有死亡之患矣。夫众人者,乃知所以调其血轮,养其气筋也,则足以生也无疑矣。夫曾、胡者,乃知所以调中国之血轮,养中国之气筋也,则足以生斯世也无疑矣。

统地球有大血轮焉,有大气筋焉,此无人调之养之者,其几微见矣。故轮船、火车、电线、邮政,调血轮养气筋之大物也。各国之通商互市,会盟聘好,合纵连衡,公理公法,此所谓小调养之始也,其大调养在后也。今使地球之血轮不调,气筋不养,则不能邻国相望,不相往来,闭关、锁港、绝市而相安无事也;则将洗兵四洋,血战六海,日月变色,风云带怆,而天地无光。故夫小调养抑不可无也。此非独五洲也。今夫义人之血轮不调,气筋不养,则丧欧洲之大权矣。今夫普人之血轮不调,气筋不养,则覆于拿破仑矣。今夫法人之血轮不调,气筋不养,则路易丧而巴黎几灭矣。今夫俄人之血轮不调,气筋不养,则杀戮相继,乱党横行,而迄今未已矣。今夫日人之血轮不调,气筋不养,则困于诸侯,辱于欧洲,而几亡于大将军矣。今夫事不至万穷者,则一智不开也;势不至万迫者,则一念之恻怛不肯发也。水不至涨天,则巨堤不溃;火不至千倍,则坚铁不柔。黑夜遇贼,刀不傅体,则不知反而走。腠理之患,寒热不沸,胸肺之疾,饮痰不决,则不知就药以医。故夫列国之蹙逼无已也,则退而调其血轮,养其气筋,故弱者强,亡者存,乱者治,而危者安矣。

今夫今人与古人不相谋也,曾、胡与列国又不相谋也,列国与列国又不相谋也,乃至通地球五六八九洲之人与其人又各不相谋也,乃至万物之与万物又各不相谋。然其操之若一,其计之若约也,其所以大小轻重繁简趋舍之不同,至其有所为则无不同,是何也? 则以此世界之公理,天初之元性,息息相乎,胎胎相应,未生而有,生而互涨者也。夫咸、同之祸乱,普、法之危殆,所谓骤雨暴病,元气与客气争胜,则医者一合药,而寒者逐、燥者去,此其血轮固强、气筋固未坏也。其调之养之如此也。今使此人矢其爱国之义,忧世之悃,而闭疆封域,彼划我界,独行凉凉,独行踽踽,不汇大局而谋之,不合群力以驶之,不彼谅我恕以固之,不因势利导以行之,则求其济事也难矣。故事业求迈曾、胡,轶普、法,而知识操行,出儿童众人之下,求其济事,未之有也。故去其彼,去其我,去其疆域,天下一切,独操不忍之性,必济之诚,同我一国,同我天下,如此而祸难不救,事不济,未之有也。且天下之祸难虽甚,事虽急,兢兢业业,于当务之振兴,政学之更革,上下一心,朋友一心,虽隆且笃、劳且苦,然天下之风气终郁之未开、天下之血诚终锢之未发、天下之愧愤终窒之未章也。夫救天下之大患者,必有天下之大望所属,如此而天下之人心有所仰而法,有所感而起也。此其事不必及世而睹其成,往者先之、来者续之而已。而今天下之大望,何尚未有所一归也?此不可以虚争诡得也,必其真有不忍之所在,毅然为天下倡,毅然为同僚倡,破除常格,而直以天见,如此而此省办事可同之彼省,彼省办事可同之此省也。此气一贯,此血一流,浸淫于此而及于彼,以及天下,如此而天下之风气犹不开、血诚犹不发、愧愤犹不章,则真天厌我也。天之所厌,无此者也;有而厌之,有此天乎。故不得天者,不可救天下矣。故救天下者,视之其国矣;故救国者,视之其身矣,其身则曾、胡之身也。曾、胡之身,则普天下与有之责也,而未有其权,则普天下督抚之责也。而时势所迫,不免孤危,则大分之普天下之士民也。而于是通力以助之,旋乾坤,回日月,生死人而肉白骨,起偏枯而挽废疾。其难如此,抑何?至此而不视之如此,则普天下之愤力不积,即普天下之和力不积也。而不知其可以旋,可以回,可以生,可以肉,可以起,可以挽,则普天下之望力不积,即普天下之成力不积也。而不得其旋之、回之、生之、肉之、起之、挽之之所以起点,所以成线者之聚区,则普天下之望力必伥伥而无著,即普天下之成力必渺渺而无凭也。而不善其所以起点成线者之聚区,不固其所以起点成线者之聚区,善矣固矣,而不通其所以起点成线者之聚区,不同其所以起点成线者之聚区,不公其所以起点成线者之聚区,不大其所以起点成线者之聚区,则天下之望力必始而著之,继而仍无著也;则天下之成力必始而凭之,终而仍无凭也。则夫今之两湖者,固四方之志士仁人、义夫君子所切期焉,深望焉,恕待焉,而过许焉者也。以为欲存中国,基于此乎;欲保教种,基于此乎。将以此为起点成线之聚区也,将求所以善之、固之、通之、同之、公之、大之也。将以曾、胡望其长官,望其士民,其进而未止,且跨出无量也,将由此而各省其如此也。故两湖不通,何况中国? 中国不通,则中国必亡。然则与其亡而有益乎? 与其存而有益乎? 与其独私寡利,卒至绝无一私绝无一利而有益乎? 与其同公共义,卒至无所不私无所不利而有益乎? 故愿与有通之之权者一筹之。其通则如上所云,其不通则如上所云矣。

据《湘报》第 12 号,光绪二十四年二月二十七日(1898 年 3 月 19 日)

开诚篇三

（1898年4月2日）

救天下亟殆之大病者,用天下猛峻之大药者也;拯天下垂绝之
大危者,反天下沉痼之大操者也。大药所用,庸医螫手;大操所反,
庸奴绝胆。疫火焚烧,则寒天尽一石之水;壮阴闭伏,则溽暑袭十
层之裘。恶女则姑不敢以为妇,夫不敢以为妻;恶士则上不敢以为
下,众不敢以为友。今有纵车而入海、扛舟而走陆者,吾不信也;今
有驶犬而耕、乘羊而射者,吾不信也。偏势之所趋,则不揣情而可
知其向已。今天下之病,匪直骨髓骎入膏肓已。失此不变,则永痛
终古已;失此不变,则抑终必变已,则亦变之于人已。此在稍有血
气,无不知者。自马关定约,胶州结案,举中国之人,有死人之心,
无生人之气,不以为绝无可为,徒苦无益,则以为黾勉从事,好事新
人,此所谓最明于天下之务,而自命为豪杰者,悲夫! 悲夫! 已而
果然,而俄人操旅顺、大连湾已,而德人挟山东之全政已,进而法人
索四款之利益已,进而英租长江、日不肯还威海卫已,进而列国莫
不奋割一脔归遗其主已,安见有区区之土可以幸全者。海水横飞,
瓯脱瓦裂,束手待毙,无可奈何。吾不知连将蹈东海而死,抑南走
非,北走墨,毋忍坐而睹其状者。彼其讳莫如深,优游甑釜,偷生一
夕,眇若无事,吾更不知此何肺肝者! 彼其傲然自大,顽冥不灵,怒

雷灌耳而无闻,莫邪当颈而无睹。既已心死,不能尸仆,控制生人,横肆鬼气。稍有新政新学,必万端阻挠,万端梗塞,使之已行者撤,将行者歇,未行者缺,而其志方快,其肾方畅;如其不然,则其一丝之魂,一丝之魄,终夜不寐,怨憾愤怒,横溢行尸,吾更不知此何肺肝者!是其人与我之天地已绝,与我之神人已决,无复教化,无复顾惜。今宜上至百寮,下至群丑,俱如此类,网罗净尽,聚之一室,幽而闭之,使其不见日月,不与覆载,不预理乱,不干是非,以遂其老、杨之怀,蝮蛇之性。

悲夫!同此人道,同此世界,吾其忍而为此不仁之事乎?吾抑万不得已而言之也!吾惧其因此人而世界全覆也,因此人而人道全戚也。悲夫!悲夫!吾其于此人,抑无足憾且怪已,自民之愚也久矣,不复见天日也抑已甚矣。其上以是愚之,其下复以是受之,二千年沦肌浸髓,梏梦桎魂,嬉酣怡悦于苦海地狱之中,纵横驰逐于醉生魇死之曲,束之缚之,践之踏之,若牛马然,若莓苔然,漫无所悟,一无所识,沉沉昏昏,瞢瞢阗阗,而惟日悍然抱其圈颈之具、串鼻之索,欣欣得意,罔罔可怜。又复肆其闇莽,逞其蠢恶,剖腹剐心,藏宝玉而已足;断去头脑,惟刍豢之是图。为之安其巢、理其命,卒卒取而毁之,拉而摔之也;为之解其悬、脱其绊,很很就而复之,唾而詈之也;为之破其迷、启其钥,兢兢塞而拒之,关而闶之也。猩猩走兽可与之言,鹦哥微禽可使之慧,猴可使戏,马可使舞,鸽可使传,狗可使战,野人生番可以化,黑奴红皮可以役。悲夫!林林神种,其灵竟绝;哀哀同族,其智不生。祸机险伏,杀戮突开,中原化为战场,湖山顿成血海。四万万生灵何辜,尽供刀俎;三千年教种无恙,一旦灰残。野人生番,求之不得;红皮黑奴,乞之不许。披贾生治安之策,则不惟其痛哭流涕长太息而已也;读康工部五上之书，则不惟其偏安之不可得，恐求一噍类而抑不堪也。此吕政、朱元璋等之民贼，所以罪暨无量，而永无解免之期也，悲夫！

吾欲为国家用一峻猛之大药，而不免终惧庸医之掎阻也；吾欲为国家反其沉痼之大操，而不免终惧庸奴之棘刺也。然而终不忍不言者，切肤之痛甚，亡种之祸烈，而屠教灭国之事惨也。诸此长技，彼人惯习，破纸废报，触目皆是，大众悉知，视缕生厌，此不必渎陈繁引，而中国若此，可保其必无幸免也。兔死狐悲，何况同尽，凡有血气，岂不伤心。故事至今日，欲中国之必不亡，则舍有一策之外，必无别幸，何则？今日之习气甚已，国权滥已，民智屈而微已，稍有血气，夫岂不知。若欲仍此旧规，图与维新，则上而仰之于君，而君不能径有其权，而径行其权，此在吾皇每一念及，未尝不惨然下泪，仰天无赖，而莫可谁何也。则中而责之于臣，而其泄泄沓沓，无所可否痛痒者既如彼；其顽顽蠢蠢，转而碍事梗议败图者又如此。此皆全躯保妻子，苟活偷容一刻之安富尊荣，固无足道；即其勉强自励者，愤欲有为者，卓然通世权而为民望者，而或则牵于权，或则纽于力，或则小于才，或则近衰蠹而伏枥，或则扼下位而孤鸣，或则胆不足以从识，或则识不足以振气。此皆大局掣制，推挽无侪，文法拘执，坐令赤县崩决，神州陆沉，而空呼负负者也。如此锁械之中国，舍君臣之外而问民乎哉？如此而欲求新政之济事，祁山可平，黄河可涸，天可倾，地可覆，而此不可复觊矣。是故非刳剔腐肉，吸灭败气，扫除一切，伐毛洗髓，则不足沃其生性，畅其新血，振其以太，清其脑筋矣。是故非毅然破私天下之猥见，起四海之豪俊，行平等平权之义，出万死以图一生，则不足斡转星球、反施日月、更革耳目、耸动万国矣。是故愿吾皇操五寸之管，半池之墨，不问于人，不谋于众，下一纸诏书，断断必行，曰："今事已至此，危迫已极,虽有目前,抑无所用。与其肢剖节解,寸寸与人,税驾何所,蹵天无路,不如趁其未烂,公之天下。朕其已矣,宗庙可质,支那父老,或其谅我。"于是拓睦仁之未竟,用明治之五誓。曰:万幾决于公论。公论者,遂起民权,撰议院,开国会,以忧违责之四万万,而策群。曰:四海一心。一心者,使人人有自主之权,人人以救亡为是。穷极生变,郁极生智,神孙之里,幽荒之外,必有热血热肠,真能忧世者,潮而四应而爱群。曰:内外一途。一途者,无满、汉之见,无亲疏之见,无京省之见,无远迩之见,人人平等,权权平等,阔然开张,惨然顾护,同舟共命,无人非骨肉,同伦共性,无人非宗子,如此则英雄放手、雕鹗展翮矣,而力群。曰:洗旧习,从公道。则一切繁礼细故,猥尊鄙贵,文武名场,恶例劣范,铨选档册,谬条乱章,大政鸿法,普宪均律,四民学校,风情土俗,一革从前,搜索无剩,唯泰西者是效,用孔子纪年,除拜跪繁节,以与彼见而道群。曰:求智识于寰宇。则厚遣广选,才臣学生,商工士民,分派数十国游历,学习三岁五祀,期以必成,必有博文利通诸子归而宏树者而才群。此其迟效在后日,可以兴国;其速效在眉睫,可以救亡。从此一切用人行政,付之国会议院,而无所顾惜。水恩土德,二百馀年,谁非臣子,谁绝天良。则中国如不欲不亡则已,如犹欲不亡,未有一旦竟舍其二百年深仁厚泽、共戴共生之主而可图生者,而可免万国之口实诛讨者。何况悱恻悲壮,弃绝顾恋,敢以民权救其赤子者,此在同胞,当如何感泣,如何爱愤;此在敌邦,当如何异视,如何退忖?转移之间,安累卵于泰山,反属纩于声息,大彼德不足擅其美,睦仁不足专其烈。开万古之变局,应万古之变才,稽之春秋之三世而不谬,考之万国之公法而不背,质之古今之鬼而无疑,扪之寸心而安。此则工部之苦心,不可明言。必以此济之,然后其事无障,厥效有睹。君民共主,救亡铁案,孰得孰失,必有辨者。倘竟狃抱桥之习,坐昧改弦之策,乞肉哀命于虎狼之口,噬脐剥肤于一指之顾,掣眼黍苗,天呼不应,回首泡幻,梦醒无求,悔之何及,忏之已晚。明知此药无人敢服,明知此操无人敢反,洒泪泣血,冀幸万一,拼命苦口,引望将来。南蛇送客,至死不察;蚁群恬舌,入腹方解。天闷地惨,神号鬼哭,泫怀沧海,有痛如何!

据《湘报》第 24 号,光绪二十四年三月十二日(1898 年 4 月 2 日)

发　锢

（1898 年 4 月 19 日）

　　井蛙抑欲以争天，夏虫抑欲以考冰。不临沧海，则曰水之大；不登祈连，则曰天之高；不揽星球，则曰世界之宏；不纵横靡域，则曰乾坤之廓。不层累叠积于三界无何有不可知之上，则安知此区区天之外，尚有无量恒河沙数天，而我之天，眇乎微乎，绝不足道。此微眇之天，不知几百千万亿兆京垓无量恒河沙数之星球者，我仅据其一。此一星球中，其微眇不知几许。剖分一沙之一者，而此中万国列之，相掎相角，相抵相吞，无辰刻、无秒分、无有已，此何为也？其万国，则万教列之，宗旨岔出，言议横塞，沟涂夹逻，灵魂迷离，若得若丧，孰去孰从，油油冥冥，沉沉冤冤，此何为也？此所谓一切无不非，一切无不是，一切并无是非，一切并无无是非者也。以此统之，犹患不足，况不及乎？而世之自命孔徒，昂昂儒服，以为舍我之外必无天地，舍我之外必无教化，是非能真见其无者，意想其必如此而已。此人之中又非能一其自命，真孔徒又万其所挟，无不皆以惟己则是、惟人则非，区区之中，乃至如许之是、如许之非。试使自问其灵魂，灵魂不受也；试使互问其灵魂，灵魂生汗也。为其太小，则反自丧也。自丧何足惜？为其足以丧真孔也；真孔自在，丧抑不丧，不丧抑不丧，何足累之？为其累目前之国也。目前之国，彼何足累之？为其彼人如此，人又如此，则必且累之也。嘻！
何其不仁也！

　　万国森列，吾得混之，混之以教；万教羼错，吾得一之，一之以
天之理。不以是者理、非者不理也，世界之是非皆理也。唯其皆
理，所以可一；惟其可一，所以无争教。未有舍天而立者，圆颅方趾
横目之族，治之以天则顺而服，治之以非天则逆而不服。自然之
性，欧、亚符合，乌得以我独有天、彼独无天乎？又乌得以我之天独
是、彼之天独不是乎？今无问他教也，一教且万端，然则谓有万天
不得已，此大惑也。一教万端，不得谓万天，而谓万教有万天，亦不
得也，此尤大惑也。天之于生，无非一也。一也者，公理焉；公理也
者，平等焉。无人非天之所生，则无人非天之子也。进之则无物非
天之所生、天之子也，进之则一一切世界所有微尘野马不可言说，
无非天之所生、天之子也，进之则一切行星恒星端倪变动，无非天
之所生、天之子也，平等也，进之则天且平等也。一切出于天，则一
切无非天焉，进之则无量天亦平等也。一切名之天，则一切无不同
焉，进之则无量天之上，尘尘万积，率平等也。其一切本无，则一切
无不同焉。然则一切犹当同之，而况区区之教乎？人欲各划其教，
则各划其天矣。各划其天，则各划其己矣。不知天固划之无可划，
而己划之则死也。今必欲以无可划而求死，多见其惑欤？人生，其
灵魂与体魄互，体魄则天之形，灵魂则天之神也；人死，其体魄则
地，其灵魂则天矣。一切胎卵湿化等等动物，无不皆然，则胡不有
天矣，一切植物之生，人疑其有体魄，无灵魂。不知其生机即灵魂
也。然则何以不动？不知其长大即其动也，则胡不有天矣。一切
静物顽物，微尘野马，人疑有体魄，无灵魂。不知世界既有此物，必
有所生，有所生则有灵魂也，则胡不有天矣。世界无有有体魄无灵

魂者,无灵魂则无体魄,无生则无死,未有有死而无生者也,而况体魄皆天乎？故知教不可不知天,知天不可不知凡物皆天,知凡物皆天,则凡物以平等视之,而独凡教不以平等视之乎？多见其自外于天已！其终能外可也,其如终不能外何？汝以为正人,更有正于汝者;汝以为精人,更有精于汝者;汝以为大人,更有大于汝者。吾一以平视之,则任其正、其精、其大,不出吾平也。此所谓无等等者也,所谓以元统之者也,所谓大同也,太平也。人能大同其教,则大同其世界矣;人能太平其教,则太平其星球矣。此非独吾教未能,万教犹尚未能。抑非独吾教之罪,万教与有其罪;抑实无不能无有罪者,时而已。乃失其时,则失天也,失天则必死也;抑无所谓失且必死也,气逼之,运迫之,世乘之,风靡之,雄者决之,智者因之,仁者化之。万水汇于溟瀛,无非水也;万气弥于虚空,无非气也;万土聚于五洲,无非土也。苟欲别而称之,绝而远之,殊而目之,抑不能矣。天之义从公,地之质从通,人之性从同。一人孤生,不成其为人;一国孤据,不成其为国;一洲孤立,不成其为地球。一筋一血一丝一络不成其为身,故一教不成其为世界也审矣。无以同之,则涨愤杀夺瘰痹窒碍而已矣。故天不忍,示之几已;故人不忍,行其几已。

昔者有撤其藩篱者,其时未至,其教未全,其义不宏,故格于俗,然其言可取也。凡毅然有所树者,必其致然有所是者也,必其的然异于众生者也。然犹不即信,乃至其种靡然其从之,其徒酣然其嗜之,其枭桀顽怪垂然其服之;然犹不即信,乃至察其所以,确然其有所不妄,披其所志,冲然其有所入。吾又省其所因,浑然其有所得于天,一教如是,万教如是。退乃嗒然自丧,恍然自觉,悔前此之小,幸方来之适也。甚矣民贼时文之毒一至此也！异书禁绝,则眉睫之外无剩睹矣；臭腐垛遝，则方寸之隙无馀明矣。一二梦醒之士，寥寥寂寂，如此可哀也，故时文不废，则孔教必亡无疑也。知其似者既绝，而又挟其绝不似者以傲人凌人：吾孔教！吾孔教！不知人且以土番禽兽不如待之，操其利兵恶炮，草薙之，禽狝之，随其后也。而悍然不悔，悔之已晚，谓之何哉！

吾言不信，请证山东：一杀教士，全国附人，尼父邱陵，沦为异域，践踏桎梏，皆将任之，终天茹恨，莫可谁何，不知吾民抑何苦也！此其所争，在至浅最粗之下，其根则原于士夫不明，深闭固拒，纵焚恣焰，有以致之。吾辛勤苦营，竭血无谓，彼一纸公文，唾手已得。其藉口发难，则一教字而已。瓜分之图，横陈市上。一俟教案有衅，则剖割可待。吾湘视之，惨不为惧。覆车败辙，九士相续。殄灭澌尽，其心方快。此之肺肝，又不知何在？明知此言获罪于众，然愿取前后细忖之，乃知泡幻之大有如此，时势之阨有如此，则可以废而返矣，进而求矣。得其粗，则免死亡之祸，保大众之局；得其精，则凿通万宗，熔冶一旨，有进于道，不负虚生。此犹未言其万一之万一之至粗最浅者，其有必欲言尚不可言者，则不惟其以异类相待，惟其因吾之言而重世之不信，则累矣。性海茫茫，觉岸抑抑，天不厌道，来日方长，悲夫！

据《湘报》第 38 号，光绪二十四年三月二十九日（1898 年 4 月 19 日）

《湘潭公恳变通县试月课禀并批》附识*

（1898 年 4 月 19 日）

右禀及批系湘潭友人寄来，阅竟喟然叹曰：湘潭人士之为是

---

* 本文为湘潭县生员曹典植等公恳变通县试月课禀和湘潭县令陈宝澍批语后的"附识"，禀、批、"附识"，并载《湘报》第38号。原禀为：

"湘潭县生员曹典植等为公恳变通县试月课，呈请提倡，以广风气而资造就事：窃见抚宪暨学宪奉旨添设经济一科，分特科、岁举两途，现经出示晓谕通省士子一体知悉遵照。又学宪刊发条戒，通饬各该生童观览复习，勉为实学通才。如不能为经古杂文，即时文尚有可观，生则难望高等，童则难予进取等因。仰见大宪钦遵谕旨，求才孔亟。并闻通饬各厅州县多设学堂，酌改书院课章。此诚转虚为实之机，淬柔为刚之会。生等自应及时砥砺，各自奋兴，力除锢陋。久约同志，拟请仿照岳麓书院及湘水校经堂章程创立学会，如省城新设南学会之例。因拨筹经费，碍难骤成。今公甄别书院生童，兼试杂艺，俾诸士温故知新，开通志识，将前此虚伪之习，后来讲学之基，转移于一举，幸何如之！惟由此推行，似宜多出经世各题，听各自专长一艺，即作完卷论。每课限以两日，俾远近周知，闻风鼓舞。其卷应由公祖署内评定，以昭激劝。生等引领翘企，尚虑乡僻囿于见闻，末由振作士气。兹集议拟请县试除头场外，如有不作四书文者，初复试专门题，约以特科六事，二三复试经史时务题，末复仍试专门题。果能学识宏通，体用具备，应一体取列前茅，以开风化，而裨实用。可否仰恳俯赐察核批准，并请会同儒学，出示晓谕城市乡村，俾阖邑人士知所宗尚，争自琢磨，共体上台提倡实学至意，感服莫名，循途渐近，月异日新，将来创立学会，庶有张本。生等不胜祷切待命之至。谨呈。"

《湘潭县正堂陈大令宝澍批》为：

"据生员曹典植、朱彝鼎、赵璧、刘绍基，童生梁焕彝、陈希哲等禀已悉。奉抚、学宪札饬，奉谕旨，岁举之外，另行特科，所以广求人才，共济时艰也。特科分为六门，类皆经济之学，应试者先由地方官考验申送，再由各大宪采其所长，咨送礼部，恭候召试。本无一定年限，与常行考试不同。县试即在岁举之列，似未便遽变向章，改试经济诸题，致违定制。惟该生等如果于特科拟试专门之学，确有心得，尽可遵照抚、学宪示定章程，由公正士绅保荐，本县会同儒学先行考试，申送省城各书院。俾得各资造就，以为他日登进之期。亦本县所深望也。"

请,有心哉!有心哉!惟陈宇初大令批语谓"违定制",则殊误焉。国朝令甲,并无四五场俱用时文之例,即以乡试而论,头场时文,二场经义,三场策问,固不专取时文也。且学使按临各府,亦先试经古。近日徐大宗师手谕,谓如不能为经古杂文,生则难望高等,童则难予取进,其苦心造士可感也。批语又谓经济特科,必由地方官考验申送。恭读本年正月上谕,饬下京官三品以上,外官督抚学政,各举所知,岁举则由各省学臣调取。反复推求,所谓由地方官考验申送之语,实无明文,殆陈大令之偶尔误会耳。方今世局艰危,人才消歇,朝廷特开科目,网罗天下豪俊之士,共济时艰。抚部陈公,惓惓君国,每上念皇上宵旰之忧勤,绕室彷徨,泪流交睫,故叠颁手谕,殷勤训迪,以兴学育材变通章程为第一义。昨日长、善两县县考,且面谕赖、陈两大令,于二、三场策以经济时务,盖深冀一二良有司,共体苦衷,相为指臂也。吾愿天下之为督抚者,总以懔遵朝旨为心;天下之为州县者,总以仰体宪政为法,则国有起色矣。因批语稍误,特为补正。樊锥附识。

据《湘报》第38号,光绪二十四年三月二十九日(1898年4月19日)

劝湘工

（1898 年 5 月 10 日）

湖南，天下之工国也。五代马氏，以工商立国。夫工者劝商之本也，无工是无商也。五都之市，赛博之场，地利不兴，五材不饬，烂缯败絮，牛溲马浡，充塞阛阓，积压囊橐，岂足称贩趸之雄、骋钩距之术哉！土产万货，出之于农，沐栉风雨，胼胝手足，酿彼菁华，供其采撷，终岁勤动，藉资畜事，食之于汗血，衣之于肩背，则农家者，抑工之流亚也。轮铁卝算，声光化电，千灵万幻，何莫匪工，全国之政，胎胚于此。故未有工赢而商绌者也，未有商赢而国绌者也。地球数十国，争利趋异，竞奇斗新，日异月盛，出鬼入神，有加靡已。世界之文明愈进，工业之权力愈放，骎至万国一工国也，独一湖南哉？

欧、墨列邦，原本基始，发祥致大，舍工之力，莫或至是。米利坚之富也，行商李之令，尽垦辟之利，拓粪畜之法，致机器之用，八十馀年，产业积多四十馀倍，国无遗宝，雍雍太平，工为之也。英吉利之盛也，穷输、匣之巧，推华、约之智，罄审面之能，凿匠冶之窍。八十馀年，产业积多六七倍，树霸五洲，遍执牛耳，工为之也。日本之兴也，殚慧术之性，步制造之精，究纂刻之殊，逐艺学之绝，二十馀年，产业积多数倍，战胜亚西，改约列邦，并驱欧、墨，争雄海上，工为之也。若是乎工之益于人国也!

闻之子长氏矣:农而食之,虞而出之,工而成之,商而通之。夫农虞之所食出,商之所通,前后皆待成于工也。闻之子夏氏矣,百工居肆以成其事。夫百工不精不新,不可谓居肆;不居肆,则万事无成;万事无成,则三民之原竭也。闻之夷吾氏矣:工者与功不与分,智者知之,愚者不知,不可教民;巧者能之,拙者不能,不可教民;非夫人能为之也,不可以为大功。夫统智愚巧拙,夫人而知能之,此泰西所以冠五洲也。闻之考工氏矣:粤无镈,燕无函,秦无庐,胡无弓车。非无之也,夫人能为之也。知者创物,巧者述之、守之,世谓之工。百工之事,皆圣人作也。铄金为刃,凝土为器,作车行陆,作舟行水,皆圣人作也。夫以工为圣人,至率夫人而工之,此欧、墨所以横地球也。史公、子夏之言,何其相似!夷吾、考工之言,又何相似!夫惟通国人皆圣工,则天下事不足成,西人不足畏已。考之于古则如此,证之于西则如彼,若是乎工之益于人国也!

湖南阻万山之中,跨洞庭之要。铁路创兴,轮船展驶,通商口辟,舟车利宏。上属两粤,穿黔、滇,贯暹罗、缅甸,控大洋而接万舶;下振荆、襄,挈江、淮,越黄河、幽、燕,纵西北而横东南。珍环骈阗,文货坱塞,瞬息千里,潮水消涨,则此洲第一形势,扼奇撮要之大工厂也。货弃于地,人满于土,物食浮贱,资价廉简,而上下之智未开,故民间之生计日绌;人己之见太重,故师法之取资蔑自。醉梦沉酣,日月封蔀。煤铁充斥,而开采无术;花棉垛积,而纺织不灵;竹木环遝,而成斫无日;土石横竖,而利用绝闻。土法既颓败而硗确,新机益暗弱而屯蒙;大工既绵薄而无力,小工亦痿痹而绝能。坐销立乏,日见其萎;生鱼腥肉,岂可充饿。岳州之埠一辟,通商之物鳞萃。主九客一之利,岂语于愚民;人精我窳之象,立决于眉睫。

则任其漏卮尾闾,剗伐毛骨,如海关故事欤？抑俟瓜豆剖破,新人抚导,苟且偷旦夕之安欤？则所以拓工厂之局,尤不容一刻之稽缓也。工政立,工业兴,百万穷民,胥经消纳,土匪盗贼,一律收拾,无业有业,无归有归,赈恤出其中,迁善出其中。国之财源,民之命数,相辅并需,同条共贯,贸本塞流,计无善此。今有至腐极弊之物,与最新殊利者相角逐,斗械不已,以死鼠捍生狮,以败草敌精兵,欲不灭亡,宁有幸乎？

然则苟欲转灭为兴,易亡为存,固抑易易。即莫如大兴艺学,众建学堂,宏创工厂,富购机器,广选西法,多聘西师,举从前挥拳摩刃殴孤杀羁之心,一变而为讲信修睦舍短取长之谊。人巧我拙,人精我劣,既不能令,又不受命,孟之所谓绝物,岂湘工所宜学哉？新工既盛,旧工减业,故步未改,前途互竞,或落价低值,冀希取胜,工资愈微,生计愈蹙,积忿不已,号蹴厂家,此在西工,故亦偶有。卒之旧不敌新,从前工人未必不折而入厂,艺即渐精,资亦递增,不数年后,手工尽化机器,物货喷于瀛海矣。夫泰西新法,近百年事耳,向抑拘守榛莽,略如吾之今日,或且不及,故终古大秦,至今始席全盛,吼亚东,彼其不变则如彼,既变则如此。故吾国之工,弗可弗察也。国人鄙洋货,憾洋货,究无一人绝不用洋货。倘吾湘之工艺能盛,则货可不洋矣。

据《湘报》第56号,光绪二十四年闰三月二十日(1898年5月10日)

上陈中丞书[*]

（1898 年 6 月 18 日）

锥闻去天下之名高者,办天下之大事者也;因天下之材器者,救天下之祸难者也。力足以干天下,而能尽其愚,则天下无粉饰之患,则事举矣。智足以周天下,而能虑其隙,则天下无空阔之患,则事举矣。诚足以变天下,而能敢其行,则天下无委荼之患,则事举矣。谊足以同天下,而能真其会,则天下无畛域之患,则事举矣。是数者,抑所谓老生之恒谈,无足特异。然由其道而始终无憾者,事无不办,祸难无不救;不由其道,与由其道而始终不无憾者,事无不名办,而与不办无异,祸难无不名救,而与不救无异。是其心非不善也,而其如所操者何! 其所操亦非不善也,而其如所至与其所能者何! 则甚矣言之甚易而行之固难也! 行之固易,行之而必有济,必有济而必有成,则真难也! 夫畏其难而委靡颓堕,澹与泊相遭者,此所谓天下之大废,不足与之言,不足与之为也。不畏其难,而毅然有所施行,则似之矣;及退而考其所施所行者,则止于斯也。夫其止于斯,岂不曰吾势有所不能乎? 吾时有所甚阨乎? 此其所苦者,一则曰无款,再则曰无人也。然不曰吾有所不需款者,则一

---

* 《湘报》刊发此文时,于题下注:"是书本正月作,故情事略有不同处。"

一举行之乎？不曰古者无借人于异世，惟吾之所取所使焉乎？然则其所取所使者抑必有道以致之也。夫无道以致之，则骐骥满目，而有逃于空山；鹓鹏当前，而有翔于万仞。执鞭而驭之，曰无马也；张罗而弋之，曰无鸟也。其真无鸟耶？无马耶？其真失所以收鸟马者而纵之耶？

虽然，才亦甚不易知矣。则有江湖之才者，其文采足以振之，其声誉足以动之，其地势足以辅之，如是而知之也固宜。则有山林之才者，其文采未足以振之，其声誉不足以动之，其地势无足以辅之，如是而不知之也固宜。失一知之，则失一助之矣；失一助之，则失一济之矣；失一济之，则卒以无成而已矣。天下之事变极矣，时势迫矣，条绪纷矣，恢张难矣，然其道终不外于得人。顾人之得不得，非以其外也，非以其言之可听，望之可服，位之可重也；非以其痛陈时务，则即为曾、左也；非以其解语化电，则即挽江河也。语云："天不变，道亦不变。"然愚以为天虽变，而道亦不变，而人必不变。何则？是道也，所谓可常可变可大可小之道也，何变之有？是人也，所谓可经可权可古可今之人也，何变之有？然则必欲得之，求共济之，则有文者可也，无文者更可也；有声者可也，无声者更可也；有地者可也，无地者更可也。无文而后胜天下之质，无声而后胜天下之实，无地而后胜天下之居。是何也？则天之道然也，则才之道然也。然则其所以致之何也？曰种其十、得其五，汇其万、用其百，吾无悔也。孟尝之门人不必才也，昭王之台人又不必贤也，其所以致才贤在是矣。古者一大夫而客三千。今诸侯无三百之客，而待食幕下者不过十数人。此十数人，其皆有用与？无用与？其有用也，足以治之而有馀；而其如不然，何则？与其少也，不如其多也。而今之诸侯不能也，则欲得任侠之才，壮谋之士，恐难焉矣。

夫此类谓所以存种保教保中国国家者,而不能致之客之,则何也?其所谓会,则不足以致矣;其所谓举,则不足以致矣。何也?以此倡之者之一人,其中犹有所不足,则其道自然有所不孚也。今之人好言日本之兴,好言日本任侠之兴,乃其任则诸侯之客。其客则诸侯之祖父数千百年积养之而未大用者也,及其用,则又由其主之有人,中之甚足也。其所以足者,则以其能去天下之名高,而因天下之材器也。今不筑黄金以召天下之豪杰,开天下之言议,致天下之智计,尽天下之果力,图所以济之;而狭小当时,求之后日,吾恐急难不择西江之水、而冻夫难求六月之燠矣。夫泰山不让土壤,故能成其高;黄河不择细流,故能成其深;而世有伯乐,然后有千里马;千里马常有,而伯乐不常有也。今不自憾其不为伯乐,而憾天下之无千里马,是欲求泰山之增高而却四境之土,求黄河之加大而拒天下之水也。

今夫楚材晋用,秦用天下之才以致天下,匈奴用中行说以困汉,苻坚用王猛以困晋。今吾未见外人之仕于中者得以重其用、感其遇、尽其才而致其主者也。其所以不得,非人之不忠也,己无能重用之主之才也。稍任之,则恐其卖己矣;不任之,则为势所迫矣。是用不用两见其绌也。夫外人用中人而得力者有之,各国互用其才而得力者有之,若是乎宜其不如彼也。今夫人惟中之不足,则恐他人之卖己,恐不足以制他人,而且恐不得其能者也。是所谓无长驾远驭之略,无至诚待人人亦不负之义,而其实则弱也。夫六国时,各国抑曾互用其才,然卖己者有之,不足制者有之,不得其能者有之,而收天下之才之效者,惟秦为最多,则亦惟秦之最强也。何则?其最强也,则人思奉之以显功名,则未有不忠者矣;其最强也,则不忠之才,抑无所售其诈矣。是故秦逐客而卒收逐客之用也。

樊锥集

今天下英、法、德、美、奥、义、俄、倭、比、日，万国纵横，则所谓大战国之世矣。然惟俄据天下之形胜为最强也，则将收万国之才之用者，必惟俄为最多矣。今列国喜言中国之瓜分也，而不知有猎者以据其后也。故为今之计，则不能不开拓用才之术也。夫才无轻重也，以其国轻重之。所谓虽有智慧，不如乘势，强国用之则愈强也。国无轻重也，以其才轻重之，所谓越用范蠡，燕用乐毅，弱国用之则转强也。

且夫变科目之才，无所需于款也，其一风之转移而已。今朝廷有特科岁举，制则善矣，乃所谓时文弓马，则犹惜而不尽去之，何也？去之则一纸公文可耳，乌有所谓积重者哉？夫民之所以斤斤于此者，以上之重之也。如不重之，则弃如敝屣而已，而过言积重，何也？此而终不去，终不足以易天下之耳目手足心口，而欲其不趋此也，得乎？此而终不去，则百人之中尚有七八十趋之者矣。则不曰吾有学堂乎？不知天下大矣，彼学堂之中，则皆才者乎？是当不以时文弓马〔参〕陋之也。彼学堂之外，则皆不才者乎？是犹当以时文弓马参陋之者也。夫宽则宠名誉，急则用介胄。今其所宠者，尚未必能名誉；其所用者，尚未必能介胄，则何也？是非所谓名高者累乎？而大吏之不力阻之、力争之、力去之，虽欲不妨吾新政，不可得也。且夫变农之才，而未闻下一令曰：国之育子女者，必种桑数株，家必养蚕，无蚕者罚。国有一农养十人、养数十人者，编为上农，与奖牌一，以为表异。此无需所款也。且夫变工之才，而未闻下一令曰：国有制一新器、创一新法，有益民生国计者，与奖牌一，以为表异，给凭文一，许其专利十年。此无需所款也。且夫变商之才，而未闻下一令曰：国有纠集茶丝公司及别等公司者，与奖牌，给凭文，加保护，与国休戚。此无需所款也。且夫变天下〔之才〕而未闻下一令曰：有能为士会、学堂以兴诸学问、保教种者，得千人给五品衔一,得万人给五品衔十。等而推之,县统之府,府统之省,省统之京师。有能为农会、学堂以兴农学问、保本富者,得千人给五品衔一,得万人给五品衔十。等而推之,县统之府,府统之省,省统之京师。有能为工会、学堂以兴工学问、保艺富者,得千人给五品衔一,得万人给五品衔十。等而推之,县统之府,府统之省,省统之京师。有能为商会、学堂以兴商学问、保市富者,得千人给五品衔一,得万人给五品衔十。等而推之,县统之府,府统之省,省统之京师。有士农工商诸会学堂能建大力以游历外洋,讲求政学艺学,归而教者,给二品衔一,诸凭文有差。此无需所款也。而知天下之必有应之者,何也?夫今天下,人怀忠愤,特无所施,而一旦开功名之路,下大通之令,是决渠开流,纵鹰使奋,无有不济者也。今事事责之于官则难矣,事事任之于民而官总其成则不难矣。夫事乱则不可惜功名,事急则不可爱重赏。今既不能赏,又不能开功名,而入粟纳贿则可以有得,循资格、养缘望则可以渐次,冗官闲僚相望,吏治猥鄙,而清直任事者无几也。如此而欲办大事,救祸患,是期通万里而兀坐一室,拟登祈连而却走洼泽也。

　　且夫变妇女之才,此无所需款也,其一风之转移而已。今海内有不缠足会,是虽其士绅为之,而未尝以公文也;虽有从之,而不从者累累也。岂非以朝廷无令甲而官无特示乎?岂非以国无法以平之乎?今必以民之愚不可解乎?而民之所抗不见其多也。今欲去之,则一纸公文耳,乌有所谓积重者哉?此疑似小,而不行新政则已;如欲行之,则岂谓之小乎?而未闻下一令曰:自光绪二十年所生女子,有缠足者,人每岁纳税银一两;有放足者,人给奖牌一,以为表异;有能倡为会者,得千人给五品衔一,得万人给五品衔十。馀与上同。则何也?且夫官民之受毒于鸦片,因而软疲无用、坐废大事者相望也。而未闻下一令曰：有能卓志戒烟，毕世不复吸者，人给奖牌一，以为表异；有能倡为会者，得千人给五品衔一，得万人给五品衔十。则何也？此无需所款也。然不曰如倡戒烟，其如税何？夫元气稍复，则国势日进，税绌于此，不赢于彼乎？夫上有好者下必甚，势之下者水所归，如今时势迫，上方以为虑，则陈新政者肆起矣。如进曰吾方欲大有所为，奈事难孤举，愿与民同之，又有功名以劝之、奖之、奋之、起之，如此而天下不大改观，必无之事也。何则？其道皆善因善去，而善革善来者也。此其言不深察之，有若儿戏然。古今之所以负此妙用而济之无穷者，不知凡几。其转移风化，直可与办事之人道，而难与万口嚣嚣之议者言也。

若夫创大政，兴艺学，则既委之款；而无需款者，则又委之习；未尝聚天下之才，则又委之无才。此所以日日言变法，而不能无累于务名高；日日言育才，而不能收目前之材器者也。一事焉，有初鲜继，欲而弗为，却前虑后，繁文细故，好袭虚美，而无实效，则未尽其愚也；知得而不知失，知左而不知右，难者易之，而易者难之，则未虑其隙也；言议满耳，素理满胸，孰利孰病，何去何从，与其破格，弗如从容，则未敢其行也。执于此而以为足，依其一而以为无异，其诚合耶？其未合耶？其实足以协万类耶？其犹有外之见存耶？则未真其会也。如是而掩耳盗铃，奉行故事，以此报之于纸上曰：新政也！新政也！则可矣；若欲以之办天下之事，则未也！则未也！凡陈时务者侈已，其已道者仍之也，其未道者不尽于此，而此其一也。是故非去天下之名高，因天下之材器，择可而断行之不可也。其道则如上所云也。伏惟明公忧世，不忤狂言，其通者取之，其不通者容之，为国家计之，则志士之热血皆将乐明公而倾之矣。

据《湘报》第90号，光绪二十四年四月三十日(1898年6月18日)

黄山高等师范学校学约*

立志第一章

志,得声于⏛,得谊于心。志者,凡人之心也,自本体言曰心,自功用言曰志。故为学莫先治心,而立志为治心之基础也。孔曰"先志",曰"志学",曰"志仁",曰"志道"。孟曰"立志",曰"尚志",曰"持志",曰"致志"。朱曰"惟志不立,天下无可为之事",曰"学者志不立,则一齐放倒",曰"将天下第一等事让与人做,便是无志"。然则天下虽大,上天之名业虽远,皆一息之志为也。志不有焉,心不续焉,志之微焉,心之著焉,缘也。故志瘤则不瘵,志行则不止,续而著之,心而身也。若行非志不立,若业非志不成,正而辨之,储以精也。燎原起星火,江河由涓滴,言有者续,微者著,斯志也。故君子苟无其志,则亦遂无其事。志愿一定,若响之赴声,影之附形,未有无就者也。种瓜得瓜,种豆得豆,综其原因,要有四端:

---

* 此篇及以下《师范学校学约叙》、《师范学约后序》凡 3 篇,据原《樊锥集》编者方行称,是新中国成立前"承湖南罗君据原稿述录寄沪的"。现原稿已无从查考,个别文字费解处,照旧录存。各篇写作时间待考。

祛染第一节

陆曰:"巈鸡终日萦萦,无超然之意,须是一刀两断,何故萦萦如此。"曰:"要当轩昂奋发,莫恁地沉埋在卑陋凡下处。"曰:"激厉奋迅,决破罗网,焚烧荆棘,荡夷污泽。"曰:"此理在宇宙间,何尝有所凝?是汝自沉埋,自蒙蔽,阴阴地在陷阱中,更不知所谓高远。要决裂破陷阱,窥测破罗网。"曰:"学者须打叠田地净洁,不然,则奋发植立不得。"夫习染已深,嗜欲鸩人,篱藩牢笼,层层锢闭,学人立誓,必拔出千丈流,还我堂堂地,始无负乾坤父母七尺之躯。不尔,终必跌隳,流为不可知足小人矣。此为第一人禽关,学者不可不审也。二曲曰:"立志先贵脱流俗。行谊脱俗,则为名人,议论脱俗,则为名言。果能摆脱流俗,自然不理于俗。安于俗而不思脱者,固已惑矣;欲脱俗而又欲见信,其惑不亦甚乎?"谊哉斯言,是谓暮鼓晨钟,发人深省。故祛染为立志之始。

增识第二节

陆曰:"千百年无一人有志,也怪他不得。志固甚底,须是有知识,然后有志愿。"曰:"如何便能有志?须先有知识始得。"夫其见闻廓,则其希望也远;其智慧多,则其抱怀也广。故小儿无志,成人必忧;闾巷无志,都会较胜,其理然也。虚怀集天下之公,下问得天下之益,以天下之理为无尽,以吾人之识为有限,不以有限制无尽,不以僻处绳广廷,不以先我而恶,不以后人而阻,此为古今人物智愚之异,学术浅深广狭之殊途也。故君子多一识,则增一志,积日累时,崇高剧大,不可纪极,是识为也。天下好减而吾好增,志出天下矣;贤圣能增而吾益增,志几贤圣矣。故增识为立志之次。

立大第三节

陆曰："志小不可以语大人事。"曰："人要有大志,常人汩没于声色富贵间,良心善性都蒙蔽了。"曰："大世界不享,却占小蹊径,大人不做,却为小儿态,可惜。"朱曰："立志如下种,未有播莨稗而获来牟者。"二曲曰："立志当做天地间第一项事、第一等人,当为古今担这一条大担子。"故以圣人为必可至,以庸常为必不可安,为亿化植心,为兆灵根命,为万世开太平,是大人也。如志于大人,则亦大人而已矣;志于小人,则亦小人而已矣。苟且衣食,嫱婳利达,声色物欲,浮华角逐,一息之微,天壤悬绝。故立大为立志之三。

固守第四节

强立不反,称于《学记》;刚毅特立,述于《儒行》。孔曰："三军可夺帅,匹夫不可夺志也。"陆曰："为学须有所立,《论语》'己欲立而立人',卓然有不为流俗所移,乃为有志。"曰："利害毁誉,称讥苦乐,能动摇人,是谓八风。"曰："莫厌辛苦,此学脉也。"曰："持志如心痛,一心在痛,岂有工夫闲话?"曰："只念念要存天理,即是立志,不妄乎此,久自凝聚,驯至美大圣神,亦只是念念存养扩充耳。"凡学有障有困,是贵力能破障,质能破困,万窒在外,一守据内,魔之若无,游之有馀,造次颠沛而莫违,终古一息而若一,天成自成,争微乎是,故最难也。志始而隳继,志常而蹈变,熄而犹存几希耳。故不患无志,患无成,不患无成,患不固。故固守为立志之终。

治心第二章

孔曰："操存舍亡,莫知其乡,惟心之谓与?"孟曰："存乎仁者,岂无仁谊之心哉？其所以放其良心者，旦昼而梏亡之，则其夜气不足以存；夜气不足以存，则其违禽兽不远矣。人见其禽兽也，而以为未尝有才焉，此岂人之情也哉？"曰："仁义礼智之心，非外铄也，我固有之。"曰："至于心，独无所同然乎？"曰："非独贤者有是心也，人皆有之。"曰："人皆有不忍人之心。"曰："君子所以异于人者，以其存心也。"曰："人有鸡犬放，则知求之，有放心而不知求，学问之道无他，求其放心而已矣。"曰："行有不慊于心则馁矣。"夫心之为用则大矣，治天立极，此物也，其理则同矣，东西北南一致也。人而无心，谓之木石；人而不存心，谓之禽兽。自心学昒閟，大谊湮沉，破碎支离，驰驰求于外，劳而日拙，流而益甚；其剧也，放僻邪侈，沉溺何底，优柔荼靡，渐灭殆尽，则其夜气之一丝，足以供牛羊之蹂躏几希矣。又何暇充不忍之心，而求鸡犬之放为？君子之存心也，屏弃一切而不淫，洞瞩本源而不昧，独立苍茫而无惧，骛驰艰险而无窒。故其为要亦稽以四。

警制第五节

孔曰："正心。"孟曰："格心之非。"凡心之流，以其能逆理，不能逆欲也；以其能甘往，不能苦反也。凡顺适，人之所欲也，而足以丧天下之心；强勉，人之所不欲也，而足以存几希之理。是故学者当逆制其心，俾顺于理而已矣。王曰："诸公在此，务立一必为圣人之心，时刻须是一棒一条痕，一掴一掌血，方能听吾说话。"若茫荡度日，譬一块死肉，挞也不知痛痒，恐终不济事，回家只寻得旧时伎俩，岂不惜哉。今为学者计，觉从来此心靡靡汶汶，只索已死，而今更生，创造天地，改易日月，捍铁围，熔金壁，繁邪处外，孤正居中，断绝假藉，正心复始。故警制为治心之始。

明觉第六节

王曰："虚灵不昧,众理具而万事出,心外无理,心外无事。"曰:"心不是一块血肉,凡知觉处便是心。"门人述之曰:"心犹镜也,圣人心如明镜,常人心如昏镜。"近世格物之说,如以镜照物,照上用功,不知镜尚昏在,何能照;先生之格物,如磨镜而使之明,磨上用功,明了后,亦未尝废照。学者不先磨方寸之镜,俾之莹然于本体,无或翳荫,而昧昧乎持以照天下之物,无或乎其同归渊黯,措之无当,而词之未了也。是其为也,有内导之术焉。收视返听,凿险缒幽,若源悟彻,一旦豁然,则众物之表里精粗无不到,而吾心之全体大用无不明。此其所以为良知之究竟,自心之本体,求则得之,舍则失之,得其养而无不长,失其养而无不消者也。而非同于枯寂之一流,外事实而以为明,指虚空而以为心者之所为也。是故王言本无弊,而不善读阳明之书者,乃反以其识障而障古人焉,古人不受已。曰:"是于镜固昏昏然也,又何足以镜人。"然则所谓虚灵者,是乃明之究竟也,惟虚故能受天下之善而无害于侨,惟灵故能登天下之理而毋蠢于智。朱曰:"以德者,人之所得乎天,而虚灵不昧,所以具众理而应万事者,是心之谓也。"故明觉为治心之次。

安定第七节

孔曰:"内省不疚,夫何忧何惧?"曰:"知者不惑,仁者不忧,勇者不惧,斯安定之极诣也。"王曰:"定者心之本体,天理也,动静所遇之时也。"曰:"程子所谓腔子,亦只是天理而已,虽终日应酬而不出天理,即是在腔子里,若出天理,斯之谓放,斯之谓亡。"门人问孟子之不动心与告子异,曰:"告子是硬把捉此心,要彼不动,孟子却集义到自然如此。"又曰:"心之本体原是不动,心之本体即性,性即理,性原不动,理原不动,集谊是复其心之本体。"(曰)〔问〕:寻常意思多忙,有事固忙,无事亦忙,何也? 曰:"天地气机,原无一息之停,然有主宰,故不先后,不缓急,虽千变万化,而主宰常定。人得此而生。主宰定时,与天运一般不息,酬酢万变,从容自在,所谓天君泰然,百体从令。倘无主宰,便使气奔放,如何不忙。"问:"用功收心,声色在前,如常闻见,恐非专一。"曰:"如何不尔,除是槁木死灰,耳聋目盲,则可,只不流去便是。"然则心欲其定,为其当境遇之适,然中能用万物,而万物不足以夺其理也。是故足二分垂崖外,而谈笑自若,非轻身也,理安而心定,斯临事之宗主。故安定为治心之三。

谙达第八节

孟曰:"独孤臣孽子,其操心危,虑患深,故达。"以人之德慧术智,恒存乎疢疾也。故曰:"苦心志。"曰:"动心忍性,增益不能。"曰:"困心衡虑,然后作。"曰:"生忧患,死安乐。"而阳明用功,到人情事变极难处时,见其愈觉精神。盖天下艰邃屈曲之境,危疑震撼之事,未有不思通鬼神、揣极精微而能批郤导窾、奏刀騞然者也。甚矣任心之难也,中于要害之眇其才也。学者灯下读书,局外论事,姗笑往古,痛骂来今,以为不如我也;暨一身侥幸,出而亲试,乃知上下古今,缪辀千万,有甚非已所与及者。是其前也既以利害不关而失之人,其后也又以学守不及而几自丧,可谓志乎? 故夫通先圣之微、周外内之故者,苟非质之于事变之蕃,经常之外,斯方寸之曲,未可轻信者。心学既成,中有所握,随机中于理,应物靡不足,慈仁充于抱,谊制备于体,而大人之神固矣。故谙达为治心之终。

修身第三章

　　九层之台，起于累土；千里之行，积于足下。治天下必有其本，未有身不正而能正天下者也。孔曰："修身则道立。"曰："其身正不令而行，其身不正虽令不从。"曾曰："吾日三省吾身。"孟曰："守身，守之本也。"曰："修其天爵。"曰："修身俟命。"曰："反身而诚。"曰："修身先于世。"曰："修其身而天下平。"王曰："美质难得而易坏，至道难闻而易失，盛年难遇而易过，习俗难革而易流。"之数者之故，身之所以不修也。故曰"知行合"，曰"静坐"，曰"致良知"。合之静之致之，所以修此身也，推而至于齐治均平，无非所以修此身之当然也。是故其身修则无人不得，其身不修则跬步难移。身修而信立于万世矣，何况一时；身不修而行疑于家人矣，何况天下。且果身无乎不修，心无之或愧，足以质天地鬼神而无疑，则虽天下万世有所不知而固有其知矣。苟或不然，阳袭君子之名，阴受禽兽之实，亦深可惧也。德行为洙、泗之首科，修身列《九经》之专学，明天下至道，非此不任也。其要归亦总以四：

改过第九节

　　孔曰："过勿惮改。"曰："过而不改，是谓过矣。"子夏曰："小人之过必文。"孟曰："古之君子过则改之。"曰："虽有恶人，斋戒沐浴，可祀上帝。"王曰："夫过者自大，贤者为其能改也，故不贵无过，贵能改过。"二曲曰："人之所造，浅深不同，故其为过巨细亦异，搜而剔之，存乎其人。"其述阳明之旨曰："杀人须从咽喉处下刀，学问须从肯綮处着力，悔过自新，乃千圣进修要诀。"曰："必须于起心动念处，潜体密验。苟一念未纯于理，即是过，即当悔去；一息稍涉于懈,即非新,即当振起。"夫显过则改之易,隐过则改之难;己所及知之过则改之易,己所不及知之过则改之更难。知而不改,其病不中于自暴,必中于自馁;不知而不改,其病不中于自囿,必中于自恃,要之皆于改之谊未尽也。改之谊尽,则有昨日盗贼而今日贤圣矣,有明日之贤圣,又必不同于今日之贤圣矣。故其改则无时不改,而其反于善,将无所不极其善也。故改过为修身之始。

克己第十节

事物万也而己一,以一应万,故莫不当责之于己。然有其最切者。孔曰:"非礼勿视,非礼勿听,非礼勿言,非礼勿动。"曰:"戒慎不睹,恐惧不闻,莫见乎隐,莫显乎微。"曰:"毋意必固我。"孟曰:"爱人不亲反其仁,治人不治反其智,礼人不答反其敬,行有不得反求诸己。"曰:"有人于此待我横逆,必自反也,我必不仁,必无礼也,其横逆由是也,必自反也,我必不忠。"明道曰:"舍己从人,最为难事。"己者我之有,虽舍之,犹惧守己者固、从人者轻也。此又克己从善一巨事也。夫累之盈于外也,响之应于内也,怵之于既则曰改,惩之于未则曰克。大敌当前,非有至勇巨智,则克非易;横寇遍野,非雄有握胜算,则克非易。夫己也亦如是而已。故克己为修身之次。

居敬第十一节

《易》曰:"君子终日乾乾。"曰:"敬以直内。"《记》曰:"毋不敬,俨若思,安定辞。"孔曰:"修己以敬。"曰:"敬而无失。"曰:"居处恭,执事敬,虽之夷狄,不可弃。"曰:"行笃敬,虽蛮貊之邦行。"曰:"君子不重则不威,学则不固。"曾曰:"动容貌,斯远暴慢矣;正颜色,斯近信矣;出辞气,斯远鄙倍矣。"明道曰:"某写字时甚敬,非是要字好,只此是敬。"伊川曰:"莫若理会得敬。"朱曰:"圣贤之所以成始成终者,皆由此进。"曰:"惺惺,乃心不昏昧之谓,只此是敬;心若昏昧,烛理不明,虽强把捉,岂得为敬。"周元公之学也主静,自程子易之以敬,晦翁主而明之,学者彻上彻下,始有所循持。而陆复斋曰:"声容色笑,应对进退,乃致知力行之原,兄弟尤以践履笃实为要。"象山所谓在人情事势物理上做工夫者,敬是也。人苟一息无敬,则其于己也必有所不当,于物也必有所不平。《诗》曰:"小心翼翼,昭事上帝。"曰:"抑抑威仪,惟德之基。"夫小心威仪,尚为事天尽人之要,况跻圣之达敬哉。象山一门人,饭次交足,饭既,谓之曰:"女适有过,知乎?"生曰:"已省。"其严如此,岂小节耶? 夫天下万务,未有不本敬而成者。故居敬为修身之三。

卫生第十二节

《乡党》一编,备记孔子卫生之法,起居饮食,靡不有则,动静语默,互有其时。盖圣人体天之敛舒,备四时之气,夙兴夜寐,毋使毋过,用康厥身,道固然也。张而不弛,文、武不能,藏修息游,《学记》之语,至日闭关,商旅不行,令节良时,送宣湮郁,古谊旧风,意可知矣。至于娴练筋骨,游扬血气,俾习于劳苦,周于外应,则先王射御之教也。户枢不蠹,流水不腐,故体操尚焉。凡诸生所以气弱体羸,依倚疲软者,其抑失于教法之故欤? 枯坐一室,靡所动移,日用安舒,饮食咄嗟,则太佚;兀对一编,耗心竭血,长年恒守,经夕无寐,则太劳。太劳则蚤衰,故精神毋以供过用;太佚则多废,故肢体无以备驰驱。此天下所以生弃才之叹、腐儒之怆也,而况费之无用之地、掷之荒亡之牝乎? 生之不饶,修将何附,故伊川曰:"吾以忘身狥欲为耻。"盖谓此也。今与学者约,辨色而起,宵分而寐,六时之顷,以半时为息游之期,间习体操。庶佚不妨功,劳不伤生,作为有用,俾益时艰。自馀休息,当别予酌量。故卫生为修身之终。

处仁第四章

孔曰:"里仁为美,择不处仁,焉得智?"曰:"君子无终食之间违仁,造次颠沛必于是。"曰:"仁者先难后获。"曰:"求仁得仁。"曰:"欲仁仁至,当仁不让。"曰:"民于仁甚于水火,水火吾见蹈而死者,未见蹈仁而死者也。"曾曰:"仁为己任。"曰:"我以吾仁。"孟曰:"仁则荣,不仁则辱。今恶辱而居不仁,是犹恶湿而居下也。"曰:"不能居仁,谓之自弃。"曰:"仁,天之尊爵,人之安宅也;不仁,人役也。人耻为役,莫如为仁。"明道曰:"学者须先识仁,仁浑然与物同体。"朱曰:"天地之德四,元统其运行,人之德四,仁包其发用。仁之道,乃天地生物之心,即物而在。情之未发,此体已具;情之既发,其用不穷。诚体而存,则众善之原,百行之本,莫不在是。"此孔门之教,必使学者汲汲求仁也。夫圣人之言仁多矣,撷其总归,不出内外两途。两途之分,厘为四目,而仁之全体大用,无乎不具。是诚性命之要,学者所当有事云。

察伦第十三节

孔曰:"仁者,人也,亲亲为大。"有若曰:"孝弟也者,为仁之本。"孟曰:"亲亲,仁也;"曰:"仁之实,事亲是,未有仁而遗亲者也。"紫阳《白鹿教条》,首列契敷之五。盖仁也者,人相人偶之为仁。人之为伦,父子君臣夫妇长幼朋友,帜之已。故其亲谊别序信也,无非所以致仁之用也。伦之谊无尽,故仁之相与为进亦无尽。

伦之道极父天母地、胞民与物、宗子家相、一视同仁，此先天弗违，后天奉时，原始要终，穷末究本，小大一贯，粗精共源，其大可该，其奥不可殚也。仁日近而日懿，伦日进而日美，故曰："舜察于人伦，由仁谊行，非行仁谊也。"谓之察云尔者，格物之诣也。伦之为物，既委曲繁重，不可记极，一时庸识，乌能卒测？自非致吾之良知之本体，则无以历乎樊然之各当，而有究乎天理之至极。故其格之也，必由源暨委，谊尽曲微。夫而后其发于外也，莫不各获本然之自性，不复可动摇，措之乎彼而安，措之乎此而亦安，夫乃谓之察于伦，乃谓之仁。故察伦为处仁之始。

知汇第十四节

孟曰："尧、舜之仁，不遍爱人，急亲贤也；尧、舜之智，而不遍物，急先务也。"始于一本，其理同也；散于万殊，其势异也。同者不能不同，异者不能不异，其分殊也。同在生物之中，而何以先人后物？同处大地之上，而何以先我后彼？则汇之所以别、理之所以辨也，性之所以分、情之所以悬也。物之生也，非有爱于人也，犹人之生也，非有爱于物也。内之聚也，非有爱于外也，犹外之聚也，非有爱于内也。其互生互戀，质不能以相易也，乃至于以相竞，蔓延悠久，而优劣之数以呈。其互聚互盛，质不能以相易也，乃至于相竞，变态相流，而强弱之去以远。人与物竞，则当存人；人与人竞，则当存汇。道德未一，天下未平，斯人伦之达理，物品之通谊也。世变蕃大，时事维艰，士嗟乎鼙纬，人慨乎河清。寰宇求识，固为借镜之资；同室操戈，宁非假寇之渐。尚匪病狂，必无皈依若族；苟异童昏，庶应自识本因。学者眼光如漆，心光如鉴，必能同契大原，深究情伪者也。王衡阳有云："今族类之不能自固，而何他仁谊之"云云。痛哉斯言,似伤我者。夫惟仁之不究,汇之所以不固也,而岂其然。故知汇为处仁之次。

任道第十五节

孔、孟二子,其于乡原深恶痛绝,为其窃于中行,违道已极,民无所与耳。孔曰:"人能宏道,非道宏人。"曰:"有教无类。"曰:"诲人不倦。"曰:"非斯人而谁与,天下有道,某不与易。"曰:"果哉未难。"曰:"期月已可,三年有成。"发东周之慨,兴凤鸟之思,怀周公入梦,遇楚狂下车,道之不行,轸念浮海,君子何陋,托想居夷,泊卒岁之迟莫,乃著六经、诏来者,盖圣心无日不在天下矣。孟子:"岂徒齐安,天下举安,当今之世,舍我其谁?"曰:"禹、稷己溺己饥,是以如是其急。"曰:"岂好辨哉,不得已也。昔禹抑洪水,周公兼夷驱兽,孔子成《春秋》,我亦欲正人心,息邪说,距诐行,承三圣者。"故述伊尹曰:"天生斯民,使先知觉后知,使先觉觉后觉。予天民先觉者,将以斯道觉斯民也,非予觉而谁? 故夫苦心志,劳筋骨,饿体肤,空乏其身,行拂乱所为,动心忍性,增益不能,是直任道之器也。"董曰:"勉强行道,则行起而有功。"大道凌迟,疆域日蹙,世儒以道学相诟病,百家险诈,入而代之,而名法功利之旨,亦遗其精微,受其肤末,流失败坏,深中人心,沉溺无极,背驰不反,非习胜是,黑群辱白矣。虽复周、程、邵、张,轨途阔辟,朱、陆、薛、王,后先辉映,一线之微,幸遗于兹,而对此苍茫,谁为告语? 古型是仪,伐柯不远,舜何人也,予何人也,承继之士,当何择焉。故任道为处仁之三。

爱人第十六节

樊迟问仁,子曰:"爱人。"曰:"君子学道则爱人。"曰:"泛爱众。"曰:"宽则得众,惠则足以使人。"曰:"躬自厚,薄责于人。"曰:"其恕乎。"曰:"子产其养民也惠。"孟曰:"仁者爱人。"曰:"人者有不忍人之心,先王有不忍人之心,斯有不忍人之政矣。"张曰:"乾称天,坤称母,予兹藐焉,浑然中处。天地之塞吾其体,天地之帅吾其性。民吾同胞,物吾与也。"故推恩足以保四海,不推恩无以保妻子。乐民之乐,忧民之忧,以天下;大舜善与人同。孔子悲悯天人,皆所以致爱之极也。《书》曰:"以亲九族,九族既睦,平章百姓,百姓昭明,协和万邦,黎民于变时雍。"学者读尧、舜、周、孔之书,不可不明其谊,不可不存其心。故爱人为处仁之终。

劝学第五章

人之生,其初皆常人也;及长,有学否,智愚判焉。性相近,习相远也。《记》曰:"胡、越之人,生同声,耆欲太异,长成俗,累译不通,盖学为矣。"故曰:化民成俗,必由学;虽有至道,弗学不知其善。曰:学然后知不足。孔曰:"君子不可以不学,近而逾明者,学也。"曰:"不学好思,虽知不广。"曰:"幼不强学,老毋以教,吾耻之。"曰:"弗学何行?"曰:"如垤而进,吾与之;如立而止,吾已矣。"曰:"某少而好学,挽而闻道,此以博矣。"子路曰:"南山有竹,弗揉自立,斩而射之,通于犀革,又何学为?"子曰:"括而羽之,镞而砥砺,入不益深乎?"故曰"好学近知",曰"好古敏求",曰"学而时习",曰"道问学"。明天下之故,舍学无以为也。诸子自荀卿下,劝学之作,累牍连编,若鹖冠、尺佼、吕览、贾谊、扬雄、王符、徐干、颜之推辈,何啻千百,其他历史所记,学案所述,魁儒大人,汲汲于兹,尤为夥矣。虽浅深不同,醇驳互异,莫不以为入圣之梯、达材之府也。人物相竞,而人胜于物,学问为之也。圣人胜于常人,天下之人胜于一乡一国之人,亦学问之多少为之也。

夫人生而执箸著衣,非性能也,学而习为也。语操土风,情安本俗,亦非性能也,习也。久而以为性也,非习也,岂然哉!语云:少成习惯,长若天性。是之谓也。故当其始也,必用勉强而后能。董曰:"勉强学问,则闻见博而知益明。"故学问者,勉强之事也,以其非性之先有,后起而以人胜者也。夫天事之至顺,人事之至逆也,今以孩提之执箸著衣,操语稊俗,非十数年不能纯固,而况达群学之微、析百氏之理者乎?百氏群学,非至谊也,而况总道德之归、统天人之奥者乎?学者苟不以此为学,谓之无志,谓之虚生。以常庸为经,是亦常庸而已,其优于物也几何?而况人哉!

夫以学之难如彼也,学之不可已如此也,非用至逆之力,尽勉强之能,希有不伤于易、阻于馁者哉!夫从而止之,顺也;从而行之,逆也,故非力不能也。啬于用力者足不堪暨庭户,稍用力则十里矣,益用力则百里矣,愈用力则千里矣,殚其力焉,则万、亿、兆、京、垓、秭、穰、沟、涧、正、载,不可历测里矣。度量相越,宁不悬绝。今以极人之至,靡能思议,似宜于才别有加矣。不知苟约有焉,学已耳。学之于人,其益如此,其致程如此。今条其方,大略有四:

诵览第十七节

天下之书多矣,《四库》、《七略》,浩如烟海,五洲群方,茫无津涯。苟外事理,徒荒耳目,所谓穷年莫殚,累世莫究,博而寡要,劳而鲜功,宣其然矣。退之有云:"纪事提要,纂言钩玄,李、汉之言,摧蹈廓清,比于武事。"斯实读书之径途、溥专之谊要也。治经以大义为主谊,以微言为究竟;统贯群言,旁征百代,极以归墟,要以实际;而于一切训诂声读,择其精确必需,为之附庸,备咨参稽。治子以通于制作之精意、切于当世之巨务为主谊,以证阐宙合之名理、发皇孔庭之遗绪为究竟,而于一切琐屑鄙倍之云,系从芟夷,用杜危言。治史以考经法之出入、国民之瘠肥为主谊,以考古今治忽之幾微、内外废兴之枢纽为究竟;汇原于甲丙之部,息深于上下之周,挈其能效,得其晦显;而于一切沿革险要,论议证辨,择其专门精识,为之附庸,备资采用。总之三端,简而从事,其上才所至,暨无限量;其中质所及,庶有守为。免于塞劣之消,蔚为桢干之选,吾党特达之资,当毋妄自菲薄乎!故诵览为劝学之始。

讲习第十八节

《易》曰:"朋友讲习。"孔曰:"学之不讲,吾忧也。"天下谊理之不达,治功之无措,疑惑之未解,神智之莫宣,故矇于未之讲明,虽贤智之越人,而与茫无一睹靡以异;既其讲明,虽愚夫妇之不肖,而与智用天人靡以异。是何也?知与未知之间耳。宋、明诸儒,汇能讲习,是与士人学究之方,会友辅仁之法,其可也。晚近顾、纪诸公,惩于明末之习,以讲为非。原其息浮竞,杜伪厄,固为至论;然未尝绝天下之问习,禁天下之讲论也。亭林以经济为业,文达为通博之尤,孜孜讲究攻习,尤为勤苦矣。则知所斥者,乃浮伪夸诈之弊,而非有禁于问学之事也。故欲明天下之议理,识天下之治功,析天下之疑惑,导天下之神智,非讲习讨论不可。欲加讲习讨论之功,则累朝先哲,致可法也。且讲习亦非徒明以前有也,近世若夏峰、二曲,所在论学,成就人才,感孚民汇,以千万计。大儒如汤文正,讲习所就也,然犹诱曰明馀习也。若阮文达之辟研经室,创学海堂,构诂经精舍,聚朋友师弟讲习其中,是汉学家所为也。夫无往非讲习者,岂必如浮屠之开堂度人,聚众演法,乃后为讲乎?故读书逊志,必有友朋师弟群而讲讨如《学记》所云者。则不有其名,可也;不有其实,不可也。一代之学问,旁魄奥博,必非无由。师儒之力,有加于治焉,是物是志也。故讲习为劝学之次。

发明第十九节

《传》曰:"情欲其劳,词欲其巧。"曰:"修词立诚。"曰:"言之不文,行而不远。"曰:"词达而已。"曰:"文莫吾犹人也。"司马公曰:"一自命文人,无足观矣。"故文所以载道也。人之贵有文,所以明道也。明道而无假文,则亦无暇为矣。为无之远大其环而竣尚夥矣。无其道有其文,是谓卮言;有其文无其道,是谓浮华。然有道而无文,则亦不足为则,于天下嗣世传之无穷而示喻群伦矣。故词亦不可少也。修词之道,其本始当先之,根据理极,博深众谊,反而求诸吾心之至当,得其端要,不可更移。然后纵横胎息于周、秦、西汉之奥殚,羽翼华饰于东汉、魏、晋、南北、隋之繁备,衍之以三唐之幻变,疏之以宋、明之条邕,和之以近世之赡博,通悉一切问学之径途,内外诸流之谊例,纲目具张,宙合在乎于是,振之以麟凤龙鸾之耀,谐之以宫商金石之响,广之以日月山海之量,运之以虚灵肃穆之神,原委既彻,质文相副,雅、郑之判殆有信矣。盖天下之文章二:有以神韵胜者,有以缜密胜者。既为并世之所尚,不能举一而偏废。而论述之文,以发明为能事,故尤贵条理循详,事理该赡,精锐透达,昭晰无疑,始为上驷,乃当辨才。昔人称:乐取潘文,潘假乐旨。千载之下,贻为美谈。若既能成立诚,又能修词,乌用是琐琐为哉！学者异日有成，或昌言当务，或铣业名山，一以经世觉天下为己任，则兹事亦不能潦草卤莽也。故发明为劝学之三。

阅历第二十节

孔子辙环天下，周知四方，得百四十国宝书，与闻政事，故曰："不知而作，我无是也，多闻多见，择善而从。"兹阅历足尚焉。入太庙而问，适延陵而观，宫礼乐琴，学于万物，清缨浊足，闻于沧浪。夫礼失求野，天下不有愈于野者乎？先民有言，询于刍荛，天下不有愈刍荛者乎？学齐语，置庄岳，操奇赢，入都市。夏虫不语冰，笃于时也；井蛙不语海，拘于墟也。语云："读万卷书，行万里路"，虽然，吾亦曾黼之人也，未必有夛也。何则？以彼所读之书，未必周世用之籍也；所行之路，未必得观摩之益也。斯之谓未尝读、未尝行可耳。学者，读书以钥其识，行路以证其是，辅其不及而求于至真，其得也为较易，入也为较切。吾有而临之，其浅深利痛，在吾胸中矣；吾无而懔之，其显微巨细，在吾目下矣。故天下阅历之人，其识能卓荦，事行精敏，往往胜于闭户自精之士亿百也。历一国，智超一国；历天下，智超天下。若以方隅自囿，则方隅之人也。男子生而悬弧，志在四方，歌泣国门之内，纵横床塌之间，妾妇羞焉，曾谓大人尔耶。学者于斯知所处焉。故阅历为劝学之终。

穷理第六章

孔曰："穷理尽性。"曰："易简而天下之理得。"孟曰："谊理之悦心，犹刍豢之悦口。"庄曰："依乎天理。"朱曰："惟于理有未穷，故其知有不尽，是以大学始教，必使学者即凡天下之物，莫不因其已知之理益穷之，以求至其极，用力之久，一旦贯通。"此格物致知之说也。吾自好学深思，心知其意之䣔也，而天下之理，几于息绝沉霾，只馀火烬，斯非任道之忧乎？《记》曰："灭天理，穷人欲。"是适得其反也。夫果帜之曰"反理穷欲"，固无责尔矣。据穷理之名，中又微焉，得穷欲之实，外又饬焉，疑似之交，不容不辨。语云："总之，恒智论事也，见不出近因近实。"至近因之前，靡穷之远因，近实之后，靡穷之远实，则议论见闻两无所据。嗟乎！是之谓不穷理也。其于事也，顾安勿昧；其于理也，又乌能勿悖。庄曰："百家往而不反也，不合矣，道术将为天下裂。"夫其不反而裂也，必于理有未穷，理有未穷，则虽日诵仁义之言，不知何物也；日理孔、孟之说，不知何归也，而况百家之繁焉乎。孔曰："道听途说，德之弃也。"曰："不曰如之何如之何者，吾末如之何而已。"夫言岂一端，亦各有当也，不既于当，而漫曰吾有以尽天下之理，是翔蓬获，抢榆枋，以为天下之至也，而岂然哉！天下治方术，皆以其有不可加，是其予圣自雄，所谓敝于理也。知其极者，则将天下之达理而穷之，洞微奥，致隐曲，能症结，而汇大通，衷至正，立人治之则，为亿世之经。不斥绝天下之理，以后来者恐复优我也。撮其要旨，亦有四端：

博物第二十一节

郑子产为当世博物君子，故其从政也，为能养民惠，使民谊，而圣人称之，曰"惠人"，曰"遗爱"。是从政有资于博物也。故曰：多识前言往行；曰多能，曰博学详说。是物是志也。朱曰："即物穷理，求至于极。"夫天下之理，必自真际，非虚悬泛薄也；天下之理，浩繁无归，不可以一穷即得也。是故非即物而博穷之，广咨宇合，搜罗根极，必无以察斯理之究竟也。天下物理，始虽一本，终乃万殊。不深究精讨于万殊之数，而遽谓有以察一本，斯吾不知也。然

殊之中益有殊,本之上益有本,循环转凡,希能致诘,则非殚毕生之
力,有未易粗完其端绪、略竟其本末终始者。是故欲明天下之治
学,必先及天下之群学;欲咨天下之群学,必先总群学之大纲。管
其涂径,而识其派分;志其要归,而原其本初。夫然后得分涂从事,
而不昧于纷纭淆乱之地。不昧于纷纭淆乱之地,则其致之也乃有
叙,其就之也始有猷,扩而充之,盈科而进,其于物也庶有所循。故
曰:将以反约也。陶贞曰:“一物不知,以为深耻。”夫天下之理,苟
无当于吾人之治理,是其不足耻也;而苟有当于治理,则乌可不知
哉,不知而乌得不耻哉? 而或以博物为支离,惧多学为丧志,乃非
事实之言也。夫苟循治理,以求先其远大,而后及近细,斯其于物,
乃不足博,无所谓支离丧志也;不循治理以求,支支节节而期为记
丑骨董,为学究博士,则吾之所不敢,则吾之所不暇也。故博物为
穷理之始。

知今第二十二节

孔曰:“告往知来。”曰:“温故知新。”子夏曰:“日知所无。”范
崇伯曰:“温故不知新,虽能读坟、典、邱、索,足以为史,不足为师。”
朱子答之,以为所论甚佳。夫知今而不知古,是为无本;知古不知
今,是为无用。天下老生常谈,陈陈相因,当在古人谁匪精谊,自后
习为口实,被为赘瘤,纵炎炎赫赫,孰若无睹;已而珠玉之贵,乃成
土苴之贱,是无他,唯未尝求天下之今识,证平日之故知,情有所不
达,谊有所不喻而已矣。语云:“古老之人,无所闻知。”或者以所古
老之谓,今之反也,无知之消,愚之实也,古老未有不愚,愚固未有
不古老者。不知古老亦有二:有有闻知之古老,有无闻知之古老。
其有闻知者,尧、舜、周、孔是也;其无闻知者,不识不知之民皆是

也。然则真古老必有闻知，有闻知必不域于古今。而无闻知者，乃不足尸古老之称。由斯以言，有子孙者，其人乃祖父焉，子孙而贤，其祖父乃尊焉，其祖父之业乃有托焉。子孙而贤愈祖父，其祖父乃益尊焉，其业乃益广焉。若其不然，恐并夫古老不能守，而愚亦同尽。是珠玉土苴之谓也，不亦怆乎。王衡阳云，道之可有且无者多矣。所贵钻砺之士，潜心殚精，广运靡恨，胎胞囊昔，潜发闳源，笃而守之，成一家业，即蠹隐终年，亦有体用哉！故知今为穷理之次。

稽实第二十三节

天下之言学，则虚而已矣。虚者实之母，未有无虚能实者也，未有不能极天下之虚，（乃能极天下之虚）乃能极天下之实者也。不能极天下之虚，必不能不滞于实，既滞于实，则必以谓天下之实，将一成而不容易。是故必暗于穷变通文之理，不主故常之运，既暗于其理且运，则生心害政，端必由之，曾谓虚而可忽哉！然吾之有事于虚，将藉以成天下之实也，乃非于实而以致天下之虚也。今学者恒当虚而实，当实而虚，习俗既成，于何卒易。顾其为道，要当从事实焉耳。虫鱼之学，苟能推本河间，实事求是，曾谓治理可易乎礼乐书数六艺之事要。图表之学，古人最重；群学仪器，当务之急；武事之能，吾儒本有。士夫身备百业，通于群方，其有未及，亦贵先其义例，识其要则，庶几坐言起行，免病迂疏，蔚为有用之真材，寻于道器之合一。王衡阳曰："道者器之道，而非道之器也。"夫惟知天下之道寓于器，则安往可虚求哉？故稽实为穷理之三。

导微第二十四节

至哉圣人之微理，匪一世所尽，非一人之学所与也。谊奥浑圜,而无方体,知者见知,仁者见仁,任世取携,乌有穷竭。孔子传立六经,备质文乱治之谊,总意万运兆之法,纂述以著之,付属以永之。纂述多天下之巨谊也,付属多天下之微理也。学者知微理而不知巨谊,则几于狂慧之流,有其识而无其守也;知巨谊而不知微理,则入于支离之囿,有下学之具而无上达之权也。虽然,是犹通一家之奥,以总百业之有也。若夫乘天地之最纯,识神明之要归,该古今之大体,契无穷之至变,不能无是学,不易有是人。夫不是有之,神而明之,存其人,是必积累功深,又绝悟出类,心知其意,而无以为言,夫乃与斯谊也。若其不尔,强而自用,则将知一而不能不遗二也,明体而不能不窒于用也,非大愚不灵,必狂狡无知。末学肤受,一知半解,毫无韫蓄,辄自诩以为尽天下之微已,而放废坐无长进,为弃材焉,不如不知之为愈,斯又进取之通病,锐士之大较也。故执两用中,其斯为舜,"执中无权,犹执一也",而况并无所谓中乎,则固不能掉以轻心持精粗识也。子贡曰:"夫子文章可得而闻,夫子言性与天道不可得闻。"夫岂终不得闻哉,是贵人自为耳。故导微为穷理之终。

乐群第七章

《学记》曰:"敬业乐群;"曰:"论学取友;"曰:"乐友取道。"荀曰:"人之所以异禽兽者,以其能群也。"天下之学,莫善于群,莫不善于独。羊喜群也,故"群"从羊,犬喜独也,故"独"从犬。一发悬物则绝,积以多发则任矣。一虫之微,而人忽矣,飞蝗蔽天,人斯畏矣。群与不群之故也。禽兽微物方且群焉自好,可以人不如物乎?物无学问,可以学不如物乎?以群当独,群胜矣;以群学当群不学,群学胜矣。故曰:"独学无友,孤陋寡闻",学者之大忌也。不佞尝有言曰："必埋头为学,然后有以破天下之难;必开门为学,然后有以成天下之大。"开门者,致于群谊之谓也;埋头者,尽乎独力之尽,是大学有成专门深造之候也,可以责一人,不可以喻国人。然凡有事于学,要亦未能辍废也。群谊之致,是同堂逊业普通一切之谓也。可以责同人,当无不喻于一人,是故苟有事于学,必无舍而他适也。《学记》一篇,言学綦详,大抵皆乐群事也。近而师范之则、大学之教,远而经制之极、太平之盛,胥于群是纪,可谓非至欤。乐群之目,亦析以四:

广益第二十五节

孔曰:"三人行必有我师,择善而从,不善则改。"盖言广益之方也。善取益者,以能问不能,以多问寡;不善取益者,以不能耻问能,以寡耻问多。此圣凡之异也。《文王》之诗曰:"先民有言,询于刍荛。"舜好问,好察迩言,孔围"不耻下问,是以谓文"。夫圣人学万物,故为圣人;庸人耻学圣人,故终为庸人。故曰:"众人师贤人,贤人师圣人,圣人师众人。"惟天下之至高,所以能为天下之至卑,惟天下之至盈,所以能为天下之至虚。老曰:"江海所以能为百谷王,以其善下之。"荀曰:"泰山不让土壤,故能高;河海不择细流,故能深。"李斯、韩非俱学荀卿,故犹述师说以勉中世之主也。学者虚其心,逊其志,柔其气,达其度,取师友,取师众,取师万物,取师一切不可言说。圣人仰观俯察,近取远取,观鸟兽与地宜,斯广益之极诣也。若夫同堂之中,与接之地,则韩退之有云:"生吾前,闻道先吾,吾师之;生吾后,闻道先吾,吾师之。弟子不必不如师,师不必贤于弟子,闻道有先后,术业有专攻。"此其帜也。董萝石六十有八,始学圣人,北面阳明,不以可旧可恃,不以师人为耻也。学者苟识兹意,其于学问思过半矣,虽欲无成,乌可得哉？故广益为群学之始。

同德第二十六节

《易》曰:"方以类聚,物以群分。"曰:"二人同心,其利断金;同心之言,其臭如兰。"曰:"同声相应,同气相求,水流湿,火就燥。"《书》曰:"同心同德。"盖道不同不相为谋,若其志同道合,故无取别异也。虽然,心之不同,各如其面,性情归趣,亦当互殊。故虽一堂之中,不免大同异,小同异,抑或毕同毕异。是如师、商论交,赐、宪持节,德行如颜、闵,则一敏一孝,政事如由、求,则一果一艺,以及仲弓于敬简,宰我于礼乐,陈亢于圣学,樊迟于稼圃,及门靡非好者,志鹄偕于圣师,然其不同如此也。所谓邹、鲁之间断断如也,盖不在嗣世矣。夫君子之志在道,苟同于道,则其他异同皆应从略。是故子路不闻责冉有以勇,颜渊不闻责闵骞以学,性之所近,各取长焉,党同妒道,智人不取,圣门风气,盖已古矣。自后荀卿非思、孟子之学,康成入邵公之室,朱、陆夷为异同,而末学之争愈炽,汉、宋流为门户,而冰炭之见靡滋。晚年定论牵引之作,《学蔀通辨》载骂之尤。其他《宋学渊源》,意存轩轾;《汉学商兑》,志在骑墙。至于小识之类,益自《邹》矣。今与学者约,絜汉、宋、朱、陆之精,汇周、秦二代之奥,综狂狷中行之粹,并内外浅深之致,于古靡忤,于今何碍。今古无忤碍,又况同堂哉!故曰"异苔同岑",曰"异曲同工",此合志同方之善也。夫能息争于学术,斯能偕分于性情矣。故同德为群学之次。

敦谊第二十七节

《天官·太宰》曰："友德以任德民。"《地官·大司徒》曰："联师儒。"曰："联朋友。"曰："任恤。"杜子春曰："任,任朋友之事。"孔门有疏附之事,先后奔走御侮之林,东汉以独行厉节,两宋以道学固伦,莫不声气冥合,绵结不解,其趋急如响,其应穷若符,岂为利哉!谊之所至,格金石,移山岳,斡乾坤,回日月,无所避于彝伦之外,士之士命微尚当无独异。"天生烝民,有物有则,民之秉彝,好是懿德",谊之不可已如是乎。爱人者人恒爱,任人者人恒任,诗曰:"投我木桃,报之琼瑶。投我木李,报之琼玖。投我木瓜,报之琼琚。"盖乡党家国之固,固以谊也。君子不为贫贱改交,不为艰崎忘素,不以富贵利达而卖友,不缘名誉势厚而欺心是大人谊士之为,异于乡曲之以利合也。鄙念之行,宋儒以为大恶虞卿、鲁连,六国麟角,学者于此,庶有指归。故敦谊为群学之三。

慎交第二十八节

语云:"近朱赤,近墨黑。"素丝之悲,恐误染也;歧路之泣,恐滥趣也。与善交,久不闻香;与恶交,久不闻臭,相安于习也。孔子无友不如己者,曰:"直谅多闻,益矣;便辟善柔便佞,损矣。"盖习与之近,虽欲违之弗能尔也;习与之远,虽欲似之,亦弗尔也。近远之故,违似之别,损益之归也。孟曰:"天下之善士,斯友天下之善士。"以友天下之善士为未足,又尚论古。诵诗读书,是论世也,是知人而尚友也。学者必能察己之善否,乃能察人之善否;必能察今人之善否,乃能察古人之善否。是故当致其良知良能,然后以受天下古今之益,严绝小人之归,济其能而就其务,否则未有不败者也。

《易》曰:"小人勿用。"盖为是也。小人见虽与己同,心绝之;君子见虽与己偶不同,无伤也。故交慎其可不可而已,此子夏所以云也。或曰,何以知小人而别之,"知人则哲,惟帝其难"。曰:是当克己而已。惟克己,能知人,出入之数,必有异焉。幼安割席,鲍叔分财,千古同美,两俱无害,又在本职耳。人生事为,半视于友,盍簪之难,多不如少,新不如旧,文不如质,从不如违,近不如远,戚不如疏,虽在情理,亦责事势。杜子美云:"小心事友生。"小心者,慎之谓也。晏平仲善与人交,久而敬之。久敬者,慎之谓也。学者苟用吾言,其于交,抑有道矣。故慎交为乐群之终。

经世第八章

《易》曰:"与民同患。"子曰:"非斯人之徒而谁与?"恫乎章实斋之言曰:"风会所趣,庸人亦能勉赴;风会既去,豪杰有所不振。汉庭重经术,卒史亦通六书。岂后世文学之聪明才力,不如卒史哉,风会使然也。"愚谓:真豪杰士,必为之与风会之既去,神识所至,百折不易其守,天下斯乃有赖;不尔,因风会之转移,规时势而趣避,其为小人矣,何所不至哉。吾闻优强之世,妇竖亦精治功,岂夫耆儒宿士反逊彼妇竖哉,亦风会使然耳。然使耆旧中信有真豪杰出,见之明而持之确,守之正而行之顺,挽运会之变,成后起之续,岂异人任与。盖从来有一运之风会,斯有一隅之风会。一隅之所极,因一运之激荡反侧,成其正变,浸淫既久,而是非明。其始不能不据于偏,其究不能不汇于全,此一隅所以终入于一运也。一运之所极,因多运之激荡反侧,穷纪累代,而利害著。其始不能不为其散,其究不能不为其聚,此一运所以必成于多运也。《易》、《春秋》二书,为圣人治运之大权,其道极于乾坤毁灭而不可易,其谊通于往来无穷而靡不包。《易》为《春秋》之内,本隐之显者也;《春秋》为《易》之外,推见至隐者也。穷变通久之理,质文乱平之法,无非所以总循环之运,寓宜民之道焉。故孔曰:"作《易》者其有忧患。"庄曰:"《春秋》经世先王之志。"夫先王忧治功之不著,民敷之必将受董也,故于是三致意。安定以治事配经谊,阳明以经济嗣学统,先王典型,犹然可尚。故其为目,亦括以四:

达原第二十九节

章实斋曰:韩非有《解老》之篇,墨者述晏婴之事,荀卿非思、孟之说,张仪破苏秦之从,宗旨不殊,而所主互异也。治世之道,不达其大原,姝姝说一先生言以为是,数数然向壁虚造,呈臆而谈,以为世无复加,斯群学之通病,百业所不免也。生心害政,不可致诘,而治术将为天下裂。庄曰:"奔者东走,逐者亦东。"走虽同而心则异,达原与不达原之谓也。章氏曰:"凡爱成形者,不能无殊致;禀血气者,不能无争心。"有殊,则入主出奴、党同伐异之弊出;有争心,则挟恐见破嫉忌诋毁之端开。然则既党同伐异嫉忌诋毁,纵情而往,何所不至,而欲其达原,得乎?天下治方术,皆以其有为不可加,皆得一察焉以自好。后世学者,不幸不见天地之懿法,古人之巨体,民类其忧矣。夫异国语言,绝代离词,其同实殊号、累谈不通者比比。自非总津涉,达钤奥,希有不同床别梦觌面相诬者也,而况治术之大者乎?学者积毕生回绝之力,加以笃志迈往之功,撇开亿丈,透入靡垠,孤照所得,甘苦自喻。以此座百王于庭,聚圣于室,可也,然而非易矣。故达原为经世之始。

明法第三十节

　　孟曰："徒善不足为政。"尧、舜之道,不以仁政不能平治天下。庄周曰："仁义,先王之蘧庐也。仁义殆不若是,惟法者真仁义之蘧庐也。"因革损益,适时制宜,五帝三王,其沿袭固多,其改变亦繁矣。龚瑟人曰："一祖之法无不弊,千夫之议无不靡。"夫法莫精于弊,议莫进于靡,盍鉴弊而精之,将有胜于前之利焉,鉴靡而进之,将有越于昔之振焉,理固然也。古者质文异统,黑白异尚,道与时为推移,器与世为变通。王衡阳云："道者器之道,而非道之器也。"洪荒无揖让之道,唐、虞无吊伐之道,三代无汉、唐之道,汉、唐无今日之道,则今日无年之道多多矣。所贵乎精义者,贵能量法之出入耳。一出一入,乱平斯寄,法不负人,而人自负法,以其不明也。不明也者,先昧其道,次昧其器,既罔于上下往来屈伸销长之理,遂迷于数千百年数千万里典章制度粗精浅深之迹。天下无无法之物,极其无法,亦必有一因作。则因陋就简之致焉,自亦法也,特有善否之异耳。蛛丝虫蛰,鸟巢兽穴,无不有其天能,人法用为之程,以及胎卵湿化飞潜动植微生野马之伦,汇如是耳。彼物无所学问,故其所制,终古不异厥初。人能学问,所以至今日而不胜累千万亿兆之变,或良或窳,率由不觉,蔓衍悠久,视为故常,夫亦未咨其理与。君子之于法也,究其终始本末之所归,考其是非得失之所极,察其经变远近之情,勘其离合异同之弊,而准之以先圣前王有馀不尽之理。夫然后证之寸心,而有犁然各当、驯然大顺者焉,是之谓法。故明法为经世之次。

察时第三十一节

孔曰："时哉时哉。"曰："用之则行,舍之则藏。"在川而叹,临河而咏,盖以时也。孟曰："如欲平治天下,舍我其谁。"然而未尝不有于天矣。天不予人,而人自为之,著书名山,传之其人,大治万世,可也。窃观古今圣贤之心,天下任迈之士,志欲逆天而行,竟挽大运,尽物争之能,绌天选之数,所得殊微,所就殊细,劳其外而耗其内,专其末而轻其本,政治学问,谊难兼至哉!是故穷精之士,多忽于外迹,以为吾所知者,方且京、垓、秭、壤乎是,是故不足屑吾为也。昔张良无意于汉,李泌无意于唐,二人皆学老氏,以退为进,卒就殊功,是亦一流也。若夫尧夫不轻犯手,而一家之学足以传后,配享孔庭,为世大矣。使其轻于去就,毕仕宋世,以彼其度,可能竟其万一,记至于勋业小小,方之学问,何啻悬绝而已。由是言之,得失去就,从必有能辨者。虽然,此非君子之欲也,因时而为,夫亦已足而已。诸生学患不精,道患不明,而于时之善否戚戚焉,以为吾之远大固然一世,而道德在我,功业在天,何入不得,举而措之裕如、卷而怀之豫如也。故察时为经世之三。

持变第三十二节

子绝四:毋意必固我,曰："君子之于天下,无适莫也,义之与比。"曰："可与立,未可与权。"孟曰："大人者,言行不必信果,惟义所在。"《春秋》,圣人之权书也,其法藉势情理而比之,是故天下之故,以理为极。然而周子曰:天下势也。积势之至,与情尚悬绝,则所行固宜斟酌。夫势情之间,而以依于理也,故欲径行理以自致其情其势,必不达矣。夫知之宜远,则于识始无窒,而于事始毕达;行之宜迟,则于境始不悖,而于己始心安。盖天下虽大,各以其遇行而已。此圣人所以谨上于庸行之归,而经世之大法,处己之至图,因非困阨拂乱阅历艰辛者,不足以知也。夫变者,或变而出,或变而入,或变而进,或变而退,进退出入,厥故张矣。自非抉经心,执圣权,牢笼万亿之情伪,旁魄不测之物理,希有当其微者哉!君子信道既笃,自知尤审,观世甚精,阅微无际,翕张取与,合于窾要,动静显晦,中于律令,迎拒交加于前,优劣葳蕤于后,平之以不慑之宗,肃之以无声之主,端之以言制之行,驯之以大顺之法,推其至诚,养其最纯,极人之度,与天为既,葆吾太素,完吾太真,是阂用之无倪者也,故持变为经世之终。

据抄稿

师范学校学约叙

天生民而作之师,师盖凡民之极诣也。天之慈爱斯民,其至矣乎!民莫非天之所生,然而天能生之,而不能教之,故作之师,所以代天之化育也者。然则师之责不綦严重矣乎!

古者明王在位,学校纷纶,旁午于井田封建之间,自小学中学以至于大学,师资道立,人材鳞萃。自三代而上,教化与政治相维,学术与教化一途,盖其盛也。以故其民莫不有士君子之行,而其材莫不各中于其所事,无弃民也,无冗民也。则皆能以其正本之身,勉于有用之学。此三代之民所以不可及者,学校备而师道有以成之也。

周既东迁,王政废寝,于时学校所遗,世官所职,尚各能本先王之所至,独立一师之说,黾焉以求治,若墨、老、名、法诸家是矣。诸子在当时,奇悍无伦,然而为之范围而莫外,大而裹之而无馀者,则儒家之孔子也。孔子既为百世师,遭秦废学,而先师之道穷。

汉兴,《五经》粗立,学校之制,大都废绝,莫能卒举,苟因陋就简,略具规模而已,岂复三代之盛美与!然而《五经》之师若辕固、申培、韩婴、伏胜、田何、高堂伯,董仲舒、胡母子都之数子者,皆传先圣之遗说,诵阙里之微言,大谊彰彰,尤为特备。至汉武罢绌百家,而儒益显矣。以故汉代之治功,犹多本经术,颇近古初,以《三百篇》当谏书,以《禹贡》治水,以《春秋》折狱,是其经世之一征也。

自新莽以来,六经大乱于刘、郑,而西汉经师之嫡传,荡然无复存遗于世。延及魏、晋、南北、隋、唐,师资道尽,而正学亦日趋于末流,变本加厉,无能为役。是其民也,蚩蚩然汶汶然无复知所谓体用之事矣。民既颛愚茫无知识,其学士大夫亦泯焉相与,民以垂尽,无复深究其大本大原之所在也。偶有一韩愈,粗知三代圣人之厓略,一作《师说》以诱士,而天下世俗,群起而非毁之,诋排之,以谓当今之世不应有师也者。通人若柳宗元,尚不能无辞也,而况其他乎!愈之为《师说》,既择焉非精,语焉非详,而其津津孜孜,所谓传道受业解惑者,则不过以为文而已,彼之所谓通于六艺经传者,则以为古文辞之根本而已也。若夫其于三代圣人修身之至谊,经世之大法,则固概乎其未之闻也。唐人之学,以诗赋文章为极诣,偶有笺注虫鱼、绅绎新谊之人,非其至也,非其重也,则以为非群学之所尚,其不知之固宜也,其于益上则更可知也。然而韩愈一于诗赋文章中略见异,略知求本原于六艺经传,略知持师道以教人,而已非唐人群学之所知,且从而非毁之,诋排之,则其识见之卑污,学问之夷下,人才之迁陋,以暨政治事化之凌迟,当又可愍然愀然为之凄怆太息者也。

唐社既墟,垂及五季,其时盖不必咨矣。

洎炎宋之兴也,周、程、张、邵奋迹于前,朱、陆推毂于后。元、明以来,子孙似续,大略无异。盖师道自兹而一盛。然而其于政治相别出也,则固其势之所莫如何,而周迁孔、孟之后,师儒一辙者也。

近世经学大盛,以训诂通谊理,补宋学所未备,駸駸乎由东汉入西汉,上溯周、秦,以窥孔庭百家之源,契唐虞三代之治。师范所接，易章句之末，本修身之法，而持以经世矣。于斯时也，师道与政治相区别，然而师之所教，即政治之学，以六经统子，以子统史，三学相源，皆所以仁智斯民，俾之渐进于三代圣人有用之才，欲使教化政治学术纯然而出于一，夫然后以慰历世君师之所求，上天於穆之所塵，庶几而无媿而后已焉。夫其世变方殷，既迫人以不得不学之遇，其风会所被，又予人以有可学问之途，则其为之也必力，而其致之也有程，诸君子可毋藐然遐思、睪然高望于斯诣也与！

不佞浅于无似，唯学孔子大圣人经世之绪，师范之遗，粗有所知，其本末条理，基于学约，诸君熟味而精求之。鹍鹏翔于寥廓，蛟龙腾于雷雨，我知其必有日也夫！必有日也夫！然而匪一旦夕之故矣，诸君子其勉焉孳孳焉！旷日迟久以勉旃！

据抄稿

师范学约后序

师范者何？所以范天下之为师者也。天下无师久矣，乌从取天下之师而范之？曰：惟天下无师也，故不可无师之范。夫天下何以无师？曰：为无师之范也。天下何以无师之范？曰：为师之范亦无范。夫天下无师之范，即无师，然则师固不可以无范也。天下无范师之范者，而亦无师之范，然则师之范亦不可以无范也。虽然，今且勿与言师范之范，且与言师范。

天下百治本于学，天下百学本于师。百学之师，专门之业，固非可以一人求也。专门之业，百学各言其师，此以语深造之候，非以语溥通之日也。且必言溥通，而后言专门是溥通乃凡言学问者之必不可毋从事者也。夫溥通既为凡言学问者所必应从事，然而其如无溥通之学之师者何。溥通学既无师，而又为凡言学问者所必应从事，然则是师也，固不可令之有也。欲令之有，则必求可以师溥通之师者。聚一群之材焉，而教之以溥通一切学问之途径、之条理，积年累月，此一群之材既成，夫然后散之天下，散之一国一乡，而卓然言以为溥通之学之师矣。然则是师范学也，盖天下乡国师道之材之所以出也，可不谓重焉矣乎！

夫以师范学既如彼其重，是故不可以不先修身也。苟身不修，虽学焉无不通，而固不足以为人师也。凡他学，无不讲修身学者，而师范学为尤重,盖欲求有师范也。师范学既孜孜从事于修身矣,而于天下一切有用之学问,教者以此教,则学者一一不得或忽之也,必精进锐上求达焉而后已。而于天下一切无用之学问,教者分条杜绝,则学者一一不得或言之也,必视如毒蛇鸩药远去焉而后已。如是者其可为师乎?而未也,必其学旷日(迟)〔持〕久,实能有成,有以教天下为溥通之学者。夫然后其于己也,又必悉深于治学理学之幽微源奥,达天人之极,总道德之至,为亿化植心,为兆灵根命,为京垓世开太平,而有不已焉。是溥通之学之师者也,是则不佞所深愿而厚期也。诸君子自立,幸无负不佞之言,则天下有豸焉耳矣。

据抄稿

墨家者流赋

以墨家者流史罕著录为韵有叙

万端创九流,百有赅群子,积古偕呰,于姬为盛。故道权黄帝,农胎神皇,兵祖风符,名法旨理官,而儒剖八,墨窜三,术博用侈,二氏并称,自汉蔑闻,仲尼彰尔,率柢六职,嗣周偏矧,经世之要,救穷之遗,或以谈畸怪,错战政,预开子孙指数,不类匪帜故者,乌訾哉!《汉艺文志》及《隋经籍志》,俱录《墨子》,篇章散佚,阙文断句,搜较遍有,不止今本所辑耳。设诘驳,括事迹,虽删削旧循,抑陈准今昔。

楮梧难权中曰:"沟溪阔,瀛海灰,区壑峻,祁连逼,子职之乎?兆古短,一朝极,寸步遐,千驿域,子刻之乎?邪说尊,微论劲,星火恣,日月息,子渺之乎?故薄葬不孝,明鬼诬德,尚贤儒菲,兼爱乐慝。巨根铲,枝叶蚀,舛本议,况附饰。今之阐技学,鼓洪炉,多见不知量,剧贼耳!墨云乎哉!闻之究微子,究微闻之刊古子,刊古闻之媚痕子,支流迥沸,真倪乖斜。回文窃释,景教鞭华。惨刑托六籍,奇衺滥淫娃。晚流末子,蓄诡嬉奢。泰西倏驶,群工麻沙。夺《周髀》之社,撕司马之车。焚匠梓之屋,破函矢之衙。构淮、龙之穴,逐吕、庄之洼。收拾百氏,兼并疵瑕。讲斗革,张乌志,纵戏化,宗翟芭。二千经生,穿凿周内,流毒政家。"

樊锥集

语未歇，权中几卧，客在座，综时答曰："造生一隅欤？金铅一冶欤？越山舸饭饭睪欤？钟鼎匪不古，可适踝欤？玉床匪不贵，可栅马欤？故章雅记匪不高，可和鲊欤？子知西学且冒《墨》，不知《墨》且假。子知《墨》且假，不知灶已烬，病已瘕，药已误，郁而沉髁。翟道胡辜，送诸于痄。木鸢不飞，汽球绝赭。牢磏不变，水火无马。考据失所，谁是通者。且产东际，抱杞忧，护尧、孔，核殷、周，读书达闻，贯串摩筹。深极要眇，阔彻塞收。电精霆宝，木牛铁辀。积轻御重，雨肆风飚。火耕土利，机走轮挈。跨宋之守，轶城之钩。冥气钛魄，鬼哭神愁。入黄泉，抵苍天，户卵球，乡六洲。巨劳永逸，崎制绝谋。六通八敞之祀，菁姣奥出，不可休也，乃可羞也。缘古子众，则所以窿大土，逵彼傅，固无与村学究流。"

权君起，噫嘻叹曰："梧子陋已！综生抑一目之视耳！夫蔽古非西，蔽今援《墨》，西以《墨》实，《墨》以西库，《鹖冠》、《文谷》，无不止是。亶不戾一翟，但二君所旅徒此，非知《墨》，不惟不知《墨》，直忘尔。是舜非桀，尔之髓；博仁溥济，尔之蕊。微夫子不足容，微子舆不足哆。馀事下索，别智眇指。宇轴气发，偶尔掎之。丁生肾强，豁然轨之，攀挂依附，角若似之，载遥遥，垂典史。

寡所震，珍所短。不迁愀，不夸诞。教之固，贻之窾。趋之急，纡之缓。慰之歉，惩之满。附之聚，集之散。被之泽，抠之嘆。道可道，诣则亶。吹凋冬之枯，披沉痼之懒。开亿邦之运，寓一区之算。匪《墨》胡绪，匪《墨》胡瞳，匪《墨》抑锤，匪《墨》抑秆。功过弗受，《墨》之真；名实差等，《墨》之纂；纸木罹灾，《墨》之基；口舌相羼，《墨》之馆。幻兮，庄兮，灵兮，僻兮，一十五卷，六十二则，台觍抑罕。

远迩稽觊，微显资助，焰车烟舰，巧输援据，旟旗烨曜，枢纽控驭。原东恢扩，纵南吞呿。蹇刚变险，荫扑冥处。会化万状，安措寸肤。妙岂可喻，窔岂可怚。群策襄力，备计合念。林林皇皇，休休恕恕。云云霞霞，熙熙曙曙。成城就寨，蹶霸颠虑。民士察院，官商协署。无为不为，无御不豫。彼抑诚剌，抑诚契，皆乱世之至盛。故墨氏《吕览》，小战国萌，大战国著。

不止惟是，山海鱼策，旷宗拓局。输转利畅，从欲因俗。专绩务几，镌竟极曲。管商之略，富强之督。五六九十，狠令严酷。陬隧诸侯，招徕殊属。刷去文㲃，君父劳躅。病缺经营，上下愤笃。挥斥奢靡，雕镂华缛。有出于墨氏，非之不容，圣之何蜀。置之疏茫之瘃，平其中，坦其欲，翘其尚，皎其鹄。然后揽子墨之流，证欧罗之续。总绝代之殊尤，辩章乎宏箓。"

楮梧子离席出揖，谨受教。而综时生赧然，自以为弗如，退搜所闻，改辙绅而录之矣。

据《沅湘通艺录》卷七

司马温公表进《资治通鉴》赋

以臣之精力尽于此书为韵

笔削莫尊于《春秋》，编年莫大于《通鉴》。述一朝之理乱，纪政治之巨体，该而要，繁不秽，干正史，参旁作，为卷届二百九十四，刺取溢三百种，历十九寒暑成，属稿横两屋，读者止一子。功可谓勤，典可谓夸。然不自侈，兢兢掇拾，抑何虚也。使无此箸，虽考亭《纲目》，胡所取材？后有作者，弗及已！肆斥表奏，拓旨赋之。

元丰七年，司马君实《通鉴》告竣。炳炳盱盱，恳恳驯驯。万世矩，百王轮，岂可私一国，阅一身？然尧、舜在上，孰其勿陈。惟天子读天下书，猷有用，濬无垠，颖祖宗，覆臣民，灭愁叹，振嘶呻，驾汉、唐游，饮三古醇。是臣所愿，故缮写完本，精致弥纶，致缛缕抡。重条言暴，所以殚老臣。

运世黢纷，五帝极，斯尚矣，统有无，道迷离。马、班、范、陈、房、沈、萧、姚、魏、李、令狐、徵、延寿、昫、修、缜、居正诸子，舛错信疑，其他纂，则又夷，各长互得，存本撅枝，精乌可隳，然求旷一千载，上下兴亡，总端共维，春秋朔夏，靡不具仪，使主一览，穷涘涯，擎衡匙，犹嫌琐琐、困支歧。夫事专一，中无为，不博则浅，绝绪则滴。撮培嵝蠹泰山，泻沟渎如海厄，臣慨然欲为之。

简异同,辨离合,剖伪诚,割万物情,垂一王正,屈刘帝魏,旧史氏撑。划分南北,中无所成,网罗贯串,排比兼并。千二百三十五祀辈,战国辂,五代倾,硗坚城,浩沧瀛。得失相羼,不免纰荆。一事数据,稗史野鸣,群考汇检,阴阳变更。古人阔远,谁其播清?既折衷慎收,自雪牴牾,以俟后生。于是考异成,诚心震耳,夺气眜睛,纵善契寻,义隐趣盲,乌所挞呰。于是目录衡经纬,年国捅岁阳,名秩尔鸁精。

释例翼,稽古式,辟琼瑶,增白黑,醒众论,发独得。载未憋泳,身职宇宙席,胡消今昔,隔莫域。臣犹自以循厥迹,故有实,则必先,故罔臆,坦昭昭,业乃显,汇源委,阻堪陟,计流长,惧落殖,蓄而不白,诬而胝贼,行孤以径,鲜通以塞。辱黟吾主,遑系来德。乌足取哉?枉咨亟亟,故臣不敢不竭力。

漱涤神胃,操敛肝肾,布墨展纸,撷叶积菌,破晨达夜,累周屡引,风沸雨翻,暑侵油忍,饥饱任时,痛痒价悯,花鸟怿工,灵生蠢蠢。草当门,户歇轸。穿幼安床,坐孙子膑。失原宪贫,忘颜回窘。出宰上都,进尸末尹,退休林市,旅行潾嶙。汲汲孜孜,敦敦敏敏。无不刷是书,逐畦畛,岁已穷,兴未尽。

或曰:"史逾多,乱之根,贼之储,廓子作馨子,有弗加初,是非沸起,王霸狠拏,渗漏丛出,其中乃虚,强安日月,舆地患疽,姓名倒置,帝柄假屠。且帙盛则易误,语长则近疏,贪颛觊遐,小眇乘蛆,获寡去夥,老死蕾畬。灾藤木,充栎樗,惑异世,蔽往居,抑无为尔。子如有作,盍不学仲尼,乃浮夸要誉,是何足於。"

臣叱曰:嘻!莫如之何,诚有咎过,孰钺台旨。然责以大圣,所谓妄耳。肆岂敢作,守之虑毁,政恐多而淆,删使简,杂无章,稍与纪,所谓整齐,胡求迈已。任善恶,因美秕,缺则缺,理则理,征传征,诡传诡,予苗夺莠,搜潜诛似,扫隙无懈,万备剧轨。大圣人事,台窃不敏,未尝至是。且大贤不克,何况馀子。子于吾心,反而乃越拟乎?君子成美,幸闭口结舌,勿复谈此。

　　天子曰都!劬已观峻,体猎波馀,疾辑聚,倦钞胥。艰深夏溥,骋跨迁徐,原皇猷,揭炯如,八风斠,九德舒,礼乐襄,衣裳渠,终身帻蔎竭,遥岁行毋趄。洶俗绑天平,虐铲痛袪。揶太古之化,犨无上之庐,僭奸自拱,贤芬恣摅。岂与仰屋梁,饕蠹鱼,貌孔子,笼籏篴,争短长一夕!赐名《资治》,废群史书。

据《沅湘通艺录》卷七

萧尺木补绘《离骚图》序

　　木兰宿莽，蚤晚异趣；芳草萧艾，贤愚错陈。岂灵修足玷，抑时俗已然，袅袅秋风，水波木脱；簌簌幽篠，《山鬼》哀歌。断天破地，旷古衔今，昔人已往，谁复可怀？痛饮浊醪，乱吟悲句，精魂仿佛，透穿纸窗，烟雨迷打，仆翻苍海，九死憾在，一纸天割，离心远逝，如闻其语。芳华萎绝，感而蹙闷，直咏叹不定，蠹之图画。古《九歌》、《骚经》，并流绝技，事缺墨旧，盖俟后起。乃如《天问》所有，真迹散绝，公麟之作，不过一二。未有综核骚韵，括极冥显，劖刻怪诞，放恣乾坤，九鼎横出，万倪罗列。

　　当涂萧子，生于瑞世，纵彼幽趣，祖其往制，奋此逸烈，为图五十五。抑复略赡，犹嫌舛漏。高宗幾暇，乃饬群硕，校厘羼补，为图九十一。究兴诗之旨，揽游艺之至，以绘画之微，扩材俊之侈，蒙鉴赏之耀，垂声施之远。瑰乎备哉，荣已剧已。

　　若其以心造则，劈空挨状，回听返照，遒之几席，弃似闻神，鱼龙变没，匪堪喻奇，牛蛇唬怪，江山瑰奥，霞驳电入，阴险骇咤，孰及告之。幽缜要，眇密栗，贯薜荔之裳，辟椒菹之气，拔落菊之篱，敞留夷之畦。驶马兰皋，涉辔扶桑，凤凰掠飞，云霓散御，相羊徘徊，回眸阆风，鸾骖先戒，雷师告严，高邱无女，返顾流涕。折琼枝，遗瑶佩，博观四极，周流天下，虙妃凌波，二姚傥乎，牧马悲怀，临睨旧乡,台情不发,忍此终古,咸池不见,修远何之,世途逼隘,又怀故都,谁可久留,神乎技也!

观夫怀王信谗,背楚死秦,忠臣怨伤,词人讽刺,望君王已,莫如之何!流水公子,芳草王孙,揭车江蓠,变化如螺,回风云旗,九天路塞,山中杜若,昆仑玉英,悲秋为气,萧瑟摇落,登山临水,长夜悠悠,烟邑无色,苍凉不尽,荒残落日,沉寥冢狐,魂兮归来,目极千里。哀江南,撼春心,迟暮美人,欢笑悬日,未尝不咨浈太息。蝉蜕毁世,三千馀载,芳馨耿迥,喷裂六合,神灵光怪,照焰丹素。

於虖!死生常,穷达命,性情不朽,可不自立,冉冉将老,恐惧修名,余情信馥,诚不颟颟。涽浊之世,妒嫉满眼,蠢欺智,奸踏贤,蔽美道恶,哲人不寝。草木改象,禽鸟失声,水火交战,阳亏阴长,总总错错,离离藉藉,百诡万态。揽蕙掩泪,郁邑不聊,苍梧、县圃,既无将藏,量凿正枘,茂行涩涩。似此妙工莫能斥其穷,圣手未必殚其业,较诸《离骚》,殆有甚焉,而且百倍。是非羲和弭节,东皇正镇,震雷虩虩,杲日炯炯,不足劈蟋蟀之鸣,灭禽兽之炽。

据《沅湘通艺录》卷八

述 学 赋

眇瀛区据,乘莽荒虚。褢絪氤隙,摧无胚初。鬼神伏险,龙蛇
遁居。万物失所,百精衔馀。灵瑰千蠹,伟放无渠。肆之于气,抉
之于书。唾弃群有,狠挟孤予。浩然囷然,迥古辟途。负奇铲怪,
破空卵枯。谦绝一介,贱居蝇狐。呰惟从吾,烂经煮史。抑尝为之,秦、汉众子。唐、宋盛集,七代鬼艳,灭不
旅宜。考同异,闿条支,通巨谊,透微窥,耻研一字,恒发圣私。目
穷黄河,指弹泰山,下及沟渎,旁收嵚巇。宵宵恍恍,漫漫泳泳,行
如梗,坐如尸。祀未弱冠,变妍趣媸,独挺豪蠢,籔海横涯。日收月
出,雪蛮雾瘴,落邱壑,掩疏旷,闷眉似箭,乱发无状。笃至人,整轩
壮,时存亡,俟得丧,鲜随唱,珍严望。削除橐卤,退学卑让。顺亲
最难,咎忽戮伉。手足惭慈,阳阴愧谅。宗戚惧嫌,友朋畏谤。艰
深繁蘉,坎坷疗创。治世巨要,阨苦无才,守愚尚拙,本缩末恢。硈
圵俟,用人来,斥贪蠹,暴邸猜。勤补阙,恕纡哀,剔尪毒,翦蒿莱,
巨则宰相,小则县令,孰可苟哉。蕴不显,道无孩,传其人,引逡推,
吟《梁父》,觅三台。讦谟远猷,高山徘徊。博觌二藏,深窟彼魅。
附《易》就幽,强土为馈。半祖儒子,沈杰死醉。泛滥窘浃,祸流涎
洎。景教痼病,天主溃痢。符咒杂徒,涂埏污埴。天地之大,纷翘
互跂。力竭烧割,神怵沸恣。正说储是,炸响止吹。生死不能夺其

志,贵贱不足换其帜。匪用妄夷,厥性艰二。吾学古,吾自然,似匪古有。专难诣硬,好侈恶丑。幸无铄淫,抑寡耆酒。木崛胡拟,坚蔽断耦。广交刺益,暮与魂友。知闵不怨,传长盍咎。安缺凭坏,融尤消垢。折节下丐,爱材走狗。繇嚚素予,赖彼伸剖。猥方畴昔,妄命不朽。绌爱时俗,非笑屦受。身罔瑕玕,己昧牝牡。孰使覆瓿,谁云享帚。靡获已,稍降体,盖绍述遗髓,末视欧九。然何足道哉,不值残灰一蝌蚪耳! 惟粗职损抑,薄惩稂莠,难免罪戾,犹觊戒后,欲以塞负。

据《沅湘通艺录》卷八

泉 币 赋 _叙

通万物之穷,济百家之度,流旋泛滥,简切操练,纷其变,使民不倦,莫妙乎金刀。昊、阳氏之金,熊、辛氏之货,伊、祁氏之泉,子氏之布,吕氏之刀,胥兹物尔,总谓之币。历山之币赎卖子,庄山之币救无馈。有起于禹者,有起于汉者,有起于墅者。以珠玉为上币,以黄金为中币,以刀布为下币,载之乎九府,垂之乎圜法。方寸之斤,轻重之铢,二二为幅,四丈为匹。故宝之,利之,流之,布之,束之。故或言其形,或言其质,或言其器,或言其用。肇号锡字,创始更制,繁缛丰盛,堂皇乎三古。

自景王铸大钱,塞川原,而周始衰。其制径寸二分,重十二铢,文曰“大泉五十”,肉好周郭。古运以终,则有泉“半两”、币二等,秦人用之不为啬。八铢、四铢、榆荚五分。经乎汉始,贼乱溢出。于是禁伪铸,歇吴、邓,罢三铢,复半两,造白金,设皮币,仄赤铜,增五铢。贾山、贾谊、贡禹之流,献计定策,妙巧止奸,至已极已。莽窃坏法,民用嚣张,黄牛白腹,顿还旧迹。

自东汉以来,五铢虽复四出,续作大钱改铸,流祸四海已,小钱放肆,灭亡宗社已。蜀以百直救时害,魏以五复杜湿谷,吴以卑直防空名。三国之间,重偏而已;典午之际,因循而已。元嘉废,孝建行,晋之中也。景和出,鹅眼禁,而晋亡已。五铢百而钱毒恣,六铢讹而钱祟丛，梁陈之癥，岂止腹心者。太和之精，永平之阻，得失参半。神武霸政，别制虽出，细薄继起，常平改制，卒于无补。保定、开皇，新例错施，而盗民伪民已极于天下，剪铁镂，裁衣糊纸，纵横四达，钱局之大变，钞法之萌芽，履霜之戒，浩焉长叹！衍通宝于开元，绝恶钱于显庆，初政可观，而乾封泉宝，则天盗铸，低昂相失，司农之毁无多，民间熔锡已千百矣。宋璟、崔沔无救乾元之谬，刘晏、韩洄颇得力焉，禁私钱，禁铜器，禁销钱，禁铅锡，禁私贮，禁垫陌，禁铸佛，禁盐铁，补苴罅漏，无规于大，交易钱谷，乃不得已。五季波馀，禁例烦数，徒为纷纷。晋之元宝，犹可说也，汉之八十，慨其艰矣。衰周毁佛，后唐大钱，理致未差，当用抑裕。

至于宋代，故愈侈已，其始"宋元通宝"，太平兴国"太平通宝"，重恶禁，灭铜犯，两川铸铁，建州用大，四监所临，可谓盛哉！飞钱振，交子置，诸路之货轻已。京师有钱，天下无钱，则大小不得不并，十钱不得不当，神宗朝，西边用兵，一钱当十铁钱不得不折，阑出不得不禁，锡铜不得不夹，钱引不得不改，及此京师钱抑几乎息已。于是铸钱归漕司，铜器付泉司，立限制以收末，铸小平以当二，为折二，为当五。会子兴而人民怨，交子横而行在置，罚伪造徒事耳，诏官印虐文耳，陈祐、唐璟之言，何足救哉！于是造旧会，定会限，换新会，置川引，置银会，立定额，添印子，展川引，付淮交，付湖会，一切虚浮，与宋人之谈无异，其害其利遍六百年，至今逾剧。于是申严禁，禁毁钱，禁钚销，严钱法，造会库，封支拨，听自造，终宋之世，钱不可问。古法浸灭，众靡所逞，苟且之计，权宜之行，抑不得已，世以为大便，误已。

辽、金、元、明与宋无异，不备论焉。大抵钱之盛衰，与国运为终始，虽有智者变法，救其末则可，救其本则未也。

赋曰:国之所重,莫先于用,必足于静,乃动之纵,民间之衣,官家之从,官民互裕,君主与共。主法必精,权时务巧,毋使世轻,毋使贼挠,毋使下弊,毋使中饱,毋使苦滥,毋使苦搅。上古之世,不名曰泉,五金等济,三品相宣,流通滑达,浩博深渊,纯古典重,笃朴雅妍。生齿日众,情伪纷多,三代既远,作法骈罗,平类相诈,上下相摩,弊不胜剔,政见其颇。谁其经济,有本有末,群舛悉搜,一眚必抹,前不见争,后不见夺,内府帑充,外家赀活,灾自国当,故由上出,既无纵横,更无划一,绝所张弛,珍所得失,愈出愈下,日放日溢。厥道无他,平以摄之,太精则塞,太任则夷,求奇更窒,求利更疲,益无十倍,法勿浪施。删其已甚,存其可行,无伤于浊,无损于清,足用于食,积舒于生,泉币万古,聿观厥成。

据《沅湘通艺录》卷八

致石醉六 七律一首

维吾与子及门缘,座上春风火共传。惨惨神思镌数圣,青青衫鬓露孤贤。北溟南海三千里,香象神驹五百年。唐宋重生文采地,湘流清绝不胜怜①。

据陈新宪《邵阳樊锥》,载《邵阳市文史资料》第 1 辑,1982 年 12 月印刷

---

① 此句中"唐宋",系指唐勒、宋玉。

双清勒观资邵二水合流处

连山悠悠纷青葱,环城而北资来东。湘公潭下合邵水,状元洲上生春风。有客有客昭陵路,青鞋布袜过北渡。长啸一声砥柱头,极眼云山万里暮。白波碧浪激滔滔,桃花飞雨起洪涛。雪水未消烟水活,泥沙争逼夹江淘。棋盘山势隆崔萃,滚滚龙蛇警浪突。锦口陂前一叶舟,出波没波出旋灭。湘江商人苦莫嗟,一回风正一回斜。帆悬风顺长得意,江水如此可为家。我读黄庸旧游记,双清亭下临流醉。山明水秀瑰伟观,幸值太平日无事。水深无底澄镜波,良宵美酒酣高歌。君不见,方今中外大和会,亦如此双流汇合邵陵阿。

据陈新宪《邵阳樊锥》,载《邵阳市文史资料》第 1 辑

赠罗翊生联

纵五千年无匹偶；
横九万里以英雄。

据抄件

自署楹联

顶天立地三间屋;
绝后空前一个人。

据石广权《樊锥传略》,见本书附录

附 录

樊锥传略

石建勋（广权）

樊君名锥，字春渠，后易名诚亮。清丁酉科拔贡生。生同治壬申年(1872)二月二十六日。家贫甚，父善星相占卜之事，以君属邑廪贡生曾德清明经授读，强识，目十行下，曾器之，不计其束脩。十三通群经，旁及诸子。工为文，奥折自憙，师抑之，益奇恣不受制科轨范。十五入邑城，遍访名宿诸有藏书者，悉读之。时邑有二狂生，曰金秋奎，曰李寅，意气抗厉，不可一世，独君与莫逆。金文矜峻，李文俶诡，君以峭厉参其间。未几，俱受知于学使张亨嘉，同入县学为诸生，君尚未冠也。旋与邑人石守成、石秉钧、石建勋等负笈省垣，守成博雅，好储书。时适有清日之战，议政者主张维新，南海康有为伏阙上书。君与秉钧、守成、建勋三人互相砥砺。时邑人诋新学者称樊、石，动相指摘。会学使元和江标工衡文，君与秉钧得选拔。

是时湖南巡抚义宁陈右铭中丞宝箴方锐意为治，臬司护藩篆岭南黄公度方伯遵宪佐之。设时务学堂以育人材，中丞长公子三立、新会梁启超、浏阳谭嗣同、黔阳黄忠浩、凤凰熊希龄、善化皮锡瑞诸君子主之。附设南学会，发行《湘报》。君与浏阳唐才常、长沙杨毓麟、武陵何来保、湘潭易鼐等，左右其事。建勋、秉钧等返邵，设分校、分会。会中朝召谭嗣同、梁启超赴京，所举皆中辍。

先是，湘中绅旧衔新学，欲有以掊击之。慈禧太后中其言，未发也。邵有某部曹微得其端，风邑人开大成殿逐君。鄂督张之洞驰电主杀锥、鼐，以谢天下。未几，康、梁狱兴，谭嗣同、刘光第、杨锐、杨深秀、林旭、康广仁于及难，所谓戊戌政变者也。湖南之列籍新政新学者咸获罪，分别遍管察究。君与建勋等匿处山间。

庚子唐才常起事夏口，逮诛，党祸再作。君披发间关遁海上，以弟子蔡锷属江南水师提督杨晋岩军门金龙资送日本学军事。身与湘乡张伯纯大令通典、衡阳陈梦坡直刺范等，创《苏报》，以余杭章太炎炳麟主其事。大吏基之，逮章下狱。君招石建勋等二十馀人赴日本，时壬寅、癸卯间事也。

清廷有令，国人以己资留学外邦者，不得习军事、法政、警务。君大愤，与陈天华、杨毓麟、马君武、蓝天蔚等奔走革命，倡言汉、满不并立。日人利中国有事，亦赞之，癸卯、甲辰间，为中国留学生特开法政速成班，学军警者不受清廷限制。君始入军校，以体格积弱，改习法政，谓缓不济事，辄返国与黄轸、陈天华等有所图。事败，黄奔匿沪上，会以他事被逮，几濒于险，得解而免。

时君易名入南京，因缘得军校讲席，时时以民族主义诱导后进。宁乡陶榘林观察森甲、同邑杨晋岩军门金龙诸当道，咸爱其才，为报捐五品花翎副将，冀相引用。适蔡锷卒业士官，归自日京，江督魏光焘、湘抚俞廉三争延揽之。锷返湘任职军务处，教练新军。暮年，以桂抚林绍年中丞电聘赴桂林，设干部学校暨陆军小学，电邀君往任讲席。与锷言事不合，暴怒，呕血数斗。既而为书投署桂抚张鸣岐①，终不遇。病亟，以光绪三十一年乙巳（1905）冬

① 查张鸣岐于光绪三十二年十一月十四日由布政使署桂抚，此误。

返籍,丙午(1906)春二月卒,年甫三十有五。无子,以弟仲徐之子为之后。

计君生平豪迈,多奇气,而性火急。其列籍邑庠也,自署楹联曰:"顶天立地三间屋,绝后空前一个人。"见者以为不祥,君不顾也。蔡锷甫十一岁,君一见奇之,携而授之读,衣之食之,有所适,辄徒跣从,昕夕讲授不辍。未三载,蔡列县学弟子员,旋考入时务学堂,逮东游学成,十数年未尝不事君犹父也。君尝言:平生于五伦独重师友,而父子兄弟之间,朝夕近昵,虽圣人有所不能尽。若君臣夫妇以人合,亦得以人离,不如师友间之获益多也。人以怪呼之。君曰:良是,是所谓少所见也。授馆时,有《黄山学约》数千言。纂《魁纪公丛书》未成。志绍宗师。文仿定盦龚氏,恒佶倔不可读,而陆离光怪,豪气四溢。字工八分。诗近昌谷,有鬼气。李寅莲仙自命西堂,而拟君于卿谋汤氏,竟成语谶。庚子之祸,举所作尽毁之。今自《学约》外,有《黄山焚馀诗》及文,散见《湘报》及海外《游学译编》,亦寥寥无几,可惜也!弟子奋迹于时者,自蔡锷外,前湖南财政厅长唐巘,湘西地方法院院长张天宋,前湖南榷运局局长督军兼省长公署副官长唐岳五,其兄励五,前内政部佥事毕厚,现军政部参事雷飚,现国军第五十师师长岳森,前南京警务处参议罗仲素,现邵阳县财政局局长岳季吴等,皆表表不群。

自君之殁也,历六载民国始建。亡何,蔡锷复早殂。以是时人知君者绝鲜。民国十年,君友石建勋,久易名广权,任北京教育局编纂,于君弟子陆军部参议唐巘处,见所存《黄山焚馀诗》一卷,题其端曰:"廿年不见汝只字,骨朽书焚命也穷。唐代只知房杜事,《隋书》何处觅王通。"哀之挚也。

君配何氏,以君反目,无出。兄弟二人,弟仲徐,以狂废横死。其子后君者相继殇,君后竟绝。

据未刊稿本

邵阳士民驱逐乱民樊锥告白*

立驱逐乱民字人邵阳士绅军民等，今因丁酉科拔贡樊锥，首倡邪说，背叛圣教，败灭伦常，惑世诬民，直欲邑中人士尽变禽兽而后快。我邑公同会议，于四月十五日齐集学宫大成殿，祷告至圣孔子先师，立将乱民樊锥驱逐出境，永不容其在籍再行倡乱，并刊刻逐条，四处张贴，播告通省。倘该乱民仍敢在外府州县倡布邪说，煽惑人心，任是如何处治，邵阳并无异论。特此告白。

据苏舆辑《翼教丛编》卷五

---

　　* 此篇及下篇均选自《翼教丛编》卷五，但目录未列，或即为上篇《告白》之附件，另行发表者。

驳《南学分会章程》条议

得览《南学分会大略章程》,盖倡会诸人知其邪说不行,转而变计,思图掩盖,而恣诱煽。粗视之,似尚平妥;细察之,则隐情毕露。今就其貌似平妥之处,稍为发挥,庶阅者不至竟入迷途。至樊锥所著《开诚》、《发锢》诸篇,叛背圣教,弃灭伦纪,显载《湘报》,兹不赘说。

一、《南学会开办大略章程》云开办者,以办就更有新章也;云大略者,以细目不好明言也;一俟会徒既众,便于任意更改,凡一切平等禽兽之行,惟所欲为。此时但如此蒙混引人入会,日后虽悔悟而求解脱,岂可得哉!此真樊锥所谓颈圈鼻索者也,今将施之入会诸君,阅者其审诸。

一、"一切拘虚狭隘之见,概宜屏除。"此即《湘报》易鼐所谓改法以同法,通教以绵教,屈尊以保尊,合种以留种,改正朔、易服色之意也,亦即樊锥所谓一革从前,搜索无剩,唯泰西者是效,用孔子纪年之意。倘拘虚狭隘之见,不概屏除,则君臣、父子、兄弟、夫妇、朋友之伦,各有其分,不可乱矣,大与耶教相背,即大于学会不便,阅者其细察之。

一、"伦常乖舛,违背孔教者,虽有保人不准入会。"若然,则樊锥永宜屏绝,不准入会。盖平等邪说,自樊锥倡之也。人人平等、权权平等,是无尊卑亲疏也,无尊卑是无君也,无亲疏是无父也,无父无君尚何兄弟、夫妇、朋友之有。是故等不平则已,平则一切倒行逆施,更何罪名之可加,岂但所谓乖舛云乎?圣人人伦之至,似此灭绝伦常,岂格外更有违背者乎?若而人者在会,诸公宜如何处治,以挽伦纪,以扶圣教,岂直屏绝已哉?今诸公反推为会长,其于学会章程大相刺谬,阅者省览焉。

一、"在会人不准谈及词讼案件。"若然,则石秉钧、石建勋亦宜屏绝,不准入会。昨闻石敬亭为结饷一案,除应赔罚外,更勒罚花边二百元,此即未入私囊,究属干预词讼。以此而论,似与学会章程相背,或者词讼案件,只宜暗管,不准谈及耶?此非局外人所敢知也。

一、"本会为大众身家性命起见,力除一切浮华嚣张之习。"此系切实可靠之条,但云力除一切浮华嚣张之习者,即樊锥《开诚》第三篇所谓洗旧习,从公道,一切繁礼细故,猥尊鄙贵,文武名场,恶例劣范,铨选档册,谬条乱章,大政鸿法,普宪均律,四民学校,风情土俗,一革从前,搜索无剩,唯泰西者是效也。大众诚能如此行去,则黄卷其发,十字其宗,马牛其妻室,纪年以耶稣,纪日以礼拜,正石秉钧《新民局公启》所谓我自兴之,无待彼兴,彼必不肯惨施杀戮也。如此而身家性命可保,吾不之信矣。

据《翼教丛编》卷五

摘驳樊锥《开诚篇》中语尤悖谬者

"自民之愚也久矣,不复见天日也亦已甚矣。其上以是愚之,其下复以是受之,二千年沦肌浸髓,梏梦桎魂,酣嬉怡悦于苦海地狱之中,纵横驰逐于醉生魇死之曲,束之缚之,践之踏之,若牛马然,若莓苔然。"驳曰:我朝开国以来教养兼尽,上何尝愚下,下何尝受愚。且二千年自汉迄今,其间圣君贤相。理学名儒,不可殚述。樊顾谓其梏梦桎魂,酣嬉怡悦,束缚践踏,若牛马莓苔,目中固无千古矣。不知其祖宗亦在二千年内也。樊锥不产于空桑,安得书此丧心病狂之论。

"今宜上至百寮,下至群丑,俱如此类,网罗净尽,聚之一室,幽而闭之,使其不见日月,不与覆载。"驳曰:自古权奸逆竖,心怀叵测,将忠臣义士一网打尽。樊锥此言殆又甚焉,倘其得志,忠义之士无噍类矣!

"是故愿吾皇操五寸之管,半池之墨,不问于人,不谋于众,下一纸诏书,断断必行,曰:今事已至此,危迫日极,虽有目前,抑无所用。与其肢剖节解,寸寸与人,税驾何所,蹑天无路,不如趁其未烂,公之天下,朕其已矣!"驳曰:天子诏命,岂臣下所敢戏拟,况此等大逆无道之言乎!国典具在,脔割寸磔,处以极刑,似尚未足以蔽其辜。

"四海一心。一心者,人人有自主之权,人人以救亡为是。穷极生变,郁极生智。"驳曰:治天下者,大权不可以旁落,况下移于民乎!所宜通者,惟上下之情耳。樊锥谓人人有自主之权,将人人各以其心为心,是使我亿万人民散无统纪也。樊锥谓可以一其心,吾谓实亿万其心也。此则亡且益速,又乌能起而救之?泰西国固多民主,然法国议院,朋党蜂起,卒为国祸,在泰西且不可行矣。锥曰穷极生变,郁极生智,推其意直欲以我列圣以来乾纲独揽之天下,变为泰西民主之国,其斯以为智与?真汉奸之尤哉!

"洗旧习,从公道。则一切繁礼细故,猥尊鄙贵,文武名场,恶例劣范,铨选档册,谬条乱章,大政鸿法,普宪均律,四民学校,风情土俗,一革从前,搜索无剩,唯泰西者是效,用孔子纪年。"驳曰:尊卑贵贱,有一定之分;法律条例,有不易之经。樊锥公然敢以猥鄙恶劣谬乱字样,诋毁我列圣典章制度,毫无顾忌,其狂悖实千古未有!且明言"唯泰西者是效",何必再言"用孔子纪年",直曰以耶稣纪年可耳。

据《翼教丛编》卷五

毕永年集

《康诰》曰"作新民"《诗》曰"周虽旧邦其命维新"

与民更始,承新命也。盖民不新,国不固;新不作,气不扬。诵诗读书,我知天命。尝谓帝王殊禅,三代殊继,万物芸芸,樊然殽乱矣。然而有德司契,无德司彻,名者实宾,今古通论也。倘南面而执民纪,解其天弢,堕其天袠,卒以烂乱天下,而国本日益摇。始窃谓自三代以下者,天下何其嚣嚣也;今乃知陈陈相因、气颓于寐尔。日新又新,盘铭尚矣。我羡新猷,我扬新治,痌瘝者厥维艰哉。仁恕则树德,严暴则树怨,帝者悯焉。我无为而民自化,我好静而民自正,皇初治谱,不能取则于今也。夫天地奚官,万物奚府,黼座自有主持矣。不开人之天而开天之天,观牖哀者咸一朝奋迅曰:尸居而龙见,渊默而雷声,混茫者殊难测哉。泽万世而不仁,蚤万类而不义,王者迹焉,孰能浊以静之徐清,孰能安以久之徐生?盛世流风,是将慰彼黎庶也。

夫相拂以辞,相镇以声,委巷益多谣诼矣。知有用之用而并知无用之用,沐圣德者群拜手颺歌曰:和之以天倪,因之以曼衍。昔我武王遣封介弟,惧夫自见者之不明也,自是者之不彰也,自伐者之无功也,自矜者之不长也。于是进康叔而诰之曰:远矣姬德,兴自高辛。思文后稷,厥初生民。率西水浒,化流岐豳。大启土宇,气象维新。盖迥非夏忠殷质所得与闻者也。汝往作之,毋虔刘,毋矫诬,毋委靡以涣民心,毋颓惫以伤民气,习俗移志,安久移质。然哉然哉,古之人有行之者,文王是也。夫文王之量,恢然如天地之苞万物。其于民也,告之以太古,教之以至顺,其出不近,其入不距,使之和豫通而不失于兑。以故皇风翔洽,协气旁流,大命集天,乃眷西顾,公刘旧国,竟辟新朝。岂招仁义以挠天下哉?盖公平者,职之衡也;中和者,听之绳也。以类行杂,以一行万,而圣人知抱式焉。不诱于誉,不恐于诽,而庶人无骇政焉。当我缗乎,远我昬乎,祚我新乎,庄诵诗言,若合符节矣。则尝综而绎之,六经先王之陈迹,仁义先王之蘧庐,毗阴毗阳,法物久虞其汶黯,而贪财取慰,贪权取竭,识者灼知皇古之终湮,五帝之外无传人,五帝之中有传政,议因议革,球图日见其沉沦。而窃钩者诛,窃国者侯,愚者亦知中原之不振,君子无所不用其极,盖是故也,岂别求所以新民者哉。

据《沅湘通艺录》卷一

子曰"君子和而不同"

（约 1897 年）

惟圣知和，统古今而衡论也。盖和者达道，惟不同和，故公和乃无弊。吾师乎视君子，今绳端硕者，辄曰岩岩尔，介介尔，锋稜峭露，遇事坚持尔。然概执是衡君子，君子孤君子且隘，圣知其故，爰揭以鸣众曰：夫君子之量，恢然如天地苞万物，不雄成，不谟士，散群坏植，殆所谓古之真人，其状义而不朋者乎？有若中天良佐，有若昭代元功，有若某今契交列邦贤俊，试得总而陈之。陶姚以前湮实录，蓬圭谁诵百天子之书；唐虞之际萃名臣，躬桓直辑一明廷之瑞。此虽龙蛇浊宙，水火腾区，承太和之洋溢者，允将握璇玉而谅休也。视夫夔虎襄猷，华虫赞采，听五臣之颂，歌八伯之祥，因极景庆昌明，主臣欢洽，而必有吁咈以呈其儆惕，则雍诚之撰，讵遂曰言应如响，意赞如流。盖君子澄神温粹以颐躬，虽群奉以渊冲，而有所不艳，刓媆婀脂韦以售佞也。故元首神圣，而此时之敷陈殿陛，竟戒以傲虐慢游，同寅协恭，而明谟之训迪，僚工诞弼以浚明高采。至昌言铭佩，赓载以励者，亟拜之曰俞，是寓坚强于燮友者尔。毓一人开一代，上帝原不存听民陷溺之心；合同志与同朝，元臣必无有与时俯仰之臆。此虽《秉旄》阐义，《流火》侈符，颂新朝之翔治者，又将忆兕鸟而示联也。

　　自夫瓒礜于庙,爵锡于朝,庆八百国之归心,封十五人之同姓,岂不风云旷代,师济兴邦,而必于管、蔡一严其典宪,则融煦之晖而异于霜露宣威,山川呈媚,盖君子怡志肃雍以明道,虽骤誉以宽泰而有所不居,况篷篠戚施以测世也。故允智非有竞心,而读史至叩马几兵,恍见当年之义士;且、奭本无异隙,而纪事至留公作诰,如宣夹辅之深衷。迨孺王幼冲,祝颂以冠者,诞承之曰诺,尤觉顺恭而严毅者尔。无拨乱之伟才,在执谦亦足为明哲保身之道。有救时之良相,惟明决庶不为浮嚣众论所移,此虽藩服僭权,天王守府,获数贤以襄赞者,是将持珠冕而济灵也。

　　繄夫秉笔所关,驱车所契,有齐婴、郑侨以联昆季,有晋胗、卫瑗以结主宾,斯皆善气迎人,和光牖世,而每于动息得验其刚明,则温让之昭,原非以违道取容,恣情干誉。盖君子坚体方严以为植,虽弥诮以抗厉而有所不辞,岂迁就苟营以牟利也。故可去则决去,不必以清白之躬,妄篡名于逐君之奸党;可留则姑留,亦勿以华昌之裔,遽轻试于无忌之枭雄。至毁庙分歧,日中而事者,胥应之曰然,此诚雍容而果断者尔,若小人则反是矣,天下安得尽君子而言和哉?

据《沅湘通艺录》卷一

南学会问答*

（1898 年 4 月 8 日）

一

毕永年敬问主讲先生：永年三莅会矣，聆雅颂之音，足令筝琶息响，佩诵良切。但今日设会盛心，一在保种，一在保教。盖民权不振，则必日危日险，终任人之印度我而种不能保。然学业不精，则虽日言民权，日言保种，徒启草莽窥窃之念，并无自立不拔之基，将保种而适足灭种。永年居恒悲咤，大惧覆巢之下，将无完卵。辄念吾湘风气已开，人知向学，举凡汉、宋学派以及西学各书，幸已家置一编，士手一册，本末具在，循迹可求，抑亦非片时指陈可卒而尽，东鳞西爪可括而全也。伏愿先生捐弃陈言，益宏远略，惕以印度之辱，镜以日本之兴，诰群士以憔悴专壹之方，示群民以人皆读书之益，俾知通商之局，终此不更，则中西聚处日繁，不必再作闭关之想。中西日聚，则必中人果能日兴己学，日尊己教，日泯文武秀顽之见，日除操戈同室之羞，而后可绝西国之觊觎，而后可生西人之敬爱，庶不至野番我，即不至印度我。否则愈厉以亲上死长之义

　＊　案：答者为谭嗣同。

则客气愈深,愈激以自强卫国之功则偾事愈甚。终以保教为奴隶基督,终以保教为割地自王,终以民权为洒耻雪愤,一旦天崩地坼,万险环生,求如今日之文恬武嬉,将为六朝五代之局,恐终不可得矣,岂诸君子设会之盛心哉!鄙人固陋,不知所裁,惟垂教。幸甚。

答曰:所言抑何痛快也。然佛说众生根器不齐,故说佛乘外,复说善萨缘觉声闻三乘种种法。夫岂不惮烦哉?亦以众生根器不齐,不得不如此耳。假如人皆如君之高明,此会几欲不设矣。

二

永年谨再问:顷闻复生先生讲义,声情激越,洵足兴顽起懦。但今日之局,根本一日不动,吾华不过受野番之虚名;銮舆一旦西巡,则中原有涂炭之实祸。所谓保种保教,非保之于今日,盖保之于将来也。此时若不将此层揭破,大声疾呼,终属隔膜,愈欲求雪耻,愈将畏首畏尾。或以西学为沽名之具,时务为特科之阶,非互相剿袭,即仅窃皮毛矣。质之高明,当有良法。

答曰:王船山云:"抱孤心,临万端,"纵二千年,横十八省,可与深谭,惟见君耳。然因君又引出我无穷之悲矣。欲歌无声,欲哭无泪,此层教我如何揭破?会须与君以热血相见耳。

据《湘报》第29号,光绪二十四年三月十八日(1898年4月8日)

存 华 篇

（1898 年 4 月 14 日）

呜呼悲哉！吾华之教之统之亡千百年于兹矣。今幸之者曰：国绪未绝也，正朔未更也，服色未易也，数千年素王之教，犹蒸蒸欣欣未遽丧也。上庙廊，下闾巷，虽灼知危若朝露，犹且动容相慰，曰：幸存、幸存。然自秦始皇、唐太宗、明太祖以塞聪锢明、圈芟豪杰为治，故民权日屈，而尧、舜、禹、汤、文、武、周公牖民公天下之精意亡；自老、杨以柔静无为毒中国，宋儒以玩物丧志薄事功，故士气日靡，而孔、孟平等平权、悲闵迅奋、改制翼教之真脉亡；自举世以小忠小孝至迂至谬之气节夜郎自大，管穴自尊，故腼然戴天履地，而不知大气举之者之为何物，与夫阿屯姆力之积而输之者之为何疆何域，而《公羊》太平、《孟子》大同、庄列管墨沟通天人之真理亡则甚矣。

民权不伸，士气不振，师统垂绝，华之所以为华，固不待外人扑蹴，久已昆仑断纽、羲轡停骖矣。然使执臞颜雅步之儒而正告之曰：华亡矣，国危矣，教裂矣，奚以济？必赧然逊谢曰：吾士也，手无斧柯，夫何补？又使执圆颅方趾之俦而涕泣道之曰：人奴矣，种腐矣，豚縶而羊刲矣，奚以脱？必骇汗而走曰：土且无补，吾民也，岂有幸哉！夫何敢，夫何敢。嗟乎！嗟乎！合二十三行省之众，皆自缚于我士耳,我民耳,一切束手待毙,不能有所干预,有所发摅,岂士与民固非天之生者哉!岂王侯卿相则人类,而士民固牛马然,鸡豚然,徒供奔走刀砧者哉!譬诸家主,患手足不仁,委顿卧榻,家政日以不修,而若子若孙若仆御,咸敛手安坐,谓有家主在,吾固不敢越俎谋也。又如富家巨室,惧其子弟之淫荡、仆御之悍强,而絷其手足,严其肩镴,乃拥囊抚箧,欣欣然有喜色曰:今而后莫予毒也。然而有盗突至,则戕其主人,迁其重器,而子弟仆御徒咨嗟涕泣于其侧而莫之拯,则将诛其子弟仆御乎?抑仍咎平日之不稍假权力乎?夫人即至不肖,无甘为牛马鸡豚者;人即至愚,无不欲保其身家者。知我与王侯卿相均人类也,则毋任其盗贼我,刀砧我,栋折榱崩我,而亟图所以争自存者,不俟终日矣。则毋以己痒己痛之身家,听诸不见不闻之王侯卿相明矣。《传》曰:"人受天地之中以生。"所谓命也。人人皆承天地之气以为命,即人人皆有自主之权以立命。权也者,我与王侯卿相共之者也;国也者,非独王侯卿相之国,即我群士群民共有之国也。既为群士群民共有之国,则为之上者,必无私国于己、私权于国之心,而后可以绵绵延延,巩祚如磐石。下亦必无不在其位、不谋其政之心,而歧视其国为乘銮服冕者之国,然后可以同心合作,上下一心,保神明之胄于一线,救累卵之危于泰山。《春秋》书梁亡,亡其民也。公法灭国有数种,要以民为归,虽罍其君、墟其国,而民心不顺者,未之能亡也。法之国破君擒而岿然存者,其民强而智也。土耳其之屡分屡蹶,而至今反远胜支那者,其教民固结坚悍,视死如归也。《孟子》曰:"民为贵。"又曰:"民事不可缓。"故今日能贵民、重民、公权于民,而后国可保、君可有也。悲夫!悲夫!吕政愚民以自尊,有宋以来,只知君,不知民,而民而士者,亦遂自忘其职分权力之应为,以成今日疲癃残疾离涣无权之天下。愚民愚士之术,其为祸竟斯烈哉,其为祸竟斯烈哉!《传》曰:"惟善人能受尽言。"蒙之为是言也,将以存亡也,非以亡存也。天其或者终存华乎,则亡而不亡矣。抑余尤奔走喘泣告我黄民曰:瓜分之图,《字林西报》昌言无忌,法外部并行文各国,示以天与不取之意。果尔,则太平洋为血战场,支那人为几上肉,欲求眉睫安,将不可得。虽然,殷忧启圣,恐惧致福,乘此伐毛洗髓,涤秽荡瑕,与天下更始。如湘潭易氏、浏阳唐氏所云者,则雷动飙驰而耳目改观,气机拨动。我士民益当血诚相与,共保阽危矣。存华之机,其在是欤?其在是欤?

据《湘报》第 34 号,光绪二十四年三月二十四日(1898 年 4 月 14 日)

公法学会*

(1898 年 4 月 25 日)

　　素王改制之精心,吾未知其一二。惟今朝政日圮,人心日涣,与外人交涉,日惊疑骇溃,以酿成种类之亡,吾耻之!吾之命悬祝宗,忽忽至今者,徒以二三豪杰,力求自拔于茫茫苦海中,而心未死耳。爰与诸君子创立公法学会,期于古今中外政法之蕃变,和战之机宜,条例约章之殽列,与中国所以不齿公法之故,一一讲明而切究之,而一归诸素王改制之律意,以求转圜于后日,补救于将来。虽太平世无界无争之义,匪今日所能言,而其争自存以为无争之起点者,一虻一蚊之力,奚辞焉!

据《湘报》第 43 号,光绪二十四年闰三月初五日(1898 年 4 月 25 日)

---

*　本文系由唐才常《公法学会叙》中辑出。

公法学会章程

（1898 年 4 月 30 日）

一、此会专讲公法之学。凡自中外通商以来所立约章，以及因应诸务，何者大弊，何者小疵，何者议增，何者议改，皆须细意讲求，不可稍涉迁就，尤不可故立异同，庶为将来自强之本。

一、凡各国互立新旧约章，亦须切实考求，庶可援证。会中宜集资购看各报，如英之《泰晤士报》《国闻报》《万国公报》《时务报》《萃报》《集成报》，本省之《湘学报》《湘报》，皆有各国订约换约章程，当集群力以广闻见。又近有《求是报》，详列交涉一门，尤须细译。

一、交涉一学，实资掌故，通商条约，载在盟府，如总理衙门之档案、南北两洋之公牍、海关各口之税则，须缄托同志之友，转抄汇寄，勒为成书。

一、会友各持日记一本，仿史表体，内列大弊、小疵、议增、议改四格，凡有所得，即分类编记，务须实事求是，可见施行。

一、此会虽为讲求公法而设，然必须通畅古今中外政教学术，体用兼资。凡会友于讲求公法外，务各致力于天算、舆地、兵法等学，方为切实有用。况欲通洋情，先习英语；欲精交涉，宜习法文。由粗而精，循序渐进，亦俟将来推广。

毕永年集

一、会中不设会董,不设学长,惟学友会谈,务收集思广益之效。

一、入会之始,酌议捐,由五两至二十两止,存公以为购书及零星茶食之用。

一、会中书籍已经捐出外,尚有必需之书,应由会中托人向各埠购办。

一、此会暂假容园为讲学地,俟会友云集,再议别迁。

一、每逢一、六日,会友齐集容园,互观日记,勤加切劘。

一、每逢会期设茶会,定于十下钟聚,二下钟散。

一、每逢会期,虽大风雨必到,不得借端推诿,岁时丧祭,不在此例。

一、凡会期,相见毕,入座即专心讲论,勿涉游谈。

一、会友均可随时到会观书,主人不迎不送。

一、会友但请于会所翻阅书籍,即携书出阅,以五日为限,如期缴还,亦不得携挟全册。

一、此会与各学会相表里,均为有用之学,故不立门户,不挟意见。不可入主出奴,致滋同室操戈之诮。惟迂拘之士,不得强邀。

一、此会必须同志之友,方能声应气求,其非吾党,不能强异为同。一既入会,即宜共守章程。章程不善,可随时会商更改,不可干犯,违者即请出会。

据《湘报》第48号,光绪二十四年闰三月初十日(1898年4月30日)

诡谋直记*

(1898 年 9 月 12—21 日)

七月二十七日　到京。暂寓广升店。

二十八日　上午九时,往见康。仆即移寓南海馆中,与湖南宁乡人钱维骥同室。旧友乍逢,欣慰之至。且得悉闻康之举动,盖钱亦有心人也。

二十九日　偕康至译书局,接见田山、泷川、平山、井上四氏。康但欲见井上,而不愿见平山,谓平山乃孙文党也,且责仆不应并约四人同来,殊可笑矣!夜九时,召仆至其室,谓仆曰:"汝知今日之危急乎?太后欲于九月天津大阅时杀皇上,将奈之何?吾欲效唐朝张柬之废武后之举。然天子手无寸兵,殊难举事。吾已奏请皇上,召袁世凯入京,欲令其为李多祚也。"仆曰:"袁是李鸿章之党,李是太后之党,恐不可用也。且袁亦非可谋此事之人,闻其在

---

　*《诡谋直记》,抄件,藏日本外务省档案《各国内政关系杂纂》支那之部《光绪二四年政变光绪帝及西太后ノ崩御袁世凯ノ免官》第一卷一门六类一项四一二一二号内,系当时日本驻上海总领事代理一等领事小田切万寿之助上外务次官都筑馨六《湖南地方ノ近况及毕永年著〈诡谋直记〉送达ノ件》的附件,用"上海日本总领事馆"信笺抄录。并注明为清官方自"湖南唐才常等改革党等处搜查"所得者,题目亦为清官方所拟。内容即毕永年光绪二十四年(戊戌年)七月二十七日至八月初六日的日记,记政变前夕康有为、谭嗣同等筹商对策的情节甚详,多为一般史籍所未载,对研究毕永年及戊戌变法史有重要史料价值。

高丽时,自请撤回,极无胆。"康曰:"袁前两日已至京,吾已令人往远处行反间之计,袁深信之,已深恨太后与荣禄矣。且吾已奏知皇上,于袁召见时,隆以礼貌,抚以温言,又当面赏茶食,则袁必愈生感激而图报矣。汝且俟之,吾尚有重用于汝之事也。"

八月初一日 仆见谭君,与商此事。谭云:"此事甚不可,而康先生必欲为之,且使皇上面谕,我将奈之何?我亦决矣,兄能在此助我,甚善。但不知康欲如何用兄也?"午后一时,谭又病剧,不能久谈而出。夜八时,忽传上谕,袁以侍郎候补。康与梁正在晚餐,乃拍案叫绝曰:"天子真圣明,较我等所献之计,尤觉隆重,袁必更喜而图报矣。"康即起身,命仆随往其室,询仆如何办法。仆曰:"事已至此,但当定计而行耳。然仆终疑袁不可用也。"康曰:"袁极可用,吾已得其允据矣。"乃于几间取袁所上康书示仆。其书中极谢康之荐引拔擢,并云:"趣汤蹈火,亦所不辞。"康谓仆曰:"汝观袁有如此语,尚不可用乎?"仆曰:"袁可用矣,然先生欲令仆为何事?"康曰:"吾欲令汝往袁幕中为参谋,以监督之,何如?"仆曰:"仆一人在袁幕中,何用?且袁如有异志,非仆一人所能制也。"康曰:"或以百人交汝率之,何如?至袁统兵围颐和园时,汝则率百人奉诏往执西后而废之可也。"仆曰:"然则仆当以何日见袁乎?"康曰:"且再商也。"

正谈之时,而康广仁、梁启超并入座。梁曰:"此事兄勿疑,但当力任之也。然兄敢为此事乎?"仆曰:"何不敢乎!然仆当熟思而审处之,且尚未见袁,仆终不知其为何如人也。"梁曰:"袁,大可者。兄但允此事,否乎?"仆此时心中慎筹之,未敢遽应,而康广仁即有忿怒之色。仆乃曰:"此事我终不敢独任之,何不急催唐君入京而同谋之乎?"康、梁均大喜,曰:"甚善!甚善!但我等之意,欲即于数日内发之，若俟唐君，则又多需时日矣，奈何？"

踌躇片刻，乃同至谭君之室商之。谭曰："稍缓时日，不妨也，如催得唐君来，则更完善。"梁亦大赞曰："毕君沉毅，唐君深鸷，可称两雄也。"仆知为面谀之言，乃逊谢"不敢"焉。康曰："事已定计矣，汝等速速调遣兵将可也。"乃共拟飞电二道速发之，而催唐氏。

初二日　早膳后，仆终不欲诺此事，又不知康氏如何令我见袁之法，且为时甚迫，而尚不令我见袁，则仓猝之间，彼此交谈，何能深言，又何能行事耶？心中不决，乃与广仁商之。广仁大怒曰："汝等尽是书生气，平日议论纵横，乃至做事时，乃又拖泥带水。"仆曰："非拖泥带水也，先生欲用我，须与我言明办法，我一命虽微，然不能糊涂而死也。且事贵审谋熟虑，先生既令我同谋，何以我竟不能置一辞乎？且先生令我领百人，此事尤不可冒昧。盖我系南人，初至北军，而领此彼我不识之兵，不过十数日中，我何能收为腹心，得其死力乎？即起孙、吴于九原，而将此百人，亦无十数日即可用之理。况我八岁即随父叔来往军中，我知其弊甚悉。我以一有母丧之拔贡生，专将此兵，不独兵不服，即同军各将，皆诧为异事也。"广仁不悦，冷笑而出。

夜七时，忽奉旨催康出京。仆曰："今必败矣，未知袁之消息如何？"康曰："袁处有幕友徐世昌者，与吾极交好，吾将令谭、梁、徐三人往袁处明言之，成败在此一举。"仆乃将日中与广仁所言告康。康亦盛气谓仆曰："汝以一拔贡生而将兵，亦甚体面，何不可之有。且此事亦尚未定，汝不用先虑也。"仆知广仁潜我，盖疑我为利禄之徒，以为我欲得官也。可笑，可笑！

初三日　但见康氏兄弟等纷纷奔走，意甚忙迫。午膳时，钱君告仆曰："康先生欲弑太后，奈何？"仆曰："兄何知之？"钱曰："顷梁君谓我云：先生之意，其奏知皇上时，只言废之，且俟往围颐和园时，执而杀之可也。未知毕君肯任此事乎？兄何不一探之等语。然则此事显然矣，将奈之何？"仆曰："我久知之，彼欲使我为成济也，兄且俟之。"是夜，康、谭、梁一夜未归，盖往袁处明商之矣。

初四日　早膳后，谭君归寓。仆往询之，谭君正梳发，气恢恢然，曰："袁尚未允也，然亦未决辞，欲从缓办也。"仆曰："袁究可用乎？"谭曰："此事我与康争过数次，而康必欲用此人，真无可奈何！"仆曰："昨夜尽以密谋告袁乎？"谭曰："康尽言之矣。"仆曰："事今败矣，事今败矣！此何等事，而可出口中止乎？今见公等灭族耳。仆不愿同罹斯难，请即辞出南海馆而寓他处。然兄亦宜自谋，不可与之同尽，无益也。"午后一时，仆乃迁寓宁乡馆，距南海馆只数家，易于探究也。

初五日　天甫明，仆即往南海馆探之，康已急出京矣。探谭君，则已迁寓浏阳馆。午十二时，广仁及梁君两降阶迎仆，携仆手曰："兄来甚善，我等欲荐兄往李提摩太之寓，为其笔述之任，可乎？"仆诧曰："我非来京觅食者，因先生命我留京，欲令我助彼，故我滞此多时。今先生既出京，而前事已作罢论，则仆亦须东往日本，践徐君之约矣。仆岂来京觅食者乎？"即愤然辞出。夜十时，即致一书与谭，劝其速自定计，无徒死也；并致一书与梁作别。梁复书，欲仆于次日午十二时在寓候彼，尚有多事商量，并云："公行何神速也！"

初六日　早七时，仆急驰出京，而十时即有围南海馆之事。

据汤志钧：《关于戊戌政变的一项重要史料》，载《乘桴新获——从戊戌到辛亥》，江苏古籍出版社1990年

与犬养毅笔谈[*]

（约 1898 年 12 月）

先生见教极是。湘人素称勇悍,仿佛贵邦萨摩。今回因西后淫虐已极,湘人激于义愤,咸思一旦制其死命。仆远在此间,不知湘中刻下已有举动否。但昨飞电急催,则情形可想。如已箭在弦上,不得不发。则将来各国干预时,亦望贵国出而干预,则仆等自有成算。惟先生察之。

下有小注:"毕永年,湖南人,字松琥。"

据汤志钧:《木翰先生书翰》附录,载《乘桴新获——从戊戌到辛亥》

---

[*] 此件为毕永年戊戌政变后逃亡日本时,与日本大隈内阁文相犬养毅的笔谈。原件藏日本冈山县木堂(犬养毅字)纪念馆。

留别同志诸君子*

（约 1898 年 12 月）

日月久冥晦，川岳将崩摧。中原羯虏沦华族，汉族文物委尘埃。又况惨折忠臣燕市死，武后淫暴如虎豺。湖湘子弟激愤义，洞庭鼙鼓奔如雷。我行迟迟复又止，蒿目东亚多悲哀。感君为我设饯意，故乡风味俨衔杯。天地澄清今有待，大东合邦且徘徊。短歌抒意报君贶，瞬看玉帛当重来。

双湖浪士毕永年拜呈，均希哂政。

据汤志钧：《木堂先生书翰》附录，载《乘桴新获——从戊戌到辛亥》

---

* 此件亦藏日本冈山县木堂纪念馆，当为毕永年戊戌政变后逃亡日本，于归国从事革命活动前夕，留别同志之作，书赠犬养毅者。

《王照与木堂笔谈》附识*

（1899 年春）

王君又告予曰："原因保荐康、梁，故致此流离之祸，家败人亡，路人皆为叹息。乃康、梁等自同逃共居以来，凌侮压制，几令照无以度日。每朋友有信来，必先经康、梁目，始令照览。如照寄家书，亦必先经康、梁目，始得入封。且一言不敢妄发，一步不敢任行，几于监狱无异矣！"予见王君泪随声下，不禁愤火中烧，康、梁等到真小人之尤，神人共愤，恨不令王君手戮之。

湖南□□□录竟附识

据杨天石《毕永年生平事迹钩沉》，载《民国档案》1991 年第 3 期

---

* 1899 年春，毕永年第二次回到日本，与王照交往密切。王虽属维新党人，但主张调和帝后关系，反对康、梁拥帝斥后的做法，特别对康窜改光绪密诏不满。因而在流亡日本后，受到康、梁的严密监视。王照不能忍受，在平山周的诱导下，与毕永年同访犬养毅。在笔谈中，王照对犬养毅说明："今康刊刻露布之密诏，非皇上之真密诏，乃康所伪作者也。"并引毕永年作证说："今□兄在此，证康、梁之为人，幸我公一详审之。"过后，毕永年抄录此次谈话，并加了如上"附识"。抄件《笔谈》中"□兄"之"□"，"附识"落款中"毕永年"均隐去。据杨天石考订，当为"毕"或"毕永年"。此《笔谈》及毕所作"附识"，《大公报》1936 年 7 月 24 日曾予刊布。

致宗方小太郎函 [*]

（1899 年 10 月 29 日）

　　久不相见,渴念殊深。惟德业益宏,无任翘企。弟因诸友牵帅,遂遽弃贵馆之委任而相随伊等至香港,鄙怀实所歉仄,幸先生谅焉。此间一切情形,高桥先生当已面述尊听,弟不赘陈。惟勉竭绵力细心组织之,以俟机会而已。然尚冀先生不忘畴昔之言,生民幸甚!

据杨天石《毕永年生平事迹钩沉》

---

　　[*] 1899 年夏,毕永年先到汉口,在宗方小太郎主持的《汉报》馆任主笔。不久,因不堪报馆中日本人虐待中国仆役愤而离职。随后便有携带哥老会头目赴香港,将哥老会、三合会与兴中会合并为中和堂兴汉会,拥戴孙中山为会长之事。这封信中所说"因诸友牵帅……相随伊等至香港",及"此间一切情形,高桥先生当已面述尊听","惟勉竭绵力细心组织之"等,当指组织兴汉会之事。高桥,指日本人高桥谦,时任东亚同文会广东支部长。

致宗方小太郎函*

(1900 年 7 月 15 日)

沪上两次赐书,均已收到,拜读之馀,益增感激。先生如此不辞劳瘁,为支那力图保全,况彦本父母之邦耶! 敢不竭虑捐身,以副先生相知之雅乎? 惟台湾之事,全赖先生注意成之,或乞先生偕中山氏往台一行,或即留中山寓于台地。彦愿力任闽中之事,而与服部君及粤中诸豪联为一气,或不甚难。因彦之友多在五虎口、华秋、电光、射马、长门、金牌、闽安诸炮〔台〕及马尾、南台诸营中者,但得佳期果五千枚,便可消暑热。彦虽无救焚拯溺之材,然台中既得先生及中山之部署,而粤中又得服部之肆应,或者其有成乎?

如贵邦人尚有以缓办之说进者,愿先生勿听也。彦孑然一身,久无父母兄弟妻子之念,惟此痛恨胡虏,欲速灭亡之心辄形诸梦寐,不能自已。先生知我,伏祈谅之。

据杨天石《毕永年生平事迹钩沉》

---

* 1900 年夏,毕永年在上海,参与自立会活动。4 月,被推为富有山堂副龙头。后因自立会宗旨,与唐才常发生分歧。6 月,他易名安永松彦,南下福建、广东,联络会党。7 月 15 日(六月十九日),给宗方小太郎写了这封信。可见他虽削发为僧,此时重又回归革命,主要在福建等地活动。信中所称"服部",即服部二郎,为陈少白的化名。

致平山周书[*]

（1900 年 7—8 月间）

李胡子已去肇庆、广安水军中，大约一二礼拜可回省城。

李鸿章氏已出条款，大有先事预防之意；或纳粤绅之请，其将允黄袍加身之举乎？然天命未可知也。日内又查察满洲人之流寓户口，未审有何措施？此公老手斫轮，如能一顺作成，亦苍生之福。

闻杨胡子偕萧姓到港，必谒仁兄，未知有何言，乞勿以秘密告之。因杨材劣，而萧姓又新交也。

弟日内集诸同志，咸踊跃听命。弟欲乘此时机，一一深结之，俾勿冷其心意，然无资足用也。乞仁兄畀弟二百元，或百五十元亦可，否则百元必须允赐。兹乞紫林氏代到港，乞交彼携回，至盼！

据杨天石《毕永年生平事迹钩沉》

---

*　1900 年 7 月 16 日，孙中山自西贡抵达香港，任命毕永年为民政部长，平山周为外交部长，通过粤绅刘学询运动粤督李鸿章踞广东独立。毕永年赞成这一计划。他在广州密切注视李鸿章的举动，并抓紧联络会党。因款缺，给平山周写了这封信。

致平山周书

（1899 年 12 月）

平山仁兄足下：

弟自得友仁兄，深佩仁兄义气宏重，常思运雄力为敝国拯生灵，可谓天下之至公者矣。第惜吾中国久成奴才世界，至愚且贱。盖举国之人，无不欲肥身赡身以自利者。弟实不愿与斯世斯人共图私利，故决然隐遁，归命牟尼。今将云游，特来告别。仁兄一片热肠，弟决不敢妄相阻挠，愿仁兄慎以图之，勿轻信人也。

弟于日内往浙江普陀山，大约翌年华三月，由五台、终南而入峨嵋，从此萍踪浪迹，随遇可安，不复再预人间事矣。临颖依依，不尽欲白。龙华会上或再有相见时乎？宫崎仁兄晤时乞为道意，恨此番未得叙别也。劳思如何？释悟玄和尚上启。

据冯自由《革命逸史》初集，《毕永年削发记》

附 录

毕 永 年

林绍光

　　字松甫,亦字松琥,善化人。丁酉举拔,志存匡国,著《存华篇》、《湘报》论说,提倡民族主义。性豪宕,喜结纳,又耽于声色,毁家资过半。因南学会风潮迭生,遂与谭嗣同北游燕京,复与林圭等往返日本,结纳民党。君初不与闻自立会事,而其章程及规划,实君草创之。嗣同之死难也,君时由燕京返湘,中途闻变,在沪自断其辫,火其贡照,誓不再隶于满清治下。

　　君凡三至日本,再归湖南,为汉报馆主笔。会党巨子李云彪、杨金彪等之与革新派往来者,以君为最早,而林氏圭之于汉,谋大举,亦多起于君。旋易名安永松彦,遍游福建等处,日本领事万岛舍松合中、日旅闽志士大开欢迎会以张之。渡香港,开兴中会①,举孙中山为会长,意在联络各党,实行改革。汉事败,湘中党人杀戮殆尽,而兴中会机关将废,君独与宫崎联同志以恢复之。最后倡义惠州,虽得数县,卒未能守。至是赴广州,鬻其西服,着僧装,入罗浮寺为僧。已而以奔走国事,忧劳成疾,竟于辛丑十二月初五日圆寂于山寺。时年三十二岁也。君初入罗浮山,有书寄友曰:"他日

---

　　① 此处兴中会,当为兴汉会。

有奇虬巨鲸，大珠空青，任吾大陆破坏之责者，其人今或为僧也耶？吾方入其群以求之。"哀哉！

据古哀洲后死者——林绍光《自立会人物考》，1913 年北京
排印本，又载《湖南历史资料》1958 年第 2 期

毕永年传

尚秉和

毕永年，湖南人。当甲午、戊戌之交，日本民党犬养毅等思乱我，遣平山周至中国招党人，至烟台，遇永年，偕游天津、北京，奔走革命。会戊戌政变，孙文、康有为皆欲与哥老会结党树援，而为之联络招致者，永年也。后哥老会首领李云彪、杨鸿钧等至香港，与孙文不协，永年耻见骗，恚甚，赴罗浮为僧，改名普航，抑郁卒。或曰："永年实未死，仍居横滨，营商业待时。"然自辛亥以来，疑卒罗浮为信。永年之至日，会菲律宾独立，其统领亚其那尔，先福建人，孙文命永年率壮士投独立军，助亚其那尔战，数月援绝归，人以是称其勇也。

据尚秉和《辛壬春秋》卷三五

毕永年削发记

冯自由

毕永年,字松甫,湖南长沙人。拔贡生也。少读王船山遗书,隐然有兴汉灭满之志。遇乡人有称道胡、曾、左、彭功业者,辄面呵之曰:"吾湘素重气节,安得有此败类?"闻者为之色变。弱冠,与浏阳人谭嗣同、唐才常相善。谭、唐亦夙具种族观念,金谓非推翻异族政府,无以救国。永年闻论大喜,遂日与商议救国大计,更从事联络会党之运动。

戊戌(1898),湘抚陈宝箴力行新政,创办时务学堂,以广育人才,延唐才常、梁启超等为教授,督学使江标亦高谈新学,大为湘绅王先谦、孔宪教、叶德辉、黄鋆隆诸人所反对。新学派以王先谦等受清帝严旨斥责,气焰大张。谭嗣同在京任军机章京,尤有致君尧舜之想。独永年始终坚持"非我种类,其心必异"之说,日往来于汉口、岳州、新堤、长沙之间,与哥老会诸首领杨鸿钧、李云彪、张尧卿、辜天祐、师襄、李堃等谋匡复事业,且投身会中,被封为龙头之职。闻谭嗣同居京得志,乃北上访之。嗣同引见康有为。有为方交欢直隶按察使袁世凯,有兵围颐和园,擒杀清西后之阴谋。以司令艰于人选,知永年为会党好手,遂欲委以重任,使领兵围园,便宜行事。永年叩以兵队所自来,则仍有赖于袁世凯。而袁与有为本无关系。永年认为此举决不可恃,遂拒绝其请,且贻书嗣同,历陈利害,劝之行。嗣同不可。于是径赴日本,求谒孙总理于横滨,愿加入兴中会为会员。

未几,清帝变法失败,长沙时务学堂被封,唐才常亦避地日本。永年乃介绍之见总理于旅次,对于湘、粤及长江沿岸各省之起兵策画,有所商榷。毕、唐同主张孙、康两党联合进行之议。总理曰:"倘康有为能皈依革命真理,废除保皇成见,不独两党可以联合救国,我更可以使各同志奉为首领。"才常闻之大悦,愿约梁启超同向有为进言。总理知有为性情固执,势难合作,乃派永年偕日人平山周赴湘、鄂各地视察哥老会实力。居湘、鄂逾月,始东渡复命。平山语总理,谓所见哥老会各龙头多沉毅可用,永年所报告金符事实。总理遂力主湘、鄂、粤同时大举之策。

因使永年二次内渡,偕各龙头赴香港,谒陈少白、杨衢云等,商量合作办法。永年遂于己亥(1899)冬领杨鸿钧、李云彪、辜天祐、辜鸿恩、张尧卿、师襄等数十人至港。鸿钧乃金龙山堂龙头,云彪乃腾龙山堂龙头,均为湘、鄂哥老会各山堂之势力最巨者。陈少白乃介绍港、粤各三点会各大佬首领之称与杨、李等相会。是为湘、鄂秘密会党与广东秘密会党结合之嚆矢。同时,永年提出兴中、三合、哥老三大团体公推孙总理为总会长之议,三会各代表均无异议。遂特制总会长印章,由日人宫崎寅藏(赉)〔赍〕往横滨,上诸总理。杨、李等居香港两月,复由永年导往日本,谒总理,请示方略。均由总理分别遣之回国,候命进止。

庚子(1900)夏,永年月日挈杨、李诸龙头居沪,日促总理克期大举。以乏饷械故,迟迟未得确讯。时才常亦奉康有为命,经营勤王军事,先在上海发起正气会,以为活动机关,继复以挽救时局为辞,邀请海上名流容闳、严复等开国会于张园。其宣言书有曰:"低首腥膻,自甘奴隶。"又曰:"君臣之义,如何能废?"永年以才常为自相矛盾,且违悖向日宗旨,特以此相驳诘。才常借口须恃保皇会款接济,为权宜计,不得不措辞如是。永年大非之。适杨、李、辜、张诸人株守申江,浪用无度,闻才常方面富而多资,遂纷纷向才常报名领款,愿为勤王军效力。永年复力劝才常断绝康有为关系。才常坚不肯从。永年受种种刺激,且以会党诸友见利忘义,不足共事,遂愤然削发,自投普陀山为僧,易名"悟玄",仅贻书平山志别,其后不知所终。遗书尚存平山手中,录之如次:……①

永年入山后,所部尽归于才常、林锡圭二人。圭号述唐,湘阴人,有干才。才常联络会党,全赖其力,亦永年挚友也。锡圭常驻汉口,大发富有票,藉哥老会之力,散放于湘、鄂、皖、赣各县,为数甚夥。才常在汉口待款发动,屡电海外,促康有为、梁启超汇饷接济,均无以应。以是各党目对康、梁感情日恶。杨鸿钧、李云彪率先离异,辜鸿恩则发贵为票,李和生则发回天票,各自为谋,固不俟汉口事泄,而会众已先后解体矣。

总理在日,闻永年愤世远遁,如失左右手,尝四处访寻不获。自庚子至乙巳(1905)同盟会成立,长江流域各省之运动,一时为之停顿云。

据《革命逸史》初集

---

① 毕永年致平山周志别书见集中,此处从略。

复毕永年书

王先谦

松甫贤友文右：

昨晚归，奉手书，勤恳切至，抑何意味之深长也。仆非无心于斯世者，但志趣所到，不能强同，敢为吾友一一明之：

来谕谓仆宜住院督课，诚哉是言。仆在苏学任内，以遭家多难，儿女夭折，万念灰绝，决计归田。官之不图，馆于何有？乃郭筠老强之于前，张中丞迫之于后，遂由讲舍移席城南，展转因循，更点岳麓。家号四口，唯仆一男，老妻卧床，两妾拙弱，米盐琐屑，皆自料理。寓居旷野，夜多盗警，赴院则弃家，居家则离院，牵率却顾，耿耿此心，非以徐先生为可法而蹈其故步也。然因此之故，广设视听，开通声息，不敢夸言整顿，似尚未甚废坠。斋长五人，屏绝少年浮荡之习，屈祠挟妓，可保必无。至"笃实开通"四字，谈何容易，高潜异器，兼者几人，抚膺怀旧，容或有之，不害为老成斋长也。天下学术，断不能尽出一途，但令趋向克端，无庸强人就我。省城学会，聚讲多贤，《湘报》刊行，见闻广远。开拓民智，用意甚善。此外道合志同，各自立会，互相切劘，亦不失敬业乐群之义。奚必尽一世之人，相与奔走喘汗，摇唇鼓舌，院设高坐之席，家持警众之铎，然后为一道德而同风俗邪？

今国之急务在海军,民之要图在商务,朝士无论矣。草野二三君子,以振兴世道为己任,不思尽心实事,挽救阽危,而相扇以虚名,专意鼓动世俗,即使率土觉悟,太息呼号,而无开济之道。譬犹举家醉卧,蘧然梦醒,束手相顾,以须盗之入室,所谓固围而保种者,果安在乎?仆掷万金于制造,实见中土工艺不兴,终无自立之日,此心不为牟利,较然甚明。众志不齐,中道相弃,仆之寸念,亦无所悔。所恨滔滔天下,忠信不立,弥望虚伪,非世运之佳征耳。

仆自苏归时,以四乡多警,勉就城居,牵涉应酬,不能离人独立,投暇一编,未忘寝馈,忽忽六旬,不甘朽腐,尚有数书,未能卒业,亟欲赓续成之,以待来者。同一偷生视息,却非无业游民。自衣冠出门外,嬉游绝少,熟客尤稀。来谕云云,未为知我,外间浮论,岂复可信,此不足辨也。

生平性耽清净,不喜结纳。京居惟二三知好,商榷文艺,归来亦然。其馀亲故往来,有生不废,虽或不欲,其可去乎?学问一途,惟在心得。畴昔语人云:为政不在多言,学亦如之。今足下欲仆伸议事之权,魁求新之党,嘤鸣求友,聒于市人,返之此心,良非素习。

南学启会,迄今月馀,众口纷纭,有如矛戟。平情论之,陈中丞开讲数次,听者洒然动容,亦由居得为之位,任先觉之责,故感人如此其深也。此外会讲诸君,不免被人吹索。报馆之文杂袭鳞萃,或侈口径情,流为犯讪,或党援推奉,自召不平。教人以言,本非易事,况复择语不慎,何谓人言不足畏也。今日群才奋兴,莫不自命千古,谁肯受人指摘,而欲仆摄斋登堂,攒眉入社,附和既所难安,箴规又不敢出。徒然东涂西抹,与三五少年相追逐,岂复有善全之地邪?

窃谓中国学人,大病在一空字,理学兴则舍程、朱而趋陆、王,以程、朱务实也;汉学兴则诋汉而尊宋,以汉学苦人也;新学兴又斥西而守中,以西学尤繁重也。至如究心新学,能人所难,宜无病矣。然日本维新从制造入,中国求新从讲论入,所务在名,所图在私,言满天下,而无实以继之,则亦仍然一空,终古罔济而已。何如闭户自修,不立名目,不事征逐,尚留我本来面目之为愈邪。

吾友天资悟力,超绝等伦,倘不鄙弃仆言,愿勿以牖民觉世为名高,而以力学修身为本务。闇然日章,操券可获,空谈小补,诸君子任之足矣,何足以辱吾贤。如其不惬于心,即请各行其是,毋复后言。

据《翼教丛编》卷六

唐才常手迹跋

谭延闿

　　绂丞与余相识，由场屋后屡相见，皆在元和江先生署中。毕松甫者，最滑稽，尝云："绂丞有纹周颈，当死于刃。"友朋无意戏谑之言，不谓其为谶也。毕后弃家为浮屠，死广州，去绂丞远矣。

延闿

据《近代湘贤手札》，中华书局 1935 年